# ADAC
## Reiseführer

# Wien

von Lillian Schacherl

W0105392

# ☐ Intro

# ☐ Unterwegs

# ☐ Service

## Wien aktuell A bis Z                   161

## Register                   186

## Leserforum

Die Meinung unserer Leserinnen und Leser ist
wichtig, daher freuen wir uns von Ihnen zu hören.
Wenn Ihnen dieser Reiseführer gefällt, wenn Sie
Hinweise zu den Inhalten haben – Ergänzungs-
und Verbesserungsvorschläge, Tipps und Korrek-
turen – dann kontaktieren Sie uns bitte:

**Redaktion ADAC Reiseführer
ADAC Verlag GmbH
Am Westpark 8, 81365 München
Tel. 089/76 76 41 59
verlag@adac.de, www.adac.de/reisefuehrer**

# Wien Impressionen
## Mehr mondän als mondsüchtig

Wien ist gewiss nicht die Einzige unter den Metropolen Europas, denen die Geschichte zu **Glanz und Gloria** verhalf. Doch fraglos ist sie die Einzige, deren Glanz und Gloria permanent zwischen Pros und Kontras zermartert wurde, wird und werden wird: von den Fremden zwischen kniefälligen und herablassenden Klischees, von seinen Einwohnern, zumal den literarisch-mundfertigen, zwischen bös funkelnder Beweihräucherung und gerührter Verachtung.

Freilich ist Wiens Ruhm schon geboren aus **Widersprüchen**. Rund 360 Jahre lang kaiserliche Hauptstadt, zeitweise Mittelpunkt eines Weltreichs, das große Teile Europas umfasste, mal gefährdeter Vorposten des Westens im Osten, mal aufnahmebereiter Zufluchtsort des Ostens im Westen, amalgamierte die **Donau-**

Wiens längst totgesagt. Die Gegenwart indes sieht sie wieder munter Oberwasser gewinnen, wenn auch in nostalgieferner Form. Sei's, dass die Operette als Musical und das Burgtheater als Experimentierfeld wieder auferstanden sind, das Kaffeehaus ohne Literaten-Rudel und die Literatur ohne Kaffeehaus-Repräsentanz nicht gerade dahinsiecht, das *süße Mädel* mit Aktenköfferchen aufkreuzt.

Strahlend hergerichtet, lebendig, mondän, selbstbewusst und ungeheuer liebenswürdig ist Wien heute so recht der **Drehscheiben-Rolle** gewachsen, die ihm nach Aufgehen des *Eisernen Vorhangs* in steigendem Maße (wieder) zufällt. Und dieser moderne Hintergrund hebt seine zu Stein gewordene historische *Grandezza* eher noch hervor, als sie zu mindern. Wenn aber in Oper oder

**metropole** mehr als ein Dutzend Nationen und Kulturen deutscher, jüdischer, italienischer, slawischer, magyarischer Provenienz. Und wenn ihr die kaiserliche Regentschaft Kosmopolitismus und einzigartigen Kunstreichtum, freilich auch Klassenunterschiedliches und Kanzleirätliches eintrug, so erzeugte das Völkergemisch jene vielstöckig geschichtete Mentalität, die das »Versuchsmaterial für Sigmund Freud abgab«, wie *Wiener Selbsthasslust* lästert.

Pessimisten – und hier sind sie's alle – haben die funktionierenden Legenden

**Oben:** *Meisterhafte Muster – farbig gedecktes Dach des Stephansdoms*

**Links unten:** *Kaffeehaus-Kult*

**Unten:** *Gut gediehen – goldblühende Pflanzen und goldblonde Frauen an der Linken Wienzeile 38*

Burgtheater livrierte Platzanweiser die Besucher mit der erlesenen Höflichkeit von Gastgebern empfangen, triumphiert gelassen das Altmodische (will man Lebensstil so nennen), das hier allenthalben anheimelnd oder skurril nistet.

## Die ältesten Viertel

Nicht nur der fürwahr ›innigste‹ Mittelpunkt, auch der unfehlbarste Treffpunkt der Inneren Stadt ist der **Stephansdom**. Alle Teile von Ringstraße und Donaukanal, die den Ersten Bezirk umschließen, sind von hier aus in 10–20 Gehminuten radial zu erreichen.

Wer mit *Wiens Frühzeit* beginnen will, wird nach der Dombesichtigung jenes Altstadtterrain durchstreifen, unter dem das römische *Vindobona* zwischen Graben und Donauarm lag. Der Gang führt zum Platz der einstigen Babenbergerresidenz, zu den Römischen Ruinen, der ältesten sowie der gewiss graziösesten Kirche, einem faszinierenden **Uhrenmuseum**, einer versteckten **Synagoge** – und an den schillerndsten Auslagen vorbei.

Kunterbunt geht es im östlichen und südlichen Halbrund um den Dom zu. Im einstigen Händler-, Patrizier-, Kloster- und Universitätsquartier siedeln heute Barockatlanten, gestylte Galerien, schäbige Beisln, Krimskramsläden und Nobelherbergen nebeneinander. In diesem *mondsüchtigen Gewinkel* sollte man viele Stunden verweilen, zumal als Höhepunkte u. a. **Winterpalais des Prinzen Eugen**, Jesuitenbarock und Maria-Theresia-Rokoko, aber auch mit dem **Postsparkas-**

**Kaisergruft**, der majestätischste der Prunksaal der **Nationalbibliothek**, der eleganteste die **Spanische Hofreitschule**, der herz- und ohrenwärmendste die **Burgkapelle** bei der Messe mit den *Wiener Sängerknaben*. Ganz zu schweigen von den gehäuften Schätzen für jede Passion, vom Partherfries bis zu Haydns Cembalo, mit denen die auf den Sammlungen der Habsburger gründenden Museen aufwarten.

Das daran anschließende *Herrenviertel* buchstabiert ein Handbuch der Palastarchitektur, gegen die just das sündteuerste Haus an seinem Beginn, das schmucklose **Looshaus**, revoltierte.

**Links oben:** *Futuristisches Haas-Haus*
**Rechts oben:** *Willkommen in Wien – im mächtigen Halbrund der Hofburg*
**Rechts Mitte:** *Jeder Schritt ziseliert – Hohe Kunst in der Spanischen Hofreitschule*
**Links unten:** *Umstritten, aber immer wieder schön - der jährliche Wiener Opernball*
**Rechts unten:** *Im Palais Kinsky ist sogar das Treppenhaus eine Augenweide*

**senamt** ein wegweisender Bau der klassischen Moderne warten.

### Imperiale und gründerzeitliche Szenerien

Nun aber wird es Zeit für die *Paukenschläge* der Habsburger-Szenerie mit ihrer gewaltigen Hofburg-Anlage zusamt Plätzen und Parks, Kirchen und Museen. Unter ihren durchweg außergewöhnlichen Orten ist der goldschimmerndste die **Schatzkammer**, der düsterste die

## 22 Bezirke für jede Neigung

Die übrigen 22 Wiener Bezirke umgeben die Innere Stadt als Innenbezirke (2.–9. Bezirk) zwischen den beiden Umgrenzungen von Ring und Gürtel sowie als Außenbezirke außerhalb des Gürtels (10.–23. Bezirk).

Die Nummerierung der Sehenswürdigkeiten folgt der Übersichtlichkeit halber der spiralförmig verlaufenden Anordnung der Bezirke.

Allen Ratschlägen voran steht hier das unbedingte Muss für alle Schönheitsdurstigen: **Schloss Belvedere** nah dem Ring, ein Hort österreichischer Kunst aller Epochen, und **Schloss Schönbrunn** in Hietzing als Erlebnis eines Gesamtkunstwerks von Baukunst, Hofkunst und Gartenkunst.

Ein Defilee historisch kostümierter Architekturen ist die berühmte **Ringstraße**, jenes fast rundum laufende Panorama der Repräsentation, dessen vier Kilometer durchaus kurzweilig abzuschreiten sind. Freilich vervielfältigen sie sich empfindlich, zählt man die (interessanten!) Führungen durch **Rathaus** oder **Parlament**, **Oper** oder **Burgtheater** hinzu, oder gar die Schritt-für-Schritt-Meilen in den Museen.

*Vormittags-Tipp* für Eilige: Bruegel im Kunsthistorischen, Opern-Führung, Sachertorte im Café Sacher, Beethovenfries in der Secession, Barocktribut in der Karlskirche, Herzschlag vor dem Lehár-Monument im Stadtpark.

Als neues kulturelles Highlight entstand aus den alten barocken Hofstallungen am früheren Messeplatz das Aufsehen erregende **MuseumsQuartier Wien** mit dem weißen Bauwürfel des **Leopold Museums** und seinem dunklen ›Zwilling‹ auf der anderen Seite der Reithalle, dem **Museum Moderner Kunst**.

Architektur-Liebhaber werden von hier aus in die nähere Umgebung ausschwärmen, um allerlei Avantgardebauten von einst und heute mit den Höhepunkten der **Werkbundsiedlung**, Wotrubas ›Sakralskulptur‹ und der **Kirche am Steinhof** zu studieren. Die vielfach kühnen Ge-

**Links oben:** *Kaum wird das Tor geöffnet, strömen die Besucher zum Oberen Belvedere*
**Links Mitte:** *Sitzt, passt und hat Luft – Einkaufsglück nach des Kunden Fasson*
**Links unten:** *Alt und Neu passen gut zusammen, zumindest im MuseumsQuartier*
**Rechts:** *Mit Vergnügen in die Luft gehen - das Prater-Riesenrad macht's möglich*

meindebauten – wie **Karl-Marx-Hof** – können sie bei einer Rundfahrt durch die Stadt kennenlernen.

Psychofreaks pilgern wegen des **Sigmund-Freud-Museums** in die Berggasse 19, Mediziner wegen der beiden außergewöhnlichen Sammlungen des **Pathologisch-Anatomischen Bundesmuseums** und des **Medizinhistorischen Museums** in den 9. Bezirk. Wer mit Kindern zum **Prater** strebt, verweile doch unterwegs am märchenhaften **Hundertwasserhaus**. Und wer historischen Prominentenkult treibt, ist auf **Friedhöfen** voll beschäftigt.

Den souveränen Über- und Durchblick gewinnt man am luftigsten vom **Leopoldsberg** oder vom **Kahlenberg**, um ihn sich in den *Weindörfern* zu deren Füßen aufs Angenehmste wieder trüben lassen zu können.

## Der Reiseführer

Dieser Band stellt *Wiener Wohlklänge* in allen Tonarten vor: Ein Capriccio zwischen Kunstüberfluss und Kaffeehausübermut, ein Menuett aus Museumszuckerln und Mozartschmankerln, eine Symphonie zwischen Strudelglückseligkeit und Stararchitektur. **Übersichtskarten, Pläne** und **Grundrisse** erleichtern die Orientierung. Besondere Empfehlungen zu Sehenswürdigkeiten, Hotels, Restaurants und Szenetreffs etc. bieten die **Top Tipps**. Abschließend enthält **Wien aktuell A bis Z** alphabetisch geordnet Nützliches von Anreise über Einkaufs- und Veranstaltungstipps bis hin zu Infos für Stadtbesichtigungen und Verkehrsmittel. Ein **Kaleidoskop** interessanter Kurzessays zu verschiedenen Wien-Themen rundet den Reiseführer ab.

# Geschichte, Kunst, Kultur im Überblick

## Glückliche Synthese von Kaiserglanz, Kunstgenuss und Kaffeehausseligkeit

**15 v. Chr.** Das Römische Imperium dehnt seine Grenzen bis zur Donau aus.

**1.–5. Jh. n. Chr.** Der Wiener Raum, vorher keltisch besiedelt, ist Teil der römischen Provinz Pannonien.

**um 100** Römisches Militärlager ›Vindobona‹ mit 6000 Mann zum Schutz gegen Germanen ausgebaut, etwa zwischen den Punkten Maria am Gestade, Am Hof, Peters- und Ruprechtskirche. Die Zivilstadt mit 20 000 Einwohnern in der heutigen Belvedere-Gegend.

**180** Tod des röm. Kaisers Marc Aurel vermutlich in Vindobona.

**213** Die Zivilstadt erhält römisches Stadtrecht (Municipium).

**280** Weinbau um Wien.

**400–443** Zusammenbruch der Römerherrschaft in Pannonien im Zuge der beginnenden Völkerwanderung.

**5.–10. Jh.** Hunnen, Ostgoten, Langobarden, Awaren, Franken, Magyaren im Raum von Wien.

**881** Erste urkundliche Erwähnung von ›Wenia‹ in den Salzburger Annalen.

**10.–13. Jh.** Babenberger

**976** Die wohl aus Franken stammenden Babenberger werden Markgrafen der Ostmark des Reiches.

**996** Erste urkundliche Erwähnung Österreichs (›Ostarrichi‹, das ›abgegrenzte Gebiet‹).

**um 1135** Markgraf Leopold III. der Heilige übernimmt Stadtherrschaft.

**1137** Wien urkundlich als ›Stadt‹ (Civitas) bezeichnet.

**1141–77** Herzog Heinrich II. Jasomirgott.

**1156** Verlegung der Residenz von Klosterneuburg nach Wien ›Am Hof‹. Erhebung der Ostmark zum Herzogtum.

**1192** Der englische König Richard Löwenherz wird bei seiner Rückkehr aus dem Heiligen Land wegen Missachtung der Herzogszeichen gefangen genommen. Das Lösegeld für ihn finanziert die Erweiterung und Befestigung Wiens.

**1198–1230** Herzog Leopold VI. der Glorreiche: Wirtschaftlicher und kultureller Aufschwung, Minnesang bei Hof. Walther von der Vogelweide hält sich in Wien auf (1194–98).

**1221** Wien bekommt Stadt- und Stapelrecht.

**1246** Der letzte Babenberger, Herzog Friedrich II. der Streitbare, fällt im Kampf gegen die Magyaren.

**1251–78** Böhmenkönig Ottokar II. unterwirft Wien und wird Landesfürst. Er fällt 1278 in der Schlacht auf dem Marchfeld gegen den deutschen König Rudolf I. von Habsburg.

**1278–1918** Habsburger

**1278–82** König Rudolf I.

**1282** Durch Belehnung seiner Söhne mit Österreich und Steiermark gründet Rudolf I. die Hausmacht der Habsburger. Erster Bürgermeister eingesetzt.

**1282–1308** Herzog Albrecht I. (dt. König ab 1298).

**um 1320** 40 000 Einwohner. Später durch Brände und Pest stark dezimiert.

*Türmereich und stolz zeigt der Holzschnitt von Hartmann Schedel die Stadt Wien im Jahr 1493*

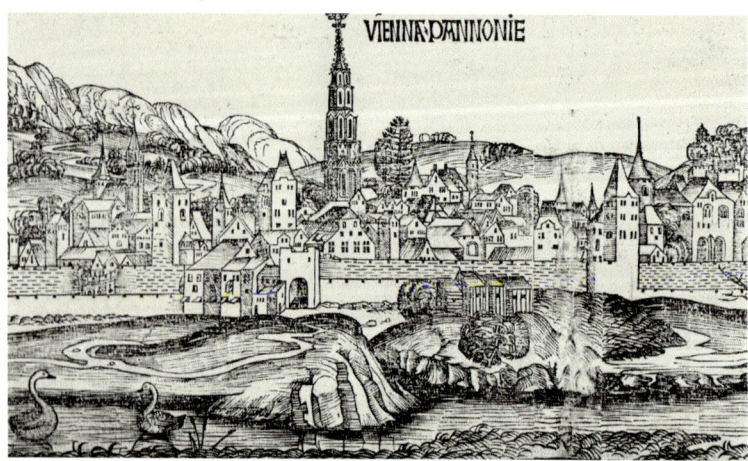

*In der Schlacht am Kahlenberg 1683 befreit der polnische König Jan III. Sobieski (vorn, zu Pferde) Wien von der türkischen Belagerung*

**1358–65** Herzog Rudolf IV. der Stifter. Titel Erzherzog aufgrund gefälschter Urkunden angenommen. Wirtschaftlicher und kultureller Aufschwung Wiens. Blüte der Gotik. Wiener Bauhütte.

**1365** Universität Wien gegründet.

**1421** Grausame Vertreibung der Juden aus ihrem Getto um den heutigen Judenplatz: ›Wiener Geserah‹.

**1438** Wien wird Residenzstadt des Heiligen Römischen Reiches Deutscher Nation (bis 1806).

**1453** Erzherzogstitel für Prinzen und Prinzessinnen des Hauses Österreich anerkannt.

**1469** Wien wird Bischofssitz.

**1493** Vertreibung der Ungarn, die seit 1485 unter König Matthias Corvinus Wien belagern.

**1493–1519** Kaiser Maximilian I.: Erweiterung der Hausmacht durch Heiratspolitik mit Spanien, Böhmen, Ungarn. Wien Zentrum des Humanismus: Celtis, Cuspinian, Hutten, Zwingli, Cranach.

**1497** Erste Wiener Akademie der Wissenschaften.

**1498** Wiener Hofmusikkapelle (Knabenchor).

**1515** Beim Fürstentag in der Burg unterzeichnen Polenkönig Sigismund und Böhmenkönig Wladislaw Erbverträge, die später zur Donaumonarchie führen.

**1521–64** Erzherzog Ferdinand I. (deutscher Kaiser ab 1556). Wien ist Kaiserstadt mit internationaler Hofhaltung und breiter Beamtenschicht. Böhmen und Ungarn gehören seit 1526 zum Habsburgerreich.

**1526** Die neue Stadtordnung unterwirft die städtische Selbstverwaltung dem landesfürstlichen Absolutismus.

**1529** Die erste Türkenbelagerung mit 200 000 Mann unter Sultan Soliman II. scheitert. Danach Ausbau des Befestigungsgürtels mit Basteien und einem Vorfeld, dem Glacis.

**1546** Erste Stadtgeschichte von Lazius und erster Stadtplan von Hirschvogel.

**1551** Jesuiten kommen nach Wien. Gründung einer Lateinschule.

**1571** Kaiser Maximilian II. gewährt freie Religionsausübung. Bevölkerung zu 80 Prozent lutherisch.

**1576–1612** Kaiser Rudolf II. Er verlegt 1583 seine Residenz nach Prag.

**1612** Rückkehr des Hofes unter Kaiser Matthias nach Wien. Höhepunkt der Gegenreformation unter Kardinal Melchior Khlesl: Kirchen- und Klostergründungen, sog. Klosteroffensive. Römischer Frühbarock-Auftakt: Tencala, Burnacini, Pozzo, A. Canevale u. a.

**1624** Den Juden wird die Leopoldstadt als Getto zugewiesen. 1671 wieder Vertreibung.

**1679** Große Pestepidemie: mind. 30 000 Tote.

**1683** Zweite Türkenbelagerung mit 100 000 Mann unter Großwesir Kara Mustafa. Verteidigung: 18 000 Soldaten und Bürger. Befreiung nach 62 Tagen durch Entsatzheer unter Polenkönig Johann Sobieski und Herzog Karl von Lothringen. Prinz Eugen von Savoyen (1663–1736) tritt als Feldherr in kaiserliche Dienste und erringt für Österreich die Großmachtstellung.

**1683–1740** ›Vienna gloriosa‹ unter den Kaisern Leopold I. (1658–1705), Joseph I. (1705–11) und Karl VI. (1711–40). Wirtschaftliche und kulturelle Hochblüte. Glanzvolle Architektur, Freskenkunst, Bildhauerei des einheimischen Hochbarock (Reichsstil): Fischer von Erlach Vater und Sohn, Hildebrandt, Gran, Rottmayr, Maulpertsch, Mattielli, Donner u. a.

**1685** Der Armenier Johannes Diodato eröffnet das erste Wiener Kaffeehaus.

**1723** Wien wird Erzbistum.

**1740–80** Regentschaft Maria Theresias: Zentralisierung der gesamten Staatsverwaltung in Wien. Blüte von Spätbarock und Rokoko. Großes Musikleben: Gluck, Haydn, Dittersdorf, Salieri.

◁ *Erzherzogin Maria Theresia (re.) und ihr Gemahl, Kaiser Franz I. (li.), im Kreise einiger ihrer insgesamt 16 gemeinsamen Kinder um 1750 auf der Terrasse von Schloss Schönbrunn (Gemälde von Martin van Meytens)*

modernen Großstadt: Historismus und Secessionismus. Um die Jahrhundertwende Kunst und Wissenschaft von Weltformat.

**1857** Abriss aller Befestigungen.

**1858–65** Anlage der Ringstraße.

**1754** 175 000 Einwohner (1. Volkszählung).

**1780–90** Kaiser Joseph II. Reformen: Abschaffung von Folter, Leibeigenschaft, Zunftzwang, Pressezensur. Kloster-Aufhebung. Förderung von Wissenschaft, Technik, Erziehung. ›Wiener Klassik‹: Haydn, Mozart, Beethoven.

**1781** Toleranzpatent: Freie Religionsausübung. Mehr Freiheiten für Juden.

**1781–91** Mozart in Wien: ›Entführung‹, ›Figaro‹, ›Don Giovanni‹, ›Così fan tutte‹, ›Zauberflöte‹.

**1784** Allgemeines Krankenhaus gegründet. Zentrum der Wiener Medizinischen Schule.

**1792–1835** Kaiser Franz II. (I.). Bürgerliche Biedermeierkultur: Waldmüller, Amerling, Raimund, Nestroy, Stif-

ter, Beethoven, Schubert, Strauß, Lanner.

**1804** Franz II. nimmt als Franz I. den Titel Kaiser von Österreich an und legt 1806 die römisch-deutsche Kaiserkrone nieder.

**1805 und 1809** Napoleon besetzt Wien.

**1811** Staatsbankrott wegen Besatzungskosten.

**1814/15** Wiener Kongress unter Vorsitz des Staatskanzlers Metternich: Neuordnung Europas nach Napoleons Fall.

**1829** Donaudampfschifffahrtsgesellschaft gegründet.

**1842** Wiener Philharmoniker gegründet.

**1843** Einführung der Gasbeleuchtung.

**1848** Märzrevolution. Metternichs Rücktritt.

**1848–1916** Kaiser Franz Joseph I. Entwicklung zur

**1861** Städtische Selbstverwaltung zuerkannt. Gemeinderat.

**1867** Selbstständigkeit Ungarns (›Ausgleich‹): Doppelmonarchie Österreich-Ungarn. Franz Joseph: Kaiser von Österreich und König von Ungarn.

**1869** Beginn der Donauregulierung.

**1873** Weltausstellung in Wien.

**1888** Eröffnung des neuen Burgtheaters.

**1890** Eingemeindung der Vororte: Groß-Wien entsteht.

**1897–1910** Bürgermeister Dr. Karl Lueger: Soziale Einrichtungen, Straßenbahn-Elektrifizierung, Anlage der Stadteisenbahn u. a.

**1914** Das Attentat von Sarajevo, dem der Thronfolger Franz Ferdinand zum Opfer fällt, löst die sog. Juli-Krise

*Illustre Runde – beim Wiener Kongress 1814/15 beraten Vertreter der acht am Pariser Frieden beteiligten Mächte über die Zukunft Europas (Kupferstich von Jean Godefroy, 1819)*

*Unterzeichnung des Staatsvertrags 1955 zwischen Österreich (Figl, Mitte; Raab, 3. v. rechts) und USA (Dulles, 3. v. links), Großbritannien (Macmillan, 1. v. links), Frankreich (Pinay, 4. v. links), UdSSR (Molotow, 2. v. rechts)*

aus. Deren Eskalation treibt Europa in den Ersten Weltkrieg.

**1918** Der Krieg endet für Österreich-Ungarn in der völligen Niederlage. Kaiser Karl I. verzichtet auf die Krone. Ausrufung der Republik.

**1918–34** ›Rotes Wien‹: Sozialdemokratische Verwaltung.

**1922** Wien eigenes Bundesland.

**1934** Bürgerkrieg zwischen christlich-sozialer Regierung und Linken. Sozialdemokratische Partei aufgelöst. Nazis ermorden Bundeskanzler Dollfuß.

**1938** Einmarsch Hitlers. Wien ›Reichsgau‹.

**1945** Befreiung Wiens durch die Rote Armee. Aufteilung in vier Besatzungs-

zonen. Ausrufung der Zweiten Republik.

**1955** Unterzeichnung des Österreichischen Staatsvertrags zwischen Österreich und den vier Besatzungsmächten in Schloss Belvedere: Souveränität und immerwährende Neutralität.

**1956** Wien Sitz der Internationalen Atomenergiebehörde.

**1961** Gipfeltreffen der Weltmächte (Kennedy – Chruschtschow).

**1969** Baubeginn der Wiener U-Bahn.

**1979** UNO-City in Wien eröffnet.

**1990** Fall des Eisernen Vorhangs; Wien rückt wieder ins Zentrum Mitteleuropas.

**1995** EU-Beitritt Österreichs.

**1999** Eröffnung des 202 m hohen Millennium-Tower.

**2000** Neugestaltung des Judenplatzes u. a. mit einem Holocaust-Mahnmal.

**2004** Nahe des Praters eröffnet das neue Messezentrum Wiens. – Staatsbegräbnis in Wien für den im Juli verstorbenen österreichischen Budespräsidenten Dr. Thomas Klestil (*1932). – Neueröffnung des Gartenpalais Liechtenstein mit fürstlicher Kunstsammlung.

**2008** Wien ist Austragungsort von sieben Spielen der Fußball-Europameisterschaft.

**2009** Mit zahlreichen Veranstaltungen feiert Wien das Haydn-Jahr anlässlich des 200. Todestags des Komponisten.

*Seit dem Jahr 2000 erhebt sich auf dem Judenplatz das Holocaust-Mahnmal*

*2004: Staatsbegräbnis für Dr. Thomas Klestil, Bundespräsident von 1992 bis 2004*

Keine Geringere als Pallas Athene, die wehrhafte griechische Göttin der Weisheit, wacht vor dem Parlament. Im Hintergrund ragt der markante Turm des Rathauses auf

# Unterwegs

# Innere Stadt und Ringstraße –
# Kapriolen zwischen Kunst und Kaffeehaus

Wiens Anlage in **drei Zonen** ist bestechend klar: Der runde Kern der *Inneren Stadt* ist von einem Kranz von *Innenbezirken* umgeben und diese sind nochmals von breit gelagerten *Außenbezirken* umschlossen. Die einst trennenden Freiflächen-Gürtel dazwischen sind mittlerweile verschwunden, ihre Akzentsetzungen aber sichtbar geblieben.

Beim Umherstreifen kann man auch die **historische Entwicklung** der Innenstadt gut verfolgen: Römerterrain, Babenbergerhof, Judenplatz, Habsburgerbezirk, Herrenviertel. Anstelle der geschleiften Basteien rollte man in der zweiten Hälfte des 19. Jh. die Ringstraße hufeisenförmig um die Stadt aus, das fehlende Stück im Nordosten schließt der Donaukanal. Einst ein übervölkertes Wohngebiet, ist der *Erste Bezirk* heute ein **verkehrsberuhigtes Dorado** für Freunde des Flanierens, mit Korsos und malerischen Gässchen, Repräsentationsbauten, Theatern, Geschäftshäusern, Kaffeehäusern, Restaurants, Vergnügungsstätten, Nobelläden und Galerien.

## 1 Stephansdom *Plan Seite 20*

*Bedeutendstes gotisches Bauwerk Österreichs mit dem wohl schönsten Kirchturm der deutschen Gotik und mächtigem Satteldach aus bunt glasierten Ziegeln.*

1., Stephansplatz
Tel. 01/515 52 35 26
www.stephanskirche.at
Mo–Sa 6–22, So/Fei 7–22 Uhr
Domführung: Mo–Sa 10.30 und 15,
So/Fei 15 Uhr, Abendführung: mit
Dachrundgang Juni–Sept. Sa 19 Uhr
U-Bahn Stephansplatz
(U1, U3)

Der berühmte, besungene und bedichtete **Stephansturm** (Besteigung tgl. 9–17.30 Uhr, 343 Stufen) im Süden des Doms ist die Mitte Wiens und für viele Wiener die Spitze der Welt. Wenn sie ihn zärtlich ›Steffl‹ personalisieren, dann gewiss, um seine vollendete Schönheit ein wenig fassbarer zu machen. Seine filigran gemeißelte, unaufhaltsam zur Spitze emporstrebende Pyramide ist streng mathematisch aus Viereck, Oktogon und Dreieck gebildet – und wirkt dennoch wie ein geheimnisvolles Gewächs. Dass sein nördliches Pendant unvollendet blieb, ist

kaum zu beklagen: War denn der Unnachahmliche zu verdoppeln?

St. Stephan begann als Pfarrkirche des Bistums Passau, aber seine Ausmaße – mit 107 m Länge und knapp 39 m Breite dem Salzburger Dom ebenbürtig – verrieten von vornherein Dom-Ambitionen. Nicht zuletzt vermittels dieser Diplomatie wurde Wien 1469 Bistum. Die **Baugeschichte** ist sehr geradlinig: Die erste Anlage war romanisch (1137–47), die zweite auf demselben Grundriss spätromanisch (1230–63). Von ihr blieben Teile des *Westwerks* erhalten. Der dritte, gotische Bau wurde 1304 mit dem *Hallenchor* begonnen, 1359 im *Langhaus* fortgesetzt und gipfelte 1433 in der Vollendung des 136,5 m hohen *Südturms* (Stephansturm, s. o.) durch Hans von Prachatitz. Dombaumeister Hans Puchsbaum, ›Wegbereiter der Spätgotik‹, stellte 1455 das *Langhaus* fertig, legte die *Dachkonstruktion* an und begann mit dem – Fragment gebliebenen – *Nordturm*. Nach einem Brand von 1945 wurde der Bau bis 1966 renoviert.

### Westwerk und Innenraum

Spätromanik prägt das **Westwerk** mit dem *Riesentor* (von ›Riestür‹ = Fallgitter) und den beiden minarettartigen *Hei-*

*Café mit Aussicht – vom modernen Haas-Haus sieht man auf den ehrwürdigen Stephansdom*

dentürmen. Die Eckkapellen, das Spitzbogenfenster über dem Portal, die Galerie und die Turmhelme hat die Gotik hinzugefügt. An der äußeren *Portalwand* in den Nischen links der Hausheilige Stephanus und ein sitzender Richter (vor dem Tor wurde Gericht gehalten), rechts Löwenbezwinger Samson. Dahinter tut sich das **Hauptportal** auf, dessen figurale Erzählkunst zu den Meisterleistungen der Periode um 1250 gehört. Zwischen kostbar ornamentierten Säulen und Apostel-Halbfiguren ein Fries der Dämonenbeschwörung: Löwen, Greifen, Masken, Teufel, Narren. Im Tympanon Christus als Weltenrichter in der Mandorla.

Den im Langschiff 28 m hohen **Innenraum**, so emporstrebend wie weit atmend, nannte Loos »den weihevollsten Kirchenraum der Welt«. Im *Langhaus* überragt die sog. Staffelhalle des Mittelschiffs die Seitenschiffe ohne Fensterzone: Das erzeugt feines Dämmerlicht unter den Netzgewölben, die von reich profilierten Pfeilern mit hervorragenden Baldachinfiguren (1435–80) getragen werden. Das nur wenig trennende Querschiff leitet über zum *Albertinischen Hallenchor*, so genannt nach seinem Gründer Herzog Albrecht II. Seine drei kreuzrippengewölbten Schiffe sind der Jungfrau Maria (Frauenchor, links), dem hl. Stephanus (Mittelchor) und den Zwölf Aposteln (Apostelchor, rechts) geweiht. Auch hier bedeutende gotische, vielfach aber erneuerte Pfeilerplastiken.

Aus der Fülle der **Ausstattung** nur die Glanzpunkte: Die beiden Bravourstücke spätgotischer Steinmetzkunst im Dom schuf der Dombaumeister Anton Pilgram aus Brünn. Aus dem kunstvollen Geäst seiner **Kanzel** [1] schauen die ungemein veristischen Physiognomien der Vier Kirchenväter heraus, indes sich unter der Treppe der Meister selbst als ›Fenstergucker‹ zeigt (1514). Am **Orgelfuß** [2] hat er sich nochmals als Atlant der von elegant gekurvten Rippen getragenen Orgelbühne abgebildet und das virtuose Werk mit Monogramm und Jahreszahl 1513 signiert. Vor dem südlichen Seitenschiff die **Dienstbotenmadonna** [3], so genannt, weil sie einer ungerecht des Diebstahls bezichtigten Magd half: eine Figur von schmelzender Noblesse (um 1325). Von Rang auch gegenüber im Norden der volkstümlich so bezeichnete **Zahnwehherrgott** [4], eine Halbfigur des Schmerzensmannes (1410–20), der der Sage nach Spötter mit Zahnweh strafte

und sie nach Abbitte wieder davon heilte, sowie am Chorpfeiler der **Christophorus** [5] aus Gerhaert von Leydens Schule (um 1470). Er war der Lieblingsheilige Kaiser Friedrichs III., der den **Wiener Neustädter Altar** [6] 1447 stiftete, ein reich geschnitzter Flügelaltar mit Marienszenen und der eingeritzten geheimnisvollen Devise des Kaisers AEIOU (vielleicht: Austria erit in orbe ultima – Österreich wird bis ans Weltende bestehen). Das monumentale **Hochgrab Friedrichs III.** [7] aus Rotmarmor mit fast freiplastisch ausgearbeiteter Liegefigur und reichstem heraldischen Schmuck entwarf 1467 der große Bildhauer Nikolaus Gerhaert von Leyden, den der Kaiser nach Wiener Neustadt berief und der dort 1473 starb. Erst 1513 wurde das grandiose Werk vollendet. Dazwischen Barockattitüde: der **Hochaltar** [8] mit Statuen von Johann Jakob Pock und dem Altarbild der Stephanus-Marter von Tobias Pock (1640).

In der **Katharinenkapelle** [9] entzückt die Geometrie des *Sterngewölbes* und verblüfft der verwegen 4 m herabhängende *Schlussstein* mit Katharinen-

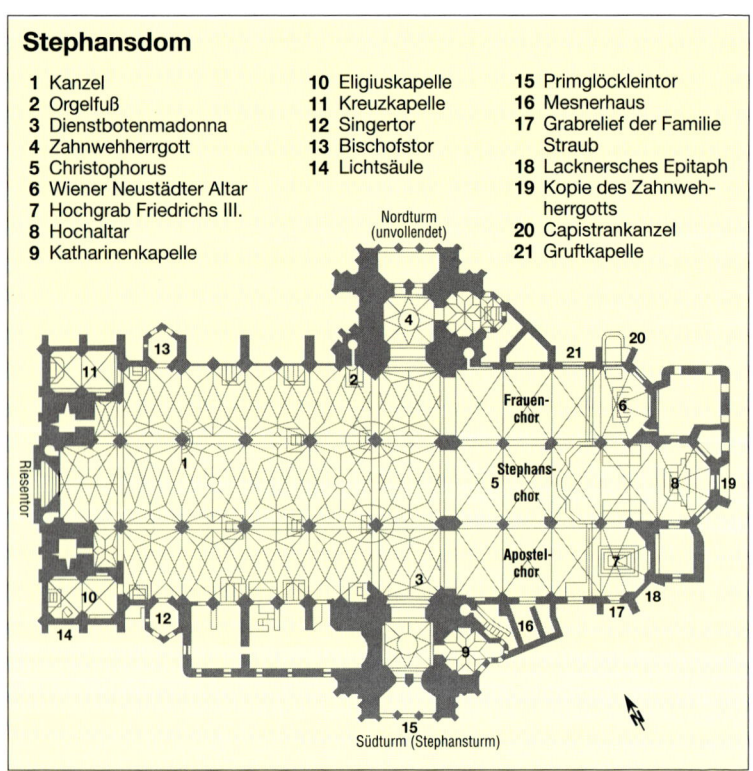

## Stephansdom

1 Kanzel
2 Orgelfuß
3 Dienstbotenmadonna
4 Zahnwehherrgott
5 Christophorus
6 Wiener Neustädter Altar
7 Hochgrab Friedrichs III.
8 Hochaltar
9 Katharinenkapelle

10 Eligiuskapelle
11 Kreuzkapelle
12 Singertor
13 Bischofstor
14 Lichtsäule

15 Primglöckleintor
16 Mesnerhaus
17 Grabrelief der Familie Straub
18 Lacknersches Epitaph
19 Kopie des Zahnwehherrgotts
20 Capistrankanzel
21 Gruftkapelle

Nordturm (unvollendet)

Frauen-chor

Stephans-chor

Apostel-chor

Riesentor

Südturm (Stephansturm)

*Erhabene Pracht – Blick ins Mittelschiff des Stephansdoms*

figur (1396). Außerordentlich auch der *Marmortaufstein* mit Reliefs von Auer (1481). In der **Eligiuskapelle** [10] oder Herzogkapelle ein spätgotischer *Valentinsaltar* wohl von Paul Kriechbaum (1507), Sohn des Kefermarkter Meisters. Nur durch ein Barockgitter kann man *Prinz Eugens Grabmal* in der **Kreuzkapelle** [11] sehen: einen Marmorobelisk mit Bronzeplastiken (1754).

Die beiden Seitenportale mit erlesener Figuralplastik sind nur von innen zugänglich: Im **Singertor** [12] ein dramatischer *Saulussturz* im Tympanon und die bewegten *Stifterfiguren* Rudolfs IV. und Katharinas von Böhmen im Portalgewände (1450), im **Bischofstor** [13] entsprechend

*Marientod* und *-verklärung* sowie – realistischer aufgefasst – *Albrecht III.* und *Elisabeth* (1515).

### Außenrundgang

Spätere Veränderungen haben dem mächtigen Bau (107 m lang, 70 m breit, im Langschiff 28 m hoch) nichts von seinem geschlossenen Bild genommen, es im Gegenteil ergänzt. So ist nur der erste **Maßwerkgiebel** an der Südseite original (1440), die drei anderen, mit vorher nur aufgemaltem Maßwerk, wurden erst 1855 vollendet. Die **Grabsteine** an den Außenwänden stammen von dem vor 1792 aufgelassenen Friedhof um den Dom. Das eingeritzte *Zeichen O5* unter dem ersten

*Spiegelreflex – im Haas-Haus (Hans Hollein, 1990) kehrt der Domturm bizarr wieder*

Epitaph rechts des Portals war das Symbol der österreichischen Widerstandsbewegung im Zweiten Weltkrieg: Die 5 steht für e, daraus ergibt sich: Oe(sterreich).

An der Südfront-Ecke Kopie einer spätgotischen **Lichtsäule** [14], wie reiche Bürger sie als Totenleuchte bauen ließen. Das *Singertor* (siehe Innenraum) war einst Eingang für männliche Besucher.

Unter dem **Stephansturm** (siehe S. 18) das **Primglöckleintor** [15] mit Sitzfiguren der Evangelisten und Madonnenstatue von 1400. Im **Mesnerhaus** [16] beginnt die *Turmtreppe*, die mit 343 Stufen zu einer herrlichen Aussicht in 72 m Höhe führt: Karpatenausläufer im Osten, Semmering im Südwesten, Mähren im Norden.

Am **Chorbau** sieht man das **Grabrelief der Familie Straub** [17] von 1520 im Renaissancestil sowie das spätgotische **Lacknersche Epitaph** [18] von 1502. Außerdem im Chor eine **Kopie des Zahnwehherrgotts** [19; siehe Innenraum], die um 1430 geschaffene, später sog. **Capistrankanzel** [20], von der aus der Franziskanermönch Johannes Capestrano 1451 zum Kreuzzug gegen die Türken aufrief, und die Gruftkapelle [21], in der Mozarts Leiche am 6. Dezember 1791 eingesegnet wurde (einer der Eingänge zu den Katakomben, s. u.).

Im unvollendeten **Nordturm** (Lift April –Okt. tgl. 8.30–17.30, Juli/Aug. bis 18, Nov.–März bis 17 Uhr) oder Adlerturm, 60 m hoch, hängt die berühmte *Pummerin*, eine der größten Glocken der Welt. Die alte Pummerin im Südturm, 1711 von Johann Achamer aus türkischen Beutekanonen gegossen, stürzte 1945 herab und zerbarst. Die aus ihren Trümmern neu gegossene Glocke, 21 t schwer und 3 m hoch, ist seit 1951 im Nordturm. Unter dem Turm liegt der zweite Eingang zu den sog. **Katakomben** (halbstündige Führung Mo–Sa 10–11.30 und 13.30–16.30, So/Fei 13.30–16.30 Uhr), den weitläufigen Gruftanlagen mit 15 *Sarkophagen* der frühen Habsburger und 56 *Urnen* mit den Eingeweiden der späteren Habsburger. Seit 1953 ist hier die *Begräbnisstätte* der Wiener Erzbischofe. Als Pendant zum Singertor war das *Bischofstor* Eingang für die weiblichen Besucher.

merkenswert die *Bronzereliefs* der Türflügel von Rudolf Weyr, die die Schlosser-Sage und den Dombau darstellen.

Bei Grabungsarbeiten für die U-Bahn-Station *Stephansplatz* legte man 1973 die Überreste der gotischen *St.-Magdalens-Kapelle* frei. Sie war 1330 urkundlich erwähnt worden und 1781 abgebrannt (der Grundriss ist im Pflaster des Stephansplatzes rot markiert!). Als größter gotischer Innenraum in Wiens erhalten, aus konservatorischen Gründen jedoch nicht mehr zu besichtigen, ist ihre Krypta, die eindrucksvolle romanische **Virgilkapelle** (www.wienmuseum.at), die um 1230 entstanden sein muss und später einer Familie als Grabstelle diente.

## 2 Stephansplatz und Stock-im-Eisen-Platz

*Das Herz der Altstadt zwischen ältester und neuester Architektur.*

U-Bahn Stephansplatz (U1, U3)

Stephansplatz, Stock-im-Eisen-Platz und Graben waren ursprünglich drei Plätze. An der Stelle des Stephansplatzes lag jahrhundertelang ein Friedhof. Die Pestepidemie lehrte Hygiene, man ließ ihn auf, riss die Häuser rundum ab und regulierte das Terrain von 1792 an zum Platz, der mit dem südlich anschließenden Stock-im-Eisen-Platz verschmolz. Hans Holleins **Haas-Haus** setzt seit 1990 wieder einen Beistrich zwischen beide, besser gesagt: einen supergestylten Donnerkeil.

Taufpate des **Stock-im-Eisen-Platzes** war jener nagelbeschlagene, knorrige, mit einem breiten Eisenband in der Nische eingeschlossene Baumstumpf am Eckhaus Graben/Kärntner Straße, der schon 1533 erwähnt wird und zu allerlei Sagen Anlass gab. Das geheimnisvoll ›unaufsperrbare‹ Schloss am Eisenband sei, so heißt es, das Meisterstück eines Schlossergesellen gewesen, der mit dem Teufel im Bunde stand und ihm zum Opfer fiel. Von da an zollte jeder wandernde Schlosser dem *Stock im Eisen* abergläubisch Nagel- und Gebetstribut. Dass sich das Schloss als pure Attrappe erwies, wird die Sage nicht ausrotten, wohl aber die hässliche Glashülle die Freude an der ›Nagelplastik‹. Sie steht am *Equitable-Palais*, einem vornehmen ›Zinshaus‹ der Ringstraßenära (1891). Be-

## 3 Dom- und Diözesanmuseum

*Erlesene Sammlung sakraler Skulpturen, Tafelbilder und Goldschmiedearbeiten im Erzbischöflichen Palais.*

1., Rotenturmstraße 2/
Stephansplatz 6
Tel. 01/515 52 36 89
www.dommuseum.at
Di–Sa 10–17 Uhr
U-Bahn Stephansplatz (U1, U3)

Der Pfarrhof von St. Stephan aus dem 13. Jh. wurde 1469 Sitz der Wiener Bischöfe, 1723 der Erzbischöfe. Seine heutige Gestalt gab ihm vermutlich der Florentiner Giovanni Coccapani 1632–41: ein Barockpalais in italienischen Formen mit Innenhoflauben.

In den Repräsentationsräumen des Erzbischöflichen Palais ist das Dom- und Diözesanmuseum untergebracht, dessen Schätze rühmenswert sind. Ihr bescheiden erscheinendes, dennoch kostbares Zentralstück ist das *Bildnis Herzog Rudolfs IV. des Stifters*, der sein geliebtes Wien aufblühen ließ, den Dombau fortsetzte, die Universität gründete, ausbeuterische Grundherrenrechte beschnitt – und dies in einem nur 26 Jahre währenden Leben, das in Mailand an Typhus endete. Ein Meister der Böhmischen Schule fertigte 1365 ein Bildnis von ihm, das als eines der frühesten Porträts der Malerei nördlich der Alpen gilt.

Höchst qualitätvoll sind insbesondere die **Skulpturen**, so die *Erlacher Madonna* als Hauptwerk niederösterreichischer

Gotik (um 1330), die wundervollen *Maria-*
*und Johannesfiguren* aus dem Dom
(1420), der realistische *Antwerpener Altar*
aus der Votivkirche (um 1460), der
*Schmerzensmann* von Cranach, die *Anna*
*Selbdritt* von Veit Stoß (um 1505). Auch
der Barock glänzt mit außergewöhnlicher Plastik, dazu Gemälden von Rottmayr, Maulpertsch, Troger, ›Kremser
Schmidt‹. Schnorr von Carolsfeld, Führich
und Kupelwieser vertreten die Nazarener
Wiens.

Atemraubend das **Kunsthandwerk**.
Älteste Stücke: ein karolingisches *Evan-*
*geliar* (9. Jh.) oder die expressiven *Maas-*
*talischen Emailtafeln* von 1160/70. Raffi-
nierteste Arbeiten: die barocke *Wurzel-*
*Jesse-Monstranz* oder die klassizistische
*Neun-Engelchöre-Monstranz.* Fremdar-
tigste Gegenstände: zwei emaillierte und
vergoldete syrische *Glasflaschen* mit islamischen Motiven aus der Zeit um 1300.

*Blickpunkt – der Graben mit der großartigen*
*monumentalen Pestsäule*

## **4** Graben

*Einst der schönste Barockplatz*
*Wiens, heute Flaniermeile für*
*Nobel-Shopping.*

U-Bahn Stephansplatz (U1, U3)

Die Platzgestalt ist römisches Erbe und
geht zurück auf den zugeschütteten
westlichen Festungsgraben des Römer-
lagers. Englische Soldaten im Gefolge ihres gefangenen Königs Richard Löwenherz haben ihn planiert. Später wurde
der Graben Markt für Brot, Fleisch, Gemüse – und die lockeren ›Grabennymphen‹.
Im Barock mauserte er sich mit Palais, Kaffeehäusern, Festen zum urbanen Mittelpunkt. Davon zeugt nur noch das **Palais**
**Bartolotti-Partenfeld** (Nr. 11), ein Barock-
bau von Johann Lukas von Hildebrandt,
1720, der erstmals als Mietshaus konzipiert war. Im **Trattnerhof** gegenüber
(heute umgebaut, Nr. 29) lebte der stein-
reiche Verleger Edler von Trattner, der
Mozart 1784 beherbergte und hier kon-
zertieren ließ. Das **Ankerhaus** (Nr. 10) ist
ein Otto-Wagner-Bau (1894) mit bekrö-

nendem Dachatelier, in dem der Maler Friedensreich Hundertwasser arbeitete, wenn er in Wien war. Am Graben ist der Gang in die **Öffentliche Toilette** ein Muss, denn Wilhelm Beetz richtete dieses exquisite Etablissement mit Nussbaum und venezianischem Glas gar sehenswert secessionistisch ein (1904).

Blickpunkt des Grabens ist die hochbarocke Architekturplastik der **Pestsäule**, von Kaiser Leopold I. während der Pestepidemie 1679 gestiftet: eine über einem Sockelaufbau aufsteigende Pyramide, von weißem Wolkengetürm mit großen Engeln und schwebenden Putti umgeben und einer Dreifaltigkeitsgruppe gekrönt. Den *Wolkenobelisk* schuf Theateringenieur Lodovico Burnacini, die *Sockelreliefs* Johann Bernhard Fischer von Erlach, die *Skulpturen* Paul Strudel (1682–93). Ergreifend die Gruppe *Der Glaube besiegt die Pest* und der *Betende Kaiser* vor der Sockel-Südseite.

Die Adresse für Feinschmecker am Platz ist das Delikatessengeschäft **Julius Meinl am Graben** (s. S. 165). Auf drei Etagen werden hier Köstlichkeiten aus aller Welt angeboten, gekonnt zubereitet kommen sie im angeschlossenen Restaurant und Café auf den Tisch.

*Rom ist weit – doch ist auch die Barockpracht der Wiener Peterskirche einen Besuch wert*

## **5**  Peterskirche

*Zweitälteste Kirchenstiftung Wiens. Hochbarockes Gesamtkunstwerk.*

1., Petersplatz
Tel. 01/533 64 33
www.peterskirche.at
Mo–Fr 7–19, Sa, So, Fei 9–19 Uhr
U-Bahn Stephansplatz (U1, U3)

Von den Platzfronten eng umschlossen, ruht die Kirche wie eine Barockperle in der Muschel: ein überkuppelter **Zentralbau** mit schräg gestellten Türmen und geschwungenem Mittelteil, höchst plastisch dem Blick vom Graben her dargeboten. Von dem Italiener Gabriele Montani 1703 begonnen, doch von Lukas von Hildebrandt bis 1733 vollendet, geht auch sie auf Kaiser Leopolds Pestgelübde zurück. Ihre Ursprünge freilich sucht die Legende schon bei Karl dem Großen (792), die Wissenschaft sogar in spätrömischer Zeit.

Die zauberhaften Figuren von Glaube, Liebe, Hoffnung des Donner-Schülers Franz Kohl auf dem schönen *Portalbau* weisen ins **Innere**: ein würdig auf Gold-Ocker gestimmter Ovalraum unter Michael Rottmayrs eindrucksvollem **Kuppelfresko** der Himmelfahrt Mariens (1713/14). Die Evangelisten und Kirchenväter in den Zwickeln malte Johann Georg Schmidt. Den Chor ›inszenierte‹ der italienische Theateringenieur Antonio Galli-Bibiena: Durch virtuos gemalte Scheinarchitekturen erhöhte er die *Chorkuppel* und entwarf einen effektvollen *Hochaltaraufbau*. Ein Künstler Prinz Eugens, Martino Altomonte, schuf das *Altarblatt* ›Petrus und Johannes heilen einen Lahmen‹. Das *Immaculata-Bild* davor stammt von dem Nazarener Leopold Kupelwieser (1836).

Die opulente **Kanzel** von Matthias Steindl (1716) findet ein glanzvolles Gegenüber in dem dramatischen *Moldausturz* des hl. Johannes Nepomuk: ein Werk Lorenzo Mattiellis, des Gegenspielers Raphael Donners in Wien (1729), von dem auch die *Petrus- und Michael-Gestalten* an der Außenseite des Chors stammen. So ist die Kirche auch ein Abbild vom Wetteifer der Italiener mit den Einheimischen im 18. Jh. *Altarblätter* (vom Westen) rechts: Altomonte, Rottmayr, J.G. Schmidt; links: Remp, Schoonjans, Altomonte.

Mitnichten zu verachten ist die weltliche Barockschöpfung, die im Jahr 1690 zu Füßen der Kirche entstand, nämlich die kuppelrunden *Krapfen* von Bäckerin Cäcilie Krapf aus der Jungferngasse.

# 6 Naglergasse

*Annähernd geschlossen erhaltene Altwiener Häuserzeile von bürgerlich-barocker Urbanität.*

U-Bahn Herrengasse (U3)

In der engen Naglergasse setzen sich die feinen Auslagen vom Graben heute so fort, wie es einst die römische Lagermauer tat – sogar die Abrundung zum ›Heidenschuss‹ geht auf sie zurück. Doch sollte man die Augen hier ausgiebig *über* die Auslagen emporgleiten lassen, denn die **Fassaden** der im Baukern meist aus dem 16./17. Jh. stammenden Häuser in der Naglergasse sind sehenswert, besonders auf der linken Seite.

*Nr. 7:* Klassizistische Fassade, Ende 18. Jh.; in der *Körblergasse 2* Barockportal. *Nr. 9:* Klassizistische Fassade, Anfang 19. Jh., mit edler Bänderung und schöner Fensterrahmung.

*Nr. 13:* Renaissancefassade mit Giebel, Mitte 17. Jh., Hauszeichen ›Krönung Mariens‹ aus der 1. Hälfte des 18. Jh. *Nr. 17:* Giebelhaus mit reicher Barockfassade mit Pflanzendekor in den Fenstergiebeln (1705). *Nr. 19:* Giebelhaus mit Renaissance-Erker, Puttorelief und Nischenfigur. *Nr. 21:* Barockfassade mit Hauszeichen ›Maria Immaculata‹ (um 1720). *Nr. 27:* Klassizistische Fassade von Lorenz Lechner, 1790.

# 7 Am Hof

*Prächtiges barockes Platzgefüge mit bedeutenden historischen Reminiszenzen.*

U-Bahn Stephansplatz (U1, U3), Schottentor (U2); Bus 1A, 2A, 3A Tram 1, 2, D

Beides, der Begriff ›Hof‹ als **Residenz** wie als **Platz**, standen hier Pate: Denn zwischen 1155 und etwa 1280 lag hier der Hof der Babenberger, und der wiederum bildete einen Häuserkomplex um einen Hof. Der Turnier- und spätere Marktplatz sah glänzende Feste und blutige Auseinandersetzungen: die Turniere bei Kaiser Barbarossas Besuch auf dem dritten Kreuzzug ins Heilige Land, 1189, die Minnesang-Wettstreite mit Reinmar von Hagenau und Walther von der Vogelweide, die habsburgisch-jagellonische Doppelhochzeit unter Kaiser Maximilian I., 1515, die geistlichen Spiele der Jesuiten vor ihrer Kirche. Ihr Kloster wurde 1773 Hof-

kriegskanzlei, und bei den Kämpfen der 1848er-Revolution zerrte man Kriegsminister Graf Latour aus dem Gebäude und knüpfte ihn an einer Laterne auf. Am 6. August 1806 verkündete Franz II. von der Terrasse der Kirche die Auflösung des Heiligen Römischen Reiches Deutscher Nation und seine Niederlegung der Kaiserkrone.

Seit Ende des Dreißigjährigen Krieges (1618–48) akzentuiert die **Mariensäule** die Mitte des Platzes. Die Bronzefigur der Maria Immaculata erhebt sich über einem quadratischen Sockel, an dessen Enden vier gewappnete Putti siegreich gegen den Drachen (Hunger), den Löwen (Krieg), die Schlange (Unglauben) und den Basilisken (Pest) fechten. 1645 zur Erinnerung an die Schwedengefahr von Kaiser Ferdinand III. gestiftet, wurde sie 1667 von C. M. Carlone und Carlo Canevale geschaffen, nachdem eine frühere Säule abgetragen worden war. Für beide war das Vorbild der Münchner Mariensäule von 1638 prägend.

# 8 Ehem. Bürgerliches Zeughaus
### Feuerwehrzentrale

*Weltkugelgekrönte Festfassade.*

1., Am Hof 10
U-Bahn Stephansplatz (U1, U3), Schottentor (U2); Bus 1A, 2A, 3A; Tram 1, 2, D

Den stimmungsvollen Platz Am Hof säumt ein harmonisches Barockensemble, dessen prominent hervortretende **Fassade** dem früheren Zeughaus gehört, ein Bau von 1530, den Anton Ospel 1730 großzügig umgestaltete, wobei er die Schauseite mit einem attraktiven *Dreiecksgiebel* mit Wappen und Trophäen und einer hohen Attika darüber versah, spanischen und französischen Vorbildern folgend. Mattielli schuf die Allegorien von Beharrlichkeit und Stärke, die eine fulminante Weltkugel tragen.

Aus derselben Barockphase stammt das *Märkleinsche Haus* (Nr. 7), das Hildebrandt 1727 als Kombination von Palast und Bürgerhaus entwarf. Wer sich für die Geschichte der Feuerwehr interessiert, kann hier im **Feuerwehrmuseum** (Tel. 01/53 19 90, voraussichtl. bis Herbst 2009 geschl.) darin schwelgen.

Im *Unterkammeramtsgebäude*, Haus Nr. 9, wohnten über dem prachtvollen

Engel mit Doppeladlerschild und Kaiserkrone etliche Bürgermeister, nichts ahnend von den **Römischen Bauresten Am Hof** im Keller, die allerdings derzeit wegen Konservierung geschlossen sind. Das *Urbani-Haus* (Nr. 12) mit dem Gasthausschild des Urbani-Kellers ist das Werk eines Hildebrandt-Schülers; im ebenfalls barocken *Collalto-Palais* (Nr. 13) musizierte 1762 der sechsjährige Mozart im Rahmen seiner ›Europatournee‹.

## 9 Kirche Am Hof

*Erste Jesuitenkirche Wiens, an römische Vorbilder angelehnt. Effektvolle Fassade.*

1., Am Hof
U-Bahn Stephansplatz (U1, U3),
Schottentor (U2); Bus 1A, 2A, 3A;
Tram 1, 2, D

Zu den Neun Chören der Engel, diesen seltenen Namen der Kirche illustriert die schöne *Giebelgruppe*: Maria als Königin der durch Engelsgestalten imaginierten Chöre. Nicht minder selten das Architekturelement der **Altane** zwischen palastartig vorgeschobenen Seitenflügeln: eine raumausgreifende Inszenierung für die Jesuiten, unsicher, ob von einem römischen Architekten oder dem später als Stiftsbaumeister Österreichs berühmt gewordenen Carlo Antonio Carlone geschaffen, 1662. Die Jesuiten besaßen das Areal schon seit 1554, auf dem im 13. Jh. die Hofkapelle im Münzhof, im 14. Jh. eine gotische Hallenkirche der Karmeliter stand, die 1607 innen barockisiert wurde.

Die große Geste der Fassade geht im **Inneren** verloren, das zwischen gotischen, barocken und klassizistischen Stilelementen changiert. Bemerkenswerte Einzelheiten: Unter dem prunkenden Orgelchor *Nischenfiguren* der hll. Rochus und Sebastian, davor *Pfeilerstatuen* von Maria Immaculata und Johannes Nepomuk (18. Jh.). In der 2. Kapelle links **Deckenfresko** von Maulpertsch ›Verherrlichung des hl. Franz von Regis‹ (1753), in der 3. Kapelle links *Kreuzigungsbild* mit Porträts Kaiser Leopolds I. und seiner Familie von Franz Leuyx (Ende 17. Jh.). Das *Hochaltarblatt* stammt von Johann Georg Däringer, 1798. *Gemälde* findet man vom europaweit wirkenden Barockmaler Joachim von Sandrart (3. Kapelle links und 2. und 3. rechts) sowie vom ›Kremser Schmidt‹ (4. links).

*Verborgene Schönheit zwischen Häuserzeilen – Blick auf Westfassade und filigranen Turmhelm der Kirche Maria am Gestade*

## 10 Maria am Gestade

*Schatzkästlein der Gotik, durch prominente Lage und ungewöhnlichen Turmhelm Apostroph der Altstadt.*

1., Salvatorgasse
U-Bahn Schwedenplatz (U1, U4);
Bus 3A

Mag sie auch heute von Häusern bedrängt sein – ihre gertenschlank über steiler Stiege aufsteigende **Front**, überhöht durch den zauberhaftesten aller **Turmhelme**, triumphiert mit unwiderstehlicher Grazie darüber. Dass sie einst hoch über einem Donauarm am Steilhang der Stadt lag, erklärt ihren poetischen Namen, der ursprünglich nüchterner nach der Holzfällerlände unten ›Maria an der G'stetten‹ hieß. Uralter Platz: römisches Ceres-Heiligtum, romanische Kirche (1158 genannt), dann der gotische

Bau, 1330 mit dem Chor begonnen, 1414 mit dem siebeneckigen Turm und dessen filigraner Bischofsmütze beendet (Baumeister: Michael Knab, Konrad Ramperstorffer).

Das unebene Gelände auf römischen Grundmauern diktierte einen Achsenknick, der im **Inneren** reizvolle Kontraste erzeugt: schmales, dunkles *Langhaus* – heller, weiter *Chor*. Dass vieles um 1820, nach der Profanierung durch die Franzosen, neugotisch wieder hergestellt wurde, stört die gotische Stimmung kaum: Zartes Maßwerk und hängende Schlusssteine an der *Orgelempore* (1515), zwei niederländisch beeinflusste *Tafelgemälde* der Krönung und Verklärung Mariens als Reste eines gotischen Hochaltars (um 1460) in der Hofbauer-Kapelle, *gotische* und *barocke Figuren* im Langhaus. Am neugotischen *Hochaltar* Madonna und Kruzifix barock. In der Perger-Kapelle am Chor links *Renaissance-Altar* (1520).

Maria am Gestade, 1820 den Redemptoristen übergeben, birgt die *Reliquien* des Stadtpatrons von Wien, des hl. Klemens Maria Hofbauer (1751–1820), der dem Orden weite Verbreitung verschaffte. Seine Predigten zogen die (vielfach konvertierten) Romantiker her: Friedrich Schlegel, Brentano, Eichendorff, Overbeck, Führich u. a. Heute tschechische Nationalkirche.

Der **Hannakenbrunnen** am Treppenfuß erzählt von einem Bader aus der Hannakei in Mähren, der hier Passanten überfiel und verletzte, um an Patienten zu kommen (Rudolf Schmidt, 1937).

## 11 Altes Rathaus

*Reiche Barockfassade; im Hof herrlicher Brunnen, zur Salvatorgasse rares Renaissanceportal.*

1., Wipplingerstraße 8
U-Bahn Stephansplatz (U1, U3),
Schwedenplatz (U1, U4)

Die lebendig gegliederte, durch opulente Portale auffallende **Fassade** des Alten Rathauses antwortet der gegenüberliegenden Böhmischen Hofkanzlei: Der namentlich unbekannte Baumeister der Westhälfte hat sich ohne Zweifel an Fischer von Erlach orientiert (1699–1706), der Architekt der Ost-Erweiterung, Theodor Valery, sich wiederum ihm angelehnt (1780). Die schönen *Portalplastiken* verkörpern Gerechtigkeit und Güte (West-

portal, 1706) sowie Öffentliches Vertrauen und Frömmigkeit (Ostportal, Johann Martin Fischer, 1781). Die *Engelsskulptur* an der Ecke ist ein spätgotisches Werk von 1450/60.

Dieses zweitälteste Rathaus stand zunächst bescheiden neben dem Anwesen des Stadtrichters Hymo, der sich 1309 mit anderen Bürgern gegen die noch neuen Habsburger-Regenten verschwor. Zur Strafe wurde sein Haus für die Gemeinde konfisziert – wie praktisch, nun konnte das Rathaus erweitert werden, entsprechend repräsentativ dann erst nach der zweiten Türkenbelagerung von 1683. Der *Barockstuck* von Albert Camesina vor allem im **Großen Rathaussaal** (1713) ist beachtenswert, ebenso die historische Innenarchitektur des **Alten Gemeindesitzungssaals** (1853), die beide allerdings nur bei besonderen Anlässen zugänglich sind.

Der westliche Hof birgt unter puttengetragenem Barockbalkon das letzte Werk des großen Georg Raphael Donner (1693–1741), den **Andromeda-Brunnen** von 1741. Furios, wie auf dessen Bleirelief Perseus heransprengt, um Andromeda vom Meerungeheuer zu befreien – die schöne Königstochter freilich hebt sich fast als Vollplastik heraus, in all ihrer träge-sinnlichen Körperhaftigkeit, von raffiniert zarten Gewandfetzen umspielt.

Die in den östlichen Hof hineinragende **Salvatorkapelle** wendet ihr *Portal* der Salvatorgasse zu. Es ist eines der wenigen Zeugnisse der Renaissancebaukunst in Wien. Mit seinen vorgestellten, mit Kriegshandwerksemblemen ornamentierten Säulen, dem doppelten Architrav, den Halbfiguren Christi und Mariens im Tympanon und den Schildträgern zu Seiten ist es im Figuralen noch gotisch bestimmt, in Rahmung und Ornamentierung von oberitalienischer Frührenaissance beeinflusst (1520/30).

## 12 Ehem. Böhmische Hofkanzlei
**Verfassungs- und Verwaltungsgerichtshof**

*Feiner Fischer-von-Erlach-Bau.*

1., Wipplingerstraße 7/Judenplatz 11
U-Bahn Schwedenplatz (U1, U4)

Von der Böhmischen Hofkanzlei aus wurden einst die Geschicke der böhmischen

*Schauplatz von Kultur und Barbarei – Judenplatz mit Lessing-Denkmal und Holocaust-Mahnmal*

## **13** Judenplatz

*Erinnerungen ans Judenviertel.*

U-Bahn Schwedenplatz (U1, U4)

Länder dirigiert – freilich aus allzu zentralistischer und landfremder Distanz. Jedenfalls für Wien wichtig genug, den Oberhofingenieur Fischer von Erlach mit einem aufwendigen Bau zu betrauen (1708–14), der dann 1751–54 von Matthias Gerl als neuer Sitz des Innenministeriums erweitert wurde und seither einen ganzen Block zwischen Wipplingerstraße, Jordangasse, Judenplatz und Fütterergasse bildet.

Dominant blieb Fischer von Erlachs Stil vor allem an der **Fassade** Wipplingerstraße. Die linke Hälfte mit dreiachsigem Mittelrisalit, Hermenportal, frei stehenden Balustradenstatuen und reichen Fensterädikulen ist eine meisterliche lebendige Durchgliederung ruhiger Stereometrien. Gerl schmiegte die rechte Hälfte ganz daran an, wagte Selbstständiges mit anderen Elementen nur an der **Fassade** zum Judenplatz. Hier wie dort schuf Mattielli die kraftvollen *Skulpturen*.

Der Umbau nach dem Krieg brach einem mit schicken Läden bestückten Fußgängerdurchgang *im* Gebäude an der Wipplingerstraße Bahn, bequem, wenn auch die architektonische Konzeption störend.

Der entrückte Judenplatz zwischen verwinkelten Gassen, mögen ihn auch heute Boutiquen à jour bringen, bildete seit dem ausgehenden 13. Jh. mit Synagoge, Schule und Spital das Zentrum des Judenviertels rundum. Um 1400 lebten hier 800 Einwohner: Händler, ›Bankiers‹, Gelehrte. Volkswut, genährt aus Konkurrenzangst, und religiöser Fanatismus wurde ihnen 1420/21 zum Verhängnis: Einige töteten sich selbst, um der befürchteten Zwangstaufe zu entgehen, 210 Menschen wurden grausam bei lebendigem Leib verbrannt (›Wiener Geserah‹). Daran erinnert das **Haus ›Zum großen Jordan‹** (Nr. 2) mit seinem spätgotischen Hauszeichen der Taufe Christi und der berüchtigten Inschrift gegen die »hebräischen Hunde« (15. Jh.). Die im endenden 16. Jh. wieder erstandene jüdische Gemeinde wurde 1624 von Ferdinand II. in die Leopoldstadt verwiesen. Das **Lessing-Denkmal** Siegfried Charouxs (1896–1967) von 1935 wurde 1938 zerstört; 1963 schuf der Künstler dieses neue.

Die komplette Neugestaltung des Platzes und seine Umwandlung zur Fußgängerzone wurde im Herbst 2000 mit der Einweihung des **Holocaust-Mahnmals** von Rachel Whiteread (*1968) abgeschlossen. Mit der Verwirklichung der Idee des KZ-Überlebenden und Publizisten *Simon Wiesenthal,* ein Mahnmal für die österreichischen Opfer der Schoa zu errichten, ist der Judenplatz so zu einem Ort der Erinnerung geworden. Die britische Künstlerin Whiteread schuf einen 10 m × 7 m großen und 3,8 m hohen Gussbetonquader, dessen vier Seiten als Negativabdruck von Bibliothekswänden gestaltet wurden. Die Bücher sind so angeordnet, als stünden sie in hohen Regalen, doch ist kein Buchrücken lesbar, denn sie zeigen alle nach innen. Obwohl diese ›namenlose‹ Bibliothek ein symbolisches Tor hat, ist sie nicht zugänglich. Auf diese Weise wird eindrucksvoll dargestellt, dass viele der potenziellen Nutzer dieser Bibliothek den Holocaust nicht überlebt haben. Auf *Bodenplatten* rund um den Quader sind die Namen von 41 Orten festgehalten, an denen österreichische Juden während des NS-Regimes ermordet wurden.

Das Mahnmal steht in engem inhaltlichen Zusammenhang mit der *Ausstellung zur Schoa*, die das Dokumentationsarchiv des österreichischen Widerstandes im **Misrachi-Haus** (Judenplatz 8) einrichtete. Sie dokumentiert die Namen und Daten der 65 459 ermordeten österreichischen Juden und erläutert die politischen Umstände, die zu ihrer Verfolgung und Ermordung geführt haben.

Die Ausstellung ist Teil des **Museums zum mittelalterlichen Judentum in Wien** (www.jmw.at, Tel. 01/535 04 31, So – Do 10–18, Fr 10–14 Uhr), einer Außenstelle des Jüdischen Museums [Nr. 48] in der Dorotheergasse. Es dokumentiert mittels modernster multimedialer Techniken das religiöse, kulturelle und soziale Leben der Wiener Juden bis zu ihrer Vertreibung und Vernichtung 1420/21. Von den Schauräumen gelangt man zu den *Ausgrabungen der ersten Synagoge* im Keller. Die erhaltenen Fundamente und Fußböden wurden in den Jahren 1995–98 von der Stadtarchäologie Wien freigelegt. Es handelt sich um Baureste der sog. ›Männerschul‹, dem zentralen Lehr- und Betraum der männlichen Gemeindemitglieder, sowie einem kleineren, vielleicht für die Frauen gedachten Raum. In der Mitte des Hauptraums liegen die Fundamente der sechseckigen *Bima*, einer Art Kanzel, von der aus der Tora vorgelesen wurde.

## **14** Stanislaus-Kostka-Kapelle

*Intimes Kabinettstück spätbarocker Ausstattung.*

1., Kurrentgasse 2
Tel. 01/533 82 51
Besichtigung nach tel. Voranmeldung sowie 13.–20. Nov.
U-Bahn Stephansplatz (U1, U3); Bus 2A

Dieses Kleinod verbirgt sich in einem Zimmer im 1. Stock, in dem der 1726 kanonisierte polnische Heilige 1564–67 gewohnt hat, von seinen Eltern am Eintritt in den Jesuitenorden gehindert, vom Bruder argwöhnisch bewacht, krank und nach der Kommunion schmachtend. Die bereits 1582 zu seinem Andenken eingerichtete *Kapelle* wurde 1742 umgestaltet und mit reizvollem *Stuck*, 1840 mit einem **Altarbild** von Franz Anton Stecher ›Die Engelskommunion des hl. Stanislaus Kostka‹ versehen. Die **Blumenbilder** an den Wandschränken stammen wahrscheinlich von Joachim von Sandrart (17. Jh.). Ablass für Gläubige jedes Jahr am 13. November. Augenweide immerdar.

## **15** Uhrenmuseum

 *Tausende von Uhren von Gotik bis Gegenwart – faszinierende Sammlung und eine der größten in Europa.*

1., Schulhof 2
Tel. 01/533 22 65
www.wienmuseum.at
Di–So und Fei 10–18 Uhr
U-Bahn Stephansplatz
(U1, U3); Bus 1A

Reizender konnte man diese **Sammlung** nicht unterbringen als in dem frühbarocken, von 1690 stammenden Giebel-Palais des damaligen Stadtgarde-Kommandanten Marchese Obizzi, das schmal ins Gassengabel hinter der Kirche Am Hof vorstößt. Zur vollen Stunde geht ein vielstimmiges Gebimmel und Gebammel durch die drei Stockwerke. Unerschöpflich war einst die Fantasie, die vergehende Zeit zu messen: überzeugend einfach zum Beispiel durch **Kerzenuhren**, die beim Abbrennen jede Stunde eine Bleikugel abwarfen, oder durch *Taschensonnenuhren* mit Kompass, hochkompliziert später etwa mit dem *Astronomisch-Chronologischen Mechanismus* des Michael Krofitsch (1810) oder der großen *Kunstuhr*

*Zeit mag kostbar sein, die Mittel zu ihrer Messung aber auch, wie das Uhrenmuseum zeigt*

von Franz Zajizek (1873). Aber schon die Augsburger **Monstranzuhr** von 1680 zeigte Mondphasen, Tierkreiszeichen, Monate, Datum und Uhrzeit an. Ehrfurcht gebietend das gewaltige, 700 Kilo schwere **Turmuhrwerk** von St. Stephan (1699), kurios die *Kugeluhr* fürs Himmelbett, bei der ein gebogener Zeiger die Ziffern am Äquator der Kugel abfährt, graziös die frühen *Zwiebeluhren*, eine Kollektion aus ganz Europa, einfallsreich die *Kleinuhren* des 18. und 19. Jh. in Apfel-, Birnen-, Violinenformen, elegant die *Wand- und Standuhren* des Biedermeier, lustig die **Bilderuhren** mit Wiener Motiven oder die *Figurenuhren* mit beweglicher Augenautomatik, erschreckend die historistischen *Bodenstanduhren*, ehern wie Denkmäler, stocknüchtern die neuzeitlichen *Quarzchronometer*.

## 16 Neidhart-Fresken-Haus

*Früheste Profanfresken Österreichs.*

1., Tuchlauben 19, 1. Stock
Tel. 01/535 90 65
www.wienmuseum.at
Di 10–13, 14–18, Fr–So, Fei 14–18 Uhr
U-Bahn Stephansplatz (U1, U3);
Bus 1A, 2A, 3A

Der reiche Tuchmacher, der den Festsaal in seinem Haus 1398 opulent ausmalen ließ, hieß vergnüglicherweise Michel Mondschein (Menschein). Und vergnüglich waren auch die Motive der **Fresken** aus den damals so populären Liedern des Minnesängers Neidhart von Reuenthal, des drastischen Schilderers von Hof- und Bauernleben, der bis 1240 in Hofdiensten stand. Eines der Motive ist der bekannte Veilchenschwank: Der Sänger findet ein Veilchen, bedeckt's mit dem Hut, will's dem Herzog zeigen. Doch als er den Hut lüpft, liegt ein Kothaufen darunter, den ihm ein Bauernbubenstreich gepflanzt hat. Mahl und Tanz, Ballspiel oder Schneeballschlacht sind die anderen Motive. Auch handfester Sex: Ein Bauer vergreift sich an des Sängers Geliebten und entreißt ihr den (vieldeutigen) Spiegel. Der Freskant hatte bei all dem soviel höfischen Charme, dass sein Stil der Prager Wenzelswerkstatt nahe gerückt wird.

Das gotische **Haus** ist 1716 barock überbaut worden, wie viele Gebäude dieser wohlhabenden Zeile. Bei einem Umbau 1979 wurden die Fresken entdeckt, 15 m der ursprünglich wohl 30 m freigelegt und der Öffentlichkeit museal zugänglich gemacht.

## 17 Hoher Markt und Römermuseum

*Römerzeit, Barock und Jugendstil vereint auf dem ältesten Platz Wiens.*

U-Bahn Stephansplatz (U1, U3),
Schwedenplatz (U1, U4); Bus 2A, 3A;
Tram 1, 2

2000 Jahre Stadtgeschichte in der Nussschale! In der Römerzeit befanden sich am heutigen Hohen Markt die Offiziers-

*Wenn Herzog Leopold und Gemahlin auf der Ankeruhr vorbeiziehen, schlägt's drei*

Doch sein hölzernes Monument wich 1729–32 dem marmornen seines Sohnes Joseph Emanuel Fischer von Erlach. Dieser schuf einen Brunnen mit kolossalem Rundsockel, der die Gestalten des *Hohepriesters* und der *Vermählten* trägt, und überhöhte ihn durch eine bernineske Baldachinarchitektur aus Bronze mit krönender *Dreifaltigkeitsgruppe*: ein Werk voller Majestät und Liebenswürdigkeit. Baldachin: Johann Duval; Figuren: Antonio Corradini; Brunnen: Lorenzo Mattielli.

In der jugendstilprangenden **Ankeruhr** von Franz Matsch (1911/17) an der nordöstlichen Seite des Platzes zeigen zwölf Figuren die jeweiligen Stunden an. Um 12 Uhr spazieren sie hintereinander vorbei: I Marc Aurel, II Karl der Große, III Herzog Leopold und Gemahlin, IV Walther von der Vogelweide, V Rudolf I. und Gemahlin, VI Dombaumeister Puchsbaum, VII Maximilian I., VIII Bürgermeister von Liebenberg, IX Rüdiger von Starhemberg, X Prinz Eugen, XI Maria Theresia und Gemahl, XII Joseph Haydn.

häuser des 6000-Mann-Lagers *Vindobona*, gegründet 97 n. Chr. zur Sicherung der nördlichen Grenze des Imperiums. Die Ruinen jener Häuser sind noch heute an originaler Stelle im Keller des **Römermuseums** (Hoher Markt 3, Tel. 01/535 56 06, www.wienmuseum.at, Di–So und Fei 9–18 Uhr) zu bestaunen. Ferner kann man sich auf zwei weiteren Stockwerken dank einer Fülle von Alltags- und Kultgegenständen, 3-D-Visualisierungen, Wandgemälden und Grafiken ein Bild vom Leben im Römerlager sowie in der dazugehörigen Zivilstadt machen.

Im Mittelalter war der Hohe Markt das Zentrum der Stadt mit Fischmarkt, Schranne (Gericht), Narrenkotter und Pranger, später das Quartier des Bürgermeisters und der Honoratioren – was nicht hinderte, dass hier bis ins 18. Jh. Hinrichtungen vollzogen wurden. Noch Mozart hat in den 1780er-Jahren eine erlebt.

Adel gibt dem nach 1945 neu aufgebauten Platz der **Vermählungsbrunnen**, ein Denkmal, das Kaiser Leopold I. zu Ehren des hl. Joseph stiftete, weil sein Sohn Joseph wohlbehalten aus dem Spanischen Erbfolgekrieg heimkehrte. Johann Bernhard Fischer von Erlach wählte das seltene Motiv der Vermählung Marias mit Joseph, der Landespatrone Österreichs.

## **18** Ruprechtskirche

*Älteste Kirche Wiens, älteste Glasgemälde.*

1., Ruprechtsplatz
Tel. 01/535 60 03
www.ruprechtskirche.at
Mo, Mi 10–12, 15–17, Di, Do 10–12,
Fr 10–12, 15–17 und 22–1 Uhr
U-Bahn Schwedenplatz (U1, U4);
Tram 1, 2

Anrührend, wie sich das düstere, sommers grün überrankte romanische Kirchlein hartnäckig zwischen Neubauten behauptet, frei nur noch vom Franz-Josefs-Kai zu sehen, steinalt, der Legende nach 740 gegründet, urkundlich 1161 erstmals genannt, höchstwahrscheinlich Zentrum der ›Reststadt‹ während der Völkerwanderungszeit.

Schichten des ehrwürdigen **Baus**: *Langhaus* und *untere Turmgeschosse*, teils aus römischen Baumaterialien errichtet, stammen aus dem 11., *obere Turmteile* aus dem 12., der polygonale *Chor* aus dem 13., das südliche *Seitenschiff* und das *oberste Turmgeschoss* aus dem 15. Jh.

Auch im **Inneren** eint sich ein holzgedeckter romanischer Saal mit rippengewölbtem gotischen Chor und Seitenschiff. Karger, doch wertvoller romanischer Rest der Ausstattung sind zwei **Glas-**

**scheiben** im Chor, die ältesten Wiens. Sie zeigen ›Kreuzigung‹ und ›Thronende Maria‹ (um 1300). Beachtenswert sind zudem die *Mondsichelmadonna*, das *Holzrelief* des hl. Ruprecht aus dem 16. und das *Triumphbogenkruzifix* aus dem frühen 18. Jh. Auf der Maßwerkbrüstung der Orgelempore steht Kaiser Friedrichs III. Devise AEIOU [vgl. S. 20]. Die sonstige Ausstattung stammt aus dem 18./19. Jh.

### 19 Synagoge

*Einzige in der Nazizeit nicht vernichtete Synagoge Wiens.*

1., Seitenstettengasse 2–4 (Hof)
Tel. 01/535 04 31
Führungen Mo–Do 11.30 und 14 Uhr
(Ausweis mitbringen)
U-Bahn Schwedenplatz (U1, U4)

Weil eine Vorschrift des Vormärz verbot, nicht-katholische Gotteshäuser direkt an die Straße zu setzen, baute Josef Kornhäusel die Synagoge 1824–26 in den Hof des Hauses der Israelitischen Kultusgemeinde ein. Der enge Häuserverbund rettete sie 1938 vor der Vernichtung, der die anderen 14 Synagogen und rund 50 Bethäuser in Wien anheim fielen.

Der **Zentralbau** auf elliptischem Grundriss mit seinem würdigen, säulenumstandenen **Innenraum** unter der lichtvollen Kuppel gehört zu den bedeutenden Sakralwerken des klassizistischen Architekten, der hier zusammen mit sei-

*Die Synagoge ist ebenso spätklassizistisches Architekturjuwel wie würdevolles Gotteshaus*

nem eigenen **Wohnhaus** (Nr. 2) und dem **Seitenstettenhof** (Nr. 5) ein geschlossenes spätklassizistisches Ensemble schuf.

### 20 Griechenbeisl

*Fünfhundertjähriges Gasthaus an einem der ältesten Verkehrswege Wiens. Touristentreff der Stadt.*

1., Fleischmarkt 11/Griechengasse 9
Tel. 01/533 19 77
www.griechenbeisl.at
tgl. 11.30–1 Uhr
U-Bahn Stephansplatz (U1, U3),
Schwedenplatz (U1, U4); Bus 2A

Das Gewinkel von Fleischmarkt und Griechengasse, pittoresk und viel fotografiert, ist das älteste in Wien: Sitz der Fleischhauer schon um 1200, später auch der griechischen Händler und der Reichenberger Tuchhändler.

Das weinumrankte Griechenbeisl steht mittendrin, die **Fassade** ist barockisiert (1709/84), aber *der Erker* spätgotisch und so auch der Baukern mit *Rundstiege* und malerischem *Hof* auf schmaler, tiefer Parzelle. Schon im 15. Jh. war es ein ›Beisl‹ mit wechselnden Namen, so gemütlich und berühmt, dass es später Grillparzer, Nest-

*Abendromantik um die Ruprechtskirche, vom Franz-Josefs-Kai aus gesehen*

*Wer berühmt ist oder es sein will, verewigt sich gern an der Wand des Griechenbeisl*

roy, Waldmüller, Brahms, Wagner u. a. zu seinen Gästen zählte, und manche davon haben ihren Namen an der Wand verewigt. Berühmt ist es um des ›Lieben Augustins‹ willen, um den man beim Eintreten nicht herumkommt, denn er sitzt als Puppe im Kellerloch. Der Bänkelsänger aus der Pestzeit, der eine betrunkene Nacht in der Pestgrube unbeschadet überdauert haben soll, kreierte hier angeblich sein bekanntes Volkslied. Aber das ist alles schöne Mär: Nie ist bewiesen worden, dass es ihn gab, und das Liedchen entstand erst um 1800.

In der Griechengasse 7 steht im Hof der letzte **Gotische Wohnturm** Wiens, Geschlechterturm eines Stadtpatriziers (13. Jh.).

## 21 Griechische Kirche Zur Hl. Dreifaltigkeit

*Byzantinisierender Bau mit ostkirchlichem Sakralraum.*

1., Fleischmarkt 13
Tel. 01/535 78 82
www.agiosgeorgios.at
U-Bahn Stephansplatz (U1, U3),
Schwedenplatz (U1, U4); Bus 2A

Auffallend fremdartig wirkt der durch einen **Kuppelturm** gekrönte Rohziegelbau dieser Kirche: sehr viel Gold, sehr viel farbige Ornamentik – alles in byzantinischen Formen. Peter Mollner erbaute sie 1787, Theophil von Hansen erweiterte sie 1861 durch den Vorbau. In der großen

Vorhalle *Wandgemälde* von Carl Rahl, im Kirchenraum *Fresken* von Ludwig von Thiersch (beides um 1860) sowie eine eindrucksvolle *Ikonostasis* des 18. Jh. An der *Kanzel* Doppeladler als Dankeszeichen für Kaiser Joseph II., der durch das Toleranzpatent für freie Religionsausübung von 1781 den Bau ermöglichte. Die Dankschrift für den Kaiser an der aufwendigen Fassade des sog. **Toleranzhauses** gegenüber (Nr. 18) ist allerdings stilistisch etwas verknorzt: »Vergänglich ist dies Haus, doch Josephs Nachruhm nie. Er gab uns Toleranz, Unsterblichkeit gab sie!«

## 22 Schwindhof

*Spätbarockes Wohnhaus, Geburtsstätte Moritz von Schwinds.*

1., Fleischmarkt 5
U-Bahn Stephansplatz (U1, U3),
Schwedenplatz (U1, U4); Bus 2A

Dieses Bürgerhaus von 1718 besitzt ein wahres Schmuckstück von **Fassade**, reich verziert mit feinen Fenstergiebeln, Kartuschen und Ornamentstreifen, dazu ein *Madonnenrelief* über dem reizvollen Portal – der einstige Glanz ging allerdings verloren.

Hier kam der spätromantische Maler Moritz von Schwind am 21. Januar 1804 als Sohn eines k. k. Hofsekretärs zur Welt. Er studierte an der Akademie bei Schnorr von Carolsfeld, war dann aber allein in München tätig, wo er 1871 starb. In Wien schuf er vor allem seinen späten (1867) Monumentalzyklus für die Wiener Staatsoper [Nr. 94].

## 23 Postsparkassenamt

*Wegweisende moderne Architektur: Meisterwerk Otto Wagners.*

1., Georg-Coch-Platz 2
Tel. 01/53 45 33 30 88
www.ottowagner.com
Mo–Mi, Fr 8–15, Do 8–17.30, Sa 10–17 Uhr
U-Bahn Schwedenplatz (U1, U4)
oder Stubentor (U3); Tram 1, 2

Ämter solcher Art pflegen stets nüchtern zu sein, doch *diese* Sachlichkeit ist von edelster Art. Dem kubischen Baublock gibt nur der hervortretende Mittelteil der **Fassade** mit Hauptportal einen architektonischen Akzent, aber allein die Marmor- und Granitplatten-Verkleidung mit ihren auffallenden Nieten ist Augenfang

*Im Zeichen des Kreuzes – Blick in den Innenraum der Griechischen Kirche am Fleischmarkt*

genug. Die 1700 Nieten sind kein Schmuck, sondern streng funktional zur Befestigung der Platten da, Schmuck sind lediglich die beiden Aluminium-Ladies mit Schutzengelgeste auf dem Dach (von Othmar Schimkowitz). Auch der Besucher, dessen Geld sie nicht schützen, sollte eintreten: Der dreischiffige glasdachüberwölbte **Große Kassensaal** und der lange Zeit nicht zugängliche **Kleine Kassensaal** sind seit der Generalsanierung des Gebäudes 2003–05 in dem von Otto Wagner intendierten Zustand wieder hergestellt. Hier wurde schon 1904–06 vorgeführt, wie technische Einzelheiten (Heizung) in ihrer Funktionalität und zugleich kühlen Schönheit verwirklicht werden können (1912 erweitert). Wagner hatte bereits mit den beiden Stadtbahn-Pavillons und der Steinhof-Kirche Neues gewagt, aber noch nicht jene ornamentlose Verbindung von Zweck und Ästhetik, jene Vereinigung von Innerem und Äußerem. Weitere Details erfährt der Be-

*Elegante Funktionalität zeigt der Große Kassensaal der Postsparkasse von Otto Wagner*

sucher in dem neuen Museum **Wagner:Werk**, das in den Durchgangsräumen zwischen den Kassensälen eingerichtet wurde.

## 24 Dominikanerkirche

*Aufwendigster Kirchenraum des Wiener Frühbarock.*

1., Postgasse 4
U-Bahn Stephansplatz (U1, U3),
Schwedenplatz (U1, U4); Bus 1A;
Tram 1, 2

Römisches Barock prägt die Giebel- und Pilaster-**Fassade** der Dominikanerkirche Santa Maria Rotonda, 1631 begonnen und erst 1674 vollendet (Architekt unbekannt), dritter Kirchenbau der seit 1226 hier ansässigen Dominikaner. Mit stark-plastischer *Stuckdekoration* des Wiener Frühbarock hingegen prunkt im **Innern** die Decke der Saalkirche, in den Feldern des Langhauses von Matthias Rauchmiller, im Chor von Carpoforo Tencala mit mariologischen *Fresken* gestaltet. Das **Hauptaltarbild** des Romantikers Kupelwieser, ›Maria als Königin des Rosenkranzes‹ (1839), weist auf die Einsetzung des Rosenkranzfestes nach der Schlacht von Lepanto hin. Die **Kanzel** ist demselben Thema gewidmet. In der Dominikus-Kapelle im Querschiff rechts *Grabstätte* (www.kaisergruft.at) von Claudia Felicitas, Gemahlin Kaiser Leopolds I., und *Dominikus-Bild* von Tobias Pock (17. Jh.). Prächtige süddeutsche *Barockorgel*.

## 25 Akademie der Wissenschaften

*Bedeutendster profaner Rokokobau Wiens.*

1., Dr.-Ignaz-Seipel-Platz 2
Tel. 01/51 58 10
www.oeaw.at
U-Bahn Stubentor (U3)

Die Jesuiten, seit 1623 für die Universität zuständig, erbauten Alte Universität und Kirche bis 1627. Unter Maria Theresia schloss dann der Bau der Universitäts-Aula 1755 den Platz gleichsam zum ›Bühnenbild‹. Hundert Jahre später zog die Akademie der Wissenschaften hier ein. Der Franzose Nicolas Jadot de Ville-Issey, als Hofarchitekt Franz von Lothringens hierher gekommen, nahm den Pariser Palast-

bau zum Vorbild für seine Rokoko-Meisterarchitektur: Anmutig, wie bei der **Hauptfassade** die Seitenrisalite mit Giebeln und Wandbrunnen, wie die Mitte durch eine zurückgesetzte Loggia mit Freisäulen belebt ist. Dämonische *Kopfmasken* prangen über den Erdgeschossbögen, weibliche Allegorien der *Medizin* (links) und *Jurisprudenz* (rechts) auf den Giebeln. Die lang gestreckten Seitenflügel sind gleichfalls reich akzentuiert.

Sehenswert (Portiers zuvorkommend!) sind das feierliche **Vestibül** sowie der in Kunstmarmor, Stuck und Plastiken schwelgende **Festsaal** mit Gregorio Guglielmis aufwendigem *Deckenfresko*, die Allegorien der vier Fakultäten darstellend. Weit zarter, das eigentliche Kleinod, ist das *Deckengemälde* von Franz Anton Maulpertsch (um 1756) im intimen **Theologiesaal**: Seine dramatische *Taufe Christi*, der eine höfische Gesellschaft und damenhafte Engel beiwohnen, ist auf feines Grün, Rosa und Blau gestimmt. Kartuschen und Stuck ringsum sind gar rokokoschaumig – gemalt.

Schräg gegenüber dient ein historischer Repräsentationsbau der Alten Universität als neue **Aula der Wissenschaften** (Wollzeile 27a/Bäckerstraße 20), ein Kommunikations- und Begegnungszentrum mit zeitgemäßer Infrastruktur für die Präsentation aktueller Forschungsleistungen und wissenschaftliche Veranstaltungen.

## 26 Jesuitenkirche

*Andrea Pozzos Geniestreich: effektvolle Verwandlung von früh-in hochbarocke Raumwirkung.*

1., Dr.-Ignaz-Seipel-Platz
Mo–Sa 7–19, So 8–20 Uhr
U-Bahn Stubentor (U3)

Der Wiener Hochbarock liebte den Zentralkuppelbau. Als der berühmte Architekt und Maler Andrea Pozzo, ein zuvor in Rom tätiger Laienbruder der Jesuiten, die frühbarocke Kirche (1623) hochbarock umgestaltete (1703–07), kam er dieser Vorliebe listig entgegen: Er malte eine monumentale **Scheinkuppel** ins Tonnengewölbe des Langhauses, täuschend perspektivisch, wenn man genau darunter steht, reichlich verzogen, entfernt

*Architektonisches Vexierspiel: Die Kuppel* ▷
*im Gewölbe der Jesuitenkirche ist nur gemalt*

man sich wenige Schritte von der weißen Steinmarkierung im Pflaster, schier wie eine architektonische Parodie anmutend. Durch illusionistische *Malereien im Gewölbe*, das er dadurch in Felder unterteilte, unterstrich er noch den Eindruck eines Zentralkuppelbaus. Vom Eingang: ›Anbetung der Hirten‹, ›Engelssturz‹, Scheinkuppel, Engel, ›Ruhe auf der Flucht‹, ›Dreifaltigkeit‹, ›Glaube – Liebe – Hoffnung‹ (stark überarbeitet).

Den flächenbetonten **Längsraum** überzog er mit dekorativer plastischer Masse, baute vor die Seitenkapellen Paare von mächtigen Schraubensäulen im Wechsel mit geraden Säulen, ließ sie vorschwingende Brüstungen tragen, und gab dem so rhythmisierten Raum einen *Hochaltar*-Abschluss von pompöser Wirkung. Im *Altarblatt* ›Mariae Himmelfahrt‹ verlieh er seinem Namenspatron Andreas (links unten) sein eigenes Konterfei. Die *Altarbilder* in den je vier gleich ausgestalteten **Seitenkapellen** stammen aus Pozzos Werkstatt. Die Themen (vom Eingang): 1. Philosophie (links) und Theologie (rechts), 2. hl. Ordensfamilie und hl. Familie, 3. Schutzengel und hl. Leopold, 4. Lebensweihe und Todesweihe. In die strenge, schön gegliederte Frontalität der frühbarocken **Fassade** griff Pozzo nicht ein, verlieh ihr lediglich durch *Türme* mit ausbündigen Helmen Wucht.

### 27 Schönlaterngasse

*Romantische Altwiener Gasse mit schönen Barockfassaden und sagenträchtiger Vergangenheit.*

U-Bahn Stephansplatz (U1, U3), Schwedenplatz (U1, U4)

In dem alten Quartier, einst Siedlung an der Fernhandelsstraße mit Ungarn, blühten die Sagen. Berühmtester Sagen-Unhold ist der Basilisk, eine dem Ei entschlüpfte Mischung aus Hahn und Kröte mit Giftatem und tödlichem Blick, der 1212 tief in einem Brunnen des **Basiliskenhauses** (Nr. 7) entdeckt worden sein soll. Ein Bäckergehilfe soll sich um der von ihm geliebten Bäckerstochter willen ein Herz gefasst und dem Untier den Spiegel vorgehalten haben: Es versteinerte vor seinem eigenen Anblick. Die ›Versteinerung‹ ist an der Fassade zu sehen (in Wirklichkeit ein natürliches Sandsteinkonglomerat), darunter ein *Sgraffito* mit der Darstellung der Sage.

Die **Alte Schmiede** (Tel. 01/512 83 29, www.alte-schmiede.at) im Haus Nr. 9 daneben ist ein Kulturzentrum, in dem auch eine stillgelegte Schmiedewerkstatt (Mo–Fr 14–17 Uhr) zu besichtigen ist.

Die schmiedeeiserne **Schöne Laterne** (Kopie; Original des 18. Jh. im Wien Museum Karlsplatz) am gegenüberliegenden Haus (Nr. 6) gab der Straße den Namen. Die meisten ihrer Häuser gehen auf einen alten, vielfach gotischen Baukern zurück, wurden im 17./18. Jh. barock umgestaltet und vor einiger Zeit revitalisiert. Viele Restaurants und Kneipen!

### 28 Heiligenkreuzerhof

*Höchst malerischer, bis zur Romanik zurückgehender Barockhof mit bezaubernder Kapelle.*

1., Eingang Schönlaterngasse 5 oder Grashofgasse 3
U-Bahn Stephansplatz (U1, U3); Bus 1A

Überraschend tut sich inmitten enger Gassen der weite, schön proportionierte, strahlend barockgelbe **Hof** auf, der Name und Entstehung im 13. Jh. dem Zisterzienserstift Heiligenkreuz verdankt. Ein *romanisches Haus* jener Zeit hat sich rechts vom Portal zur Schönlaterngasse gut erhalten. Aus mehreren Häusern und Höfen zusammengewachsen, erhielt der Hof im Wesentlichen zwischen 1659 und 1676 von Abt Clemens Schäffer seine heutige Gestalt (Initialen ACS mehrfach sichtbar), die im 18. Jh. hochbarock erneuert wurde.

Die einfachen Fronten sind auf einer Seite fein belebt durch die figurenbesetzte Mauer des *Prälatengärtleins* und das *Portal* der **Bernhardskapelle**, die einen zauberhaften, intimen Barockraum birgt. Der Hochbarock-Bildhauer Giovanni Giuliani, von dem auch Portal und Mauerskulpturen stammen, schuf dafür die *Altarfiguren* der hll. Leopold und Florian sowie den bewegend ausdrucksvollen *Annenaltar*, seine Werkstatt den *Josephsaltar*. Von Martino Altomonte, der im Heiligenkreuzerhof seinen Lebensabend verbrachte und als Mietzins zuweilen ein Bild malte, stammt das schöne *Altarblatt* ›Maria erscheint dem hl. Bernhard‹ (alles um 1730). Auch der Schriftsteller Ignaz Franz Castelli (1781–1862) sowie der Schauspieler und Kabarettist Helmut Qualtinger (1928–1986) zählten zu den prominenten Bewohnern dieser stillen Hofidylle.

*Die Laterne weist den Weg – zum Abstieg in den Zwölf-Apostelkeller*

## Unterweltgeheimnis

Der **Zwölf-Apostelkeller**, der sich im Hildebrandthaus befindet, ist ein altes, heute jung und international bevölkertes Weinlokal, fern von modischem Klimbim, voll jener Kellerluft, von der der Wein sein Geheimnis, nicht weniger seine Wirkung bezieht. Und wenn's drei Stockwerk hinunter geht, ahnt man etwas vom Unterweltgeheimnis Wiens, das unterminiert ist von Römerruinen, Gruftkammern, habsburgischen Geheimgängen, Kanalsystemen und Weingewölben. Und zur Weinlaune gibt's deftige Wiener Küche [s. S. 170].

## **29** Hildebrandthaus

*Ungarnhandel und Bürgerbarock.*

1., Sonnenfelsgasse 3
U-Bahn Stephansplatz (U1, U3);
Bus 2A

Zwischen Sonnenfelsgasse und Bäckerstraße lag seit 1100 der Markt der Vorstadt für den Ungarnhandel, um den deutsche Kaufleute ihre Herbergen und Depots einrichteten. Allmählich entstanden so die beiden Straßen mit dem Platz *Lugeck* am Beginn (*Gutenberg-Denkmal* von Hans Bitterlich, 1902). Der Umbau im Spätbarock geriet opulent und vielfach im Geist Hildebrandts, waren doch die reichen Bürger bemüht, dem Adel und dessen Palastarchitekten nachzueifern. So im Hildebrandthaus, das der Baumeister jedoch keineswegs bewohnte: Es wird so genannt, weil die **Fassade** nach seiner Art zu bewegt dekorierter Fläche

gestaltet ist, umso graziöser, als sich bereits Rokokoelemente ins Barock von 1721 mischen. Hauszeichen ist die sog. Mariazeller Muttergottes.

## **30** Zum König von Ungarn

**TOP TIPP** *Einer der ältesten Gasthöfe Wiens mit einladender Barockfassade.*

1., Schulerstraße 10/Domgasse 7
U-Bahn Stephansplatz
(U1, U3); Bus 1A

Im reizvollen Gewinkel östlich des Doms liegen Schulerstraße und Domgasse parallel eng nebeneinander. Dort befindet sich im Haus Zum König von Ungarn, im 16. Jh. gebaut, eine der ältesten Einkehren, einladend gewiss seit je in seiner breiten Behaglichkeit, welche die *Barockfassade* des 18. Jh. noch erhöhte.

Heute verbirgt sich hinter dem traditionsreichen Namen ein Vier-Sterne-Hotel [s. S. 180] mit glasüberdachter Lounge statt des früheren Hofs. Hier wird im Restaurant neben internationaler in erster Linie jene ›historische‹ Wiener Küche gepflegt, die aus der kosmopolitischen Buntheit der Monarchie hervorging, vor allem die hochnuancierte Rindfleischküche von Beinfleisch bis Tafelspitz. An deren Entstehung war übrigens nicht allein der Gaumen, sondern zuerst einmal die wirtschaftliche Maßnahme von 1906 Schuld, österreichisch-ungarische

*Allzeit bereit – Ober im lauschigen Innenhof des ›König von Ungarn‹ erwartet seine Gäste*

Rinderzüchter gegen serbische Schweinezüchter auszuspielen.

Um beim Thema zu bleiben: Dass in der Domgasse, hinter dem Hotel, im **ehem. Kleinen Bischofhof** (Nr. 6; *Spätbarockfassade* von Matthias Gerl, 1760) des Kundschafters Kolschitzky erstes Wiener Kaffeehaus gewesen sein soll, ist Sage. Heute weiß man, dass der Armenier Johannes Diodato 1685 am Haarmarkt den ersten Wiener Kaffee braute.

# 31 Mozarthaus Vienna

*Einzige als Gedenkstätte erhaltene Mozart-Wohnung in Wien.*

1., Domgasse 5
Tel. 01/512 17 91
www.mozarthausvienna.at
tgl. 10–19 Uhr
U-Bahn Stephansplatz (U1, U3);
Bus 1A

Gehetzter Mozart! In Wien hatte er 1781 – 91 zwölf Quartiere. Nicht nur die Mietpreise, auch seine Unrast trieben ihn. Die knapp drei Jahre (1784–87) in dieser Wohnung waren schon sein Stetigkeitsrekord. Er komponierte den ›Figaro‹ in diesem danach benannten ›Figarohaus‹. Einst hatte das schöne Altwiener Barockhaus dem Stuckateur Albert Camesina gehört, dessen Stuckreliefs (1720–40) Mozart in seinem Arbeitskabinett umgaben. Sein Hausstand war opulent: 4 Zimmer, 2 Kabinette, Küche, Zuräume. Haydn besuchte ihn hier, der junge Beethoven, der Oboist Fiala, der Violinist André; er hatte Schüler in Logis. Diese Wohnräume bilden heute den authentischen Kern der hier eingerichteten Gedenkstätte Mozarthaus Vienna. Auf drei weiteren Ausstellungsebenen werden Leben und Werk des Musikgenies mit zahlreichen Details beleuchtet. Zu sehen sind u. a. die *Porträts* der Angehörigen, Gönner, Freunde, die *Noten*, *Programmzettel*, *Theaterpersonnage*: die Genese des ›Figaro‹ vom Beaumarchais-Lustspiel bis zu den Partiturseiten Mozarts, die feinen *Schwind-Zeichnungen* zum ›Figaro‹ (1825), die kolorierten *Kupferstiche* zur ›Zauberflöte‹ von Joseph und Peter Schaffer (1793) sowie die 1828 erschienene *Mozart-Biografie* von Constanzes zweitem Mann, dem dänischen Legationssekretär Nissen. Ein Café und Museumsshop im Erdgeschoss und ein eigener Veranstaltungsbereich runden das Programm der Gedenkstätte ab.

Die düstere **Blutgasse**, in die Domgasse mündend, wird mit der Ermordung der hier ansässigen Tempelritter (1312) in Verbindung gebracht: schiere Mär! Der mittelalterliche, 1818 umgebaute Häuserkomplex des **Fähnrichshofs** (Durchgang Haus Nr. 5) ist ein Beispiel gelungener moderner Sanierung. Die Höfe mit Balkon(um)gängen zu den Wohnungen heißen *Pawlatschen* (aus dem Italienischen: parvula loggia).

*Hier wohnte Mozart: Das Mozarthaus Vienna widmet sich Leben und Werk des Musikgenies*

## 32 Deutschordenshaus mit -kirche

*Weitläufiger Komplex mit stimmungsvollen Innenhöfen. Sehr bedeutende Schatzkammer.*

1., Singerstraße 7
www.deutscher-orden.at
U-Bahn Stephansplatz (U1, U3)

Herzog Leopold VI. rief den 1198 gegründeten Deutschen Ritterorden um 1205 nach Wien und siedelte ihn östlich von St. Stephan an. Den vielfach erneuerten mittelalterlichen Baukomplex vereinheitlichte Carlo Carlone 1667; Anton Erhard Martinelli gab ihm 1725 seine heutige Gestalt. Weitläufig zwischen Stephansplatz und Singerstraße (Hauptfront) gelegen, gruppiert er sich um zwei malerische **Innenhöfe**: gotische Grabsteine, Steffl-Blick, Teestunde unter Markisen, Gedenken an Mozart und Brahms, die beide hier wohnten. Eben hier bekam Mozart, als er sich 1781 aus den verhassten Diensten des Salzburger Fürstbischofs löste, von dessen Kammerdiener Arco den berühmten ›Tritt im Hintern‹.

Bei den erwähnten Umbauten wurde die **Deutschordenskirche St. Elisabeth** in die Straßenfront einbezogen und durch eine giebelbekrönte Zusammenfassung dreier Fenster außen hervorgehoben. Der *Raum* ist gotisch schmal, aber barock ausgerundet, die Fenster sind spitzbogig belassen, die leichten Sterngewölbe durch Stuckrippen angereichert: eine seltsame, doch reizvolle Verschwisterung von Gotik und Barock, mit Absicht vollzogen, 1868 durch neugotische Renovierung verstärkt, bei der auch der Spitzturm aufgesetzt wurde.

Unter Tobias Pocks barockem *Altarbild* der Ordenspatrone Maria, Elisabeth, Georg und Helena (1668) steht ein gotischer *Flügelaltar* aus Mecheln mit reliefierten und gemalten Passionsszenen (1520), der über Danzig und Troppau hierher kam. Höchst qualitätvoll ist beim Eingang ein von dem Humanisten Cuspinian 1515 gestifteter *Renaissancealtar* in der Wand mit den hll. Anna, Agnes, Johannes sowie Loy Herings *Renaissance-Grabmal* für Jobst Truchsess von Wetzhausen mit dem ›Abschied Jesu von seiner Mutter‹ (der Tod schießt auf den Stifter!) von 1524.

In der **Schatzkammer des Deutschen Ordens** (1. Tor, 1. Stiege, 2. Stock; Tel. 01/ 51 21 06 52 14, Di, Do, Sa 10–12, Mi, Fr 15–17 Uhr) dokumentiert der kostbare Ordensschatz, der nach der Aufhebung des Ordens durch Napoleon 1809 hierher kam, die bewegte Geschichte der Glaubensgemeinschaft und die Kunstverbundenheit seiner Mitglieder.

## 33 Palais Neupauer-Breuner

*Aufwendiges Bürgerpalais mit Monumentalportal.*

1., Singerstraße 16
U-Bahn Stephansplatz (U1, U3)

Mögen die Atlanten auch unter der Last der Balustrade, Herkules unter der des Antäus, Äneas unter der des Anchises gefesselt sein – entfesselt ist die plastische Bewegtheit dieses **Portal**-Aufbaus, das Fischers Portal der Böhmischen Hofkanzlei ins Voluminöse übersetzt, indes die flächenhaft ornamentierte Gliederung der Palais-**Fassade** Hildebrandts Art nacheifert. Auch darin, dass dieser Bau nicht mehr nur für eine Adelsfamilie sondern für mehrere Mietparteien intendiert war, gleich Hildebrandts Graben-Palais. Stadtoberkämmerer Neupauer ließ ihn von einem unbekannt gebliebenen Architekten 1715–16 bauen, um ihn zu vermieten; später gehörte er der Adelsfamilie Breuner.

## 34 Palais Rottal

*Edles Spätbarockpalais: Abgesang der Wiener Palastbaukunst.*

1., Singerstraße 17
U-Bahn Stephansplatz (U1, U3)

Zurückhaltender die beiden *Portale* dieses Palais, kaum hervortretend, nur dominant durch die *Figuren* auf gesprengten Bögen und wegen köstlicher *Fensterbekrönungen*. Die **Fassade** gliedert ein subtiles, betont lineares Relief. Der vermutliche Architekt Franz Hillebrand hat hier den Spätstil seines Lehrers Hildebrandt fortgeführt. Er fasste 1750–54 Teile des Palais Rottal und ein Armenhaus für die Unterbringung der Staatsschuldenkassa zusammen. 1842 wurden das Gebäude um ein Stockwerk erhöht und die Attika mit Figuren vom Stadtpalais des Prinzen Eugen geschmückt. Sehenswert das **Säulenvestibül** und das schön stuckierte **Stiegenhaus**. Heute ist hier ein Amtsgebäude untergebracht.

# **35** Franziskanerkirche Zum Hl. Hieronymus

*Interessanter Bau mit Elementen der Nachgotik und Renaissance. Barock-ausstattung.*

1., Franziskanerplatz 4
U-Bahn Stephansplatz (U1, U3); Bus 1A

Die seit 1451 in Wien ansässigen Franzis-kaner bezogen 1589 das niedergegan-gene Büßerinnenkloster (mit Umziehungshaus für Prostituierte). Ihre weitgehende Erneuerung des aus dem 14. Jh. stammenden Komplexes stand am Beginn der gegenreformatorischen ›Klosteroffensive‹ des Kardinals Khlesl und folgte der Idee, teils bewusst auf die inbrünstig fromme Gotik zurückzugreifen, teils süddeutsche Renaissancereformen aufzunehmen (1603–1614, Leitung Pater Daum). Die Renaissance-Giebel-**Fassade**, an St. Michael in München angelehnt, aber mit spitzbogigen Fenstern versehen, schmücken Statuen und Obelisken, zuoberst der hl. Hieronymus mit Dreifaltigkeitssymbol.

Der einschiffige **Innenraum** mit polygonalem Chor vereint gotisierende Bauelemente (Strebepfeiler, Gewölbe) mit barocker Ausstattung des 18. Jh. (Pfeilerstuck, Orgelempore, Einrichtung). Auffallend in seiner Bühnenwirkung der **Hochaltar** des trickreichen Pozzo: Der Triumphbogenaufbau ist nur im vorderen Teil plastisch, im hinteren illusionistisch gemalt (1707). Die Axt in der Schulter der *Gnadenmadonna* am Altar (um 1500, böhmisch) erinnert an die Bilderstürmer der Reformation, die sie der Sage nach zerstören wollten. Hervorhebenswert ist der **Sebastiansaltar** mit Statue von Matthias Steindl, 1696 (1. Kapelle links), die *Engelssturz-* und *Franziskus-Bilder* des Kremser Schmidt, 1725 und 1722 (3. und 4. Kapelle links), oder Carlo Carlones *Kreuzigungsbild* (3. Kapelle rechts).

# **36** Ronacher

*Musical-Theater mit Vergangenheit.*

1., Seilerstätte 9
Tel. 01/51 41 10
www.musicalvienna.at
U-Bahn Stephansplatz (U1, U3);
Tram 2

Dem Flitterglanz-Namen ›Etablissement Ronacher‹ entsprechen eine amüsierlich aus vielen Stilen zusammengewürfelte Plüsch- und Pleureusen-Architektur von 1888 (wenn auch von den berühmten Theaterarchitekten Fellner und Helmer) sowie die bunt changierende Vergangenheit des Hauses. Unter dem Unternehmer Anton Ronacher vereinte es Varieté, Ballhaus, Hotel, Bar und Kaffeehaus, nach dem Ersten Weltkrieg war es Funkhaus, nach dem Zweiten Ausweichquartier des Burgtheaters oder Fernseh-Residenz, heute ist es eine viel bestürmte Musical- und Varieté-Bühne.

# **37** Winterpalais des Prinzen Eugen

*Imponierendster der Stadtpaläste: herrliche Treppe, Prunkräume.*

1., Himmelpfortgasse 6–8
Tel. 01/514 33
Wegen Renovierung bis 2011 geschl.
U-Bahn Stephansplatz (U1, U3);
Bus 3A

Indes die von Faltenwürfen umloderten Atlanten ihre kolossalen Muskulaturen dekorativ verrenken, lehnt Herkules mit gelassener Hausherrengeste in der Nische überm Treppenabsatz. Hausherr ist er in der Tat: Sein Bild regiert hier. Schon das vor Maskulinität strotzende Stiegenhaus lässt keinen Zweifel: Dies ist die Residenz eines Granden.

1683 kommt Prinz Eugen mit 20 Jahren mittellos nach Wien, um sein Soldatenglück zu suchen. 1693 ist er Feldmarschall. Wenig später beauftragt er den aus Rom heimgekehrten Johann Bernhard Fischer von Erlach mit dem Palastbau von sieben Fensterachsen Länge. 1702 wechselt er zu Lukas von Hildebrandt über, den er auf dem Italienfeldzug kennengelernt hat. Bei seiner Vollendung hat das Palais 17 Achsen und drei Portale: aristokratische Untertreibung gilt nicht mehr. Der Präsident des Hofkriegsrats empfängt hier Gesandtenaufzüge ohnegleichen. Sie tagen in den Prunkräumen zur Gasse. Der Prinz wohnt zu den Höfen hin. Dort stirbt er 1736. Seine Nichte und Erbin, Viktoria von Sachsen-Hildburghausen, verkauft das inzwischen all seiner Kostbarkeiten ledige Palais 1752 an Maria Theresia für die Montanbehörde. Weitere Ämter wechseln; heute residiert hier die Finanz.

Die **Fassade** ist ein Wunderwerk aus Bewegtheit und zugleich Distinktion. Auffallend die Portalrahmung durch

*Einst durchschritt Prinz Eugen die in Gold gefassten Raumfluchten seines Winterpalais', heute beflügelt das edle Ambiente fleißige Finanzbeamte zweifellos zu Höchstleistungen*

*Relieftafeln*: Äneas und Anchises, Herkules und Antäus, Achill und Hektor, Perseus, Darstellungen von Krieg und Frieden (von Mattielli u. a.).

Fischers **Treppenhaus** – sein kühnstes! – lässt engen Raum raffiniert zu grandioser Wirkung kommen: Der dunklere Herkules-Bereich (*Atlanten*: Giuliani) öffnet sich zum strahlenden Apoll-Bereich mit dem Sonnengott-*Deckengemälde* von Dorigny und elegantem *Stuck* von Santino Bussi. Herkules und Apoll, Kraft und Kunst, sind Eugens Symbole. Das *Bergmannsrelief* stammt aus dem 18. Jh., als das Haus Bergbehörde war.

Die Finanzbeamten konferieren im **Schlachtenbildersaal** und sind dabei von Prinz Eugens Siegen umgeben, gemalt von Jacques Ignace Parrocel. Im fabelhaften **Goldkabinett** schüttet Francesco Solimena sein Blumenfüllhorn über ihnen aus, im **Blauen Salon** vermählt sich vor ihren Augen Herkules mit Hebe (Louis Dorigny), im **Roten Salon** zieht der Held triumphal in den Olymp ein (Marcantonio Chiarini und Andrea Lanzani).

## 38   Savoysches Damenstift

*Weiblicher Schmelz an der Fassade
und dem Brunnen.*

1., Johannesgasse 15
U-Bahn Stephansplatz (U1, U3)

Wiens Brunnenthemen sind auffallend einfallsreich: Nur der Bibelfeste kennt die Witwe von Sarepta. Im **Hof** dieses 1688 erbauten Palais, in dem Herzogin Theresia von Savoyen-Carignan um 1770 ein Damenstift einrichtete, sehen wir die Witwe als anmutige **Brunnenfigur** mit dem Krug hantieren: Der Prophet Elia ließ ihr in Gottes Auftrag das Öl darin nicht ausgehen. Jener Prophet ist im *Giebelrelief* zugegen und das *Fresko* darüber zeigt die prachtvoll die Strahlen der göttlichen Erkenntnis spiegelnde Weisheit als ein bezaubernd weibliches Thema. Die herrliche **Wandbrunnenanlage** mit Bleigussfiguren ist ein gemeinsames Werk des Allgäuers Johann Martin Fischer und des berühmten Franz Xaver Messerschmidt, beide zwischen Spätbarock und Klassizismus angesiedelt (1766–70). Die von gestikulierenden Engeln emporgehobene *Maria Immaculata* in einer Nische an der **Fassade** des Damenstifts, unübertrefflich in Mädchenhaftigkeit und Musikalität, ist ein weiteres Meisterwerk Messer-

*Allerhand – hört der Lauscher an der Wand
im Haus der Musik*

schmidts in Bleiguss (1768). Der Wiener Barock sei von weiblichem Schmelz? *Hier* mag man dieser These von Herzen zustimmen.

## 39   Haus der Musik

*Einmal die Wiener Philharmoniker dirigieren – hier wird jeder zum Maestro, wenn auch nur virtuell.*

1., Seilerstätte 30
Tel. 01/51 64 80
www.hdm.at
tgl. 10–22 Uhr
U-Bahn Stephansplatz (U1, U3)

›Musik zum Anfassen‹ verspricht das interaktive **Klangmuseum** in dem historischen Stadtpalais. Tatsächlich sind Besucher aufgefordert, in den zahlreichen Sälen der fünf modern ausgebauten Etagen auf rund 5000 m² die Welt der Musik und des Hörens zu erkunden: Riesige *Instrumente* laden zum Musizieren ein, in der *Sonosphere* dreht sich alles um Töne, mit dem *Walzer-Würfelspiel* komponiert auch der Unmusikalischste im Handumdrehen einen eigenen Wiener Walzer und am *interaktiven Dirigentenpult* kann man sich wie Herbert von Karajan vor den Wiener Philharmonikern fühlen. Historisch ausgestattete *Museumsräume* laden zu einer musikalischen Zeitreise ein und stellen anhand von originalen Notenblättern, Einrichtungen und anderen Erinnerungsstücken die großen Komponisten Wiens von Joseph Haydn bis Arnold Schönberg vor.

## 40   Sammlung Religiöser Volkskunst

*Kleine Sammlung mit schöner Klosterapotheke.*

1., Johannesgasse 8
Tel. 01/406 89 05
www.volkskundemuseum.at
wg. Renovierung bis 2010 geschl.
U-Bahn Stephansplatz (U1, U3)

Von der Annagasse bis zur Johannesgasse erstreckt sich das weitläufige barocke Klostergebäude der Ursulinen, die seit 1660 hier ansässig waren und eine berühmte Mädchenschule unterhielten. Nach deren Übersiedlung nach Mauer ging der Bau 1960 an die **Musikhochschule** über.

Ein Teil dieses ehemaligen Ursulinenklosters beherbergt eine Dependance des Österreichischen Museums für Volkskunde. In den Darstellungen der *Christusverehrung* (Raum 1) entdeckt man interessante, in der Hochkunst nicht vorkommende Motive, so das aus einem Adamsschädel wachsende *Baumkreuz* mit dem Christkind unten, dem Gekreuzigten in der Mitte und Gottvater oben. In der vollständig eingerichteten barocken **Klosterapotheke** (Raum 2) wird die Verbreitung des Motivs ›Christus als Apotheker‹ behandelt. Die Devotionalien der *Marienverehrung* (Raum 3) orientieren u. a. über die Wege des Mariazeller, des Mariahilfer und des Maria-Taferl-Gnadenbildtypus. Objekte der *Heiligenverehrung* Josephs, Florians, Sebastians, Annas, Johannis oder Nepomuks (Raum 4) aus österreichischen Landen reichen von *Votivtafeln* über *Prozessionsskulpturen* bis zu *Bienenstockbrettchen*.

## 41 Grillparzer-Raum im Hofkammerarchiv

*Einziger originaler Gedenkraum an den Dichter.*

1., Johannesgasse 6 / Annagasse 5
Tel. 01/79 54 04 12
www.oesta.gv.at
Besichtigung nur tel. Vereinbarung
U-Bahn Karlsplatz (U1, U2, U4) oder
Stephansplatz (U1, U3); Bus 4A, 59A;
Tram 1, 2, D, 62

Neugierig ins Hofkammerarchiv eintreten und eine Prise Atmosphäre schnuppern: Hier war der Jurist Franz Grillparzer (1791–1872) in den Jahren 1832–56 Direktor. Zwischen Archivräumen voller Faszikeln des Finanzhofs sein enges, biedermeiermöbliertes Bureau. Er stöhnte: »Dieses Archiv wird mich unter die Erde bringen«, hypochondrierte: »Gestern fiel ich von der obersten Sprosse der Leiter«, schwor sich »jeden Tag, und zwar gerade im Amtslokale etwas Poetisches zu arbeiten«. Und wirklich schuf der Meister der Bühne just hinter diesem k. k. ärarischen Schreibtisch viele seiner psychologisch so hellsichtig gestalteten ›modernen‹ Figuren von der Libussa bis zur Jüdin. Das Archiv ist heute noch tätig, birgt Vorgänge eines Riesenreichs.

Im zweiten Hof des einstigen Klosterbaus ist ein vielfiguriges gotisches Madonnen-Steinrelief (1482) beachtenswert.

## 42 Annakirche

*Intime Barockkirche mit Gran-Fresken.*

1., Annagasse 3b
U-Bahn Karlsplatz (U1, U2, U4);
Bus 4A, 59A; Tram 1, 2, D, 62

Der schön geformte Barockturm lockt in die schmale Gasse. Die Kirche ging aus der Annenkapelle eines Pilgerhauses hervor, das eine Bürgerin 1418 stiftete. Das Pilgerheim verwandelte sich allmählich in ein Kloster, das die Jesuiten samt Kirche um 1630 barock umbauten, 1715 barockisierten sie auch das Kircheninnere. Hauptfest der Annenverehrung ist der 26. Juli, an dem eine Reliquie des Handknochens der Heiligen in kostbarer Barockfassung ausgestellt wird.

Am Tor des außen durch Strebepfeiler noch erkennbar gotischen Baus qualitätvolle *Anna-Selbdritt-Gruppe* des 17. Jh. aus Niederösterreich. Der barocke **Saalraum** wirkt durch *Stuckmarmor* und *Goldornamentik* prangend, nicht minder durch die strahlenden *Deckenfresken* des großen, durch sein Werk in der Nationalbibliothek besonders ausgezeichneten Daniel Gran, die die ›Unbefleckte Empfängnis‹ darstellen (1748). Von ihm auch das *Hochaltarbild* ›Heilige Familie‹.

In der Kapelle dem Eingang gegenüber hat sich als Rest der gotischen Ausstattung eine außerordentliche **Anna-Selbdritt-Holzgruppe** von etwa 1510 erhalten, die Veit Stoß oder dem Meister von Mauer bei Melk zugeschrieben wird.

## 43 Kärntner Straße

*Geschäfte für viele Geschmäcker.*

U-Bahn Stephansplatz (U1, U3),
Karlsplatz (U1, U2, U4)

Der turbulente Fußgänger-Korso hat eine bewegte Geschichte als früherer Ausgangspunkt des Fernhandels nach Triest, im und nach dem Mittelalter als Sitz bedeutender Bürgerdynastien und breiter Gasthöfe, Pilgerherbergen und Bürgerspitäler, in der Gründerzeit als verbreiterte Ringstraßenzone mit Hotels und Geschäften von teuerstem ›Image‹. Das heutige **Kaufparadies** für viele hat das aufregende Flair freilich vertrieben.

Einziges Barocküberbleibsel aus der Mitte des 17. Jh. ist das **Palais Esterházy** (Nr. 41) mit 1785 veränderter Fassade (heu-

*Shoppingfreuden für jeden Geschmack bieten die Geschäfte entlang der Kärntner Straße*

te Kasino). Das **Palais Todesco** (Nr. 51) von 1864 gibt einen Begriff von einem gründerzeitlichen Bankier-Palast mit großer gesellschaftlicher Vergangenheit.

Im Durchgang, der nach dem Graben rechts von der Kärntner Straße abzweigt, liegt die **Loos American Bar** (1908) von Adolf Loos (1870–1933). Sie ist eng (nur 6 x 4,5 m), aber durch Spiegel, Marmor und Mahagoni raffiniert genutzt. Im Keller befand sich der *Art Club*, der der Wiener Kunst nach dem Krieg wieder Internationalität verschaffte.

## 44 Malteserkirche St. Johannes Baptist

*Beachtenswerte Empire-Fassade.*

1., Kärntner Straße 37
U-Bahn Stephansplatz (U1, U3),
Karlsplatz (U1, U2, U4)

Neben dem Deutschen Ritterorden rief Leopold VI. um 1200 auch die Johanniter, später Malteser genannt, nach Wien. Ihrem Pilgerhospital für Kreuzfahrer war eine Kirche angeschlossen, die durch Veränderungen viele Stile durchlief. Ihre **Fassade** ist seltenes Empire (1808), mit korinthischen Pilastern und Dreiecksgiebel in die Straße eingebunden, ihr **Innenraum** mit Kreuzrippengewölbe und farbigem Schlussstein unter der Empore gotisch. Auffallend das *Empire-Marmordenkmal* für den Großmeister Jean de la Valette, 1565 Verteidiger Maltas gegen die Türken, sowie die *Wappenschilde* der Komture. *Hochaltarbild* der Taufe Christi von Barockmeister Johann Georg Schmidt, dem Wiener Schmidt.

## 45   Neuer Markt

*Zweitältester Marktplatz Wiens, einst barock, jetzt neuzeitlich umbaut. Akzente: Donner-Brunnen und Kapuzinerkirche.*

U-Bahn Stephansplatz (U1, U3)

Als der Hohe Markt um 1200 nicht mehr ausreichte, musste ein ›neuer‹ Markt her. Da wurden Getreide und Mehl umgeschlagen, da kam an den Pranger, wer's mit den Gewichten nicht genau nahm, da produzierten sich Seiltänzer und Feuerschlucker oder 1706 der ›Wiener Hanswurst‹ Stranitzky, da vergnügte sich der Adel mit Schlittenfahrten. Rundum standen im 18. Jh. Palais und feine Bürgerhäuser, in einem davon (Nr. 2) wohnte Haydn 1793–98. Heute bestimmt den Platz die Moderne, die dennoch dem Ernst der Kapuzinerkirche und der Grazie des Donner-Brunnens den Vortritt lassen muss.

Keine Frage: Der **Donner-Brunnen** (Providentia-Brunnen) ist der schönste Brunnen Wiens! Ein Meisterwerk von Georg Raphael Donner im Auftrag des Stadtrats (1739), noch dazu neuartig in seiner allseitig betrachtbaren Vielfigurigkeit. Die Tugend Providentia (Voraussicht) mit vor- und zurückblickendem Januskopf – hier als ›kluge Stadtväterregierung‹ gemeint – thront über den Personifikationen der vier Donau-Nebenflüsse Enns (Greis), March und Ybbs (Frauen) und Traun (Jüngling) – nackten Figuren voll lasziver Schönheit. Kein Wunder, dass die ›Keuschheitskommission‹ Maria Theresias sie 1770 verbannte, gar einschmelzen lassen wollte. Bildhauer Johann Martin Fischer rettete sie und sorgte 1801 für ihre Rückkehr. 1873 kamen die Bleioriginale ins Museum (jetzt: Unteres Belvedere) und wurden vor Ort durch Bronzekopien ersetzt.

## 46   Kaisergruft in der Kapuzinerkirche

*Plan Seite 48*

**TOP TIPP**

*Gruft der Gebeine der Habsburger von 1633 bis 1989. Meisterwerke vor allem barocker Sepulkralkunst.*

Eingang: Neuer Markt
Tel. 01/512 68 53 16
www.kaisergruft.at
tgl. 10–18 Uhr
U-Bahn Stephansplatz (U1, U3)

Aus Prag riefen Kaiser Matthias und seine Gemahlin Anna die im Zeichen der Gegenreformation auf Türkenkreuzzug und Marienverehrung eingeschworenen Kapuziner nach Wien, stifteten ihnen 1618 **Kloster** und **Kirche** und betrauten sie mit der Obhut der neu gegründeten Begräbnisstätte der Habsburger. 1632 war die in Bau und Interieur bettelordensmäßig schlichte Kirche *Zur hl. Maria von den Engeln* vollendet, ebenso die erste Anlage der *Kaisergruft*, die später sukzessive erweitert wurde.

Imaginieren die goldschimmernden Insignien der Schatzkammer in der Hof-

*Über allem thront die Weisheit: Bronzefiguren des Donner-Brunnens am Neuen Markt*

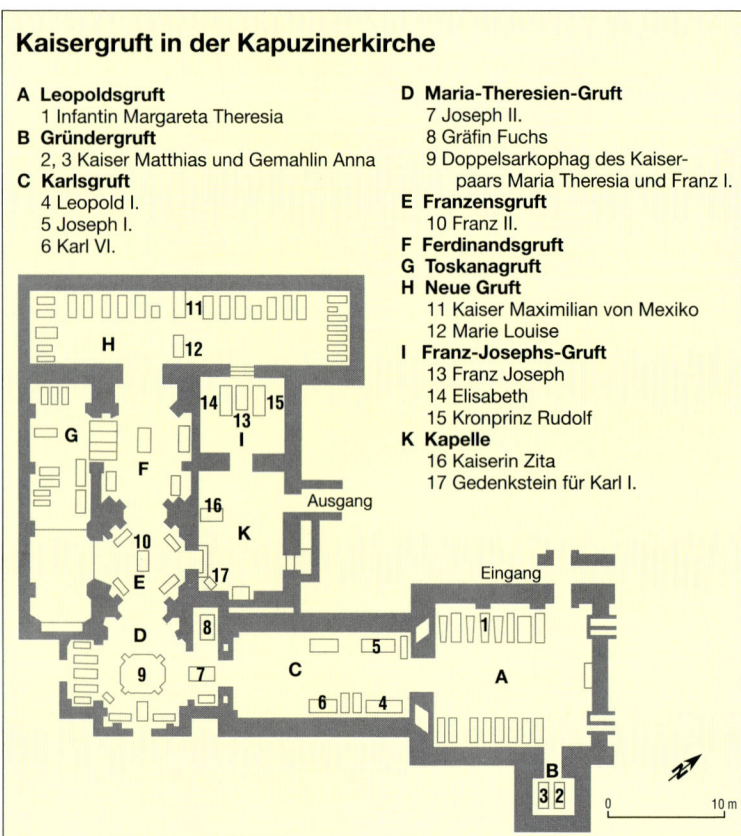

# Kaisergruft in der Kapuzinerkirche

**A Leopoldsgruft**
  1 Infantin Margareta Theresia
**B Gründergruft**
  2, 3 Kaiser Matthias und Gemahlin Anna
**C Karlsgruft**
  4 Leopold I.
  5 Joseph I.
  6 Karl VI.

**D Maria-Theresien-Gruft**
  7 Joseph II.
  8 Gräfin Fuchs
  9 Doppelsarkophag des Kaiser-
    paars Maria Theresia und Franz I.
**E Franzensgruft**
  10 Franz II.
**F Ferdinandsgruft**
**G Toskanagruft**
**H Neue Gruft**
  11 Kaiser Maximilian von Mexiko
  12 Marie Louise
**I Franz-Josephs-Gruft**
  13 Franz Joseph
  14 Elisabeth
  15 Kronprinz Rudolf
**K Kapelle**
  16 Kaiserin Zita
  17 Gedenkstein für Karl I.

burg durch ihre Symbolkraft die Macht des einstigen Kaiserhauses, so beschwören die Metallsarkophage der **Kaisergruft** durch ihr finsteres Gepränge dessen Vergänglichkeit. In der **Leopoldsgruft** [A] ruht neben anderen die von Velazquez gemalte **Infantin Margareta Theresia**, [1], Gemahlin Leopolds I. In schlichten Bleisärgen wurden 1633 **Kaiser Matthias und Gemahlin Anna** [2, 3] in der **Gründergruft** [B] bestattet. Anschließend empfängt uns Barockpracht: In der **Karlsgruft** [C] bewachen lorbeerumwundene Totenköpfe den Sarkophag **Leopolds I.** [4], Engel das des **Josephs I.** [5], beide von Hildebrandt entworfen und von Kracker ausgeführt. Totenköpfe mit Reichskronen und eine trauernde Austria hüten den Sarkophag **Karls VI.** [6] von B. F. Moll und J. N. Moll.

Das Frösteln inmitten der feierlich-entseelten Versammlung schwindet lediglich angesichts ihres Mittel- und Höhepunkts, der **Maria-Theresien-Gruft** [D].

Am Eingang begegnet uns, provokant karg, der Kupfersarg für **Joseph II.** [7], der seinem Volk aus hygienischen Gründen Sackbegräbnisse verordnete. Einzige Nicht-Habsburgerin in der Gruft ist die Erzieherin der Regentin, **Gräfin Fuchs** [8]. Doch das monumentale zinnerne Prunkbett, auf dem die halb aufgerichteten Gestalten der *Regentin* und ihres Gemahls, *Franz I.* von Lothringen, einander liebend anblicken, vom Ruhmesengel überhöht, ist in seiner Opulenz eine Feier des Irdischen. Rokokomeister Balthasar Ferdinand Moll schuf den **Doppelsarkophag des Kaiserpaars Maria Theresia und Franz I.** [9] 1753.

Einen klassizistischen Sarg schuf Peter Nobile für **Franz II.** [10], der in der **Franzensgruft** [E] von seinen vier Gemahlinnen umgeben ist. Von der **Ferdinandsgruft** [F] geht links die **Toskanagruft** [G] ab. Die **Neue Gruft** [H] birgt u.a. die Grabmale **Kaiser Maximilians von Mexiko** [11] und der Napoleon-Gemahlin

*Schaurig-schöner Reiz des nur allzu Vergänglichen – opulent gestalteter Sarg Kaiser Karls VI. in der Kaisergruft der Kapuzinerkirche*

**Marie Louise** [12], indes die Gebeine ihres unglücklichen Sohnes, des *Herzogs von Reichstadt*, auf Befehl Hitlers nach Paris befördert wurden. In der **Franz-Josephs-Gruft** [I] wird das Grabmal **Franz Josephs** [13] von jenen seiner Gemahlin **Elisabeth** [14] und des **Kronprinzen Rudolf** [15] flankiert. In der benachbarten **Kapelle** [K] liegt seit 1989 der Sarkophag **Kaiserin Zitas** [16], daneben steht der **Gedenkstein für Karl I.** [17], den letzten Kaiser. Er wurde im Exil auf Madeira begraben.

##  Dorotheum

 *Traditionsreiches Pfandhaus und eines der größten Auktionshäuser der Welt.*

1., Dorotheergasse 17
Tel. 01/51 56 00
www.dorotheum.at
U-Bahn Stephansplatz (U1, U3); Bus 2A

Die ›Tante Dorothee‹ stammt aus armen Verhältnissen, sie wurde 1707 in der Anna-

*Vorabbesichtigung der schönsten Versteigerungsstücke in den Räumen des Dorotheums*

gasse geboren: ein Pfandamt für Notleidende gegen den Zinswucher, dessen Gewinn dem Armenhaus zugute kam. Später zog ›das Pfandl‹ ins aufgelassene *Dorotheerstift*, das um 1900 barock umgebaut wurde, denn allmählich hatte sich das Pfand- auch zu einem **Auktionshaus** gemausert. Heute hat es internationalen Rang. Was nicht hindert, dass man weiterhin Pfandgeschäfte macht und mehrmals in der Woche schlechthin alle Dinge dieser Welt vom Auto bis zur Zwiebelmustertasse ersteigern kann, günstiger als beim Händler und abgesichert durch den Schätzmeister.

## 48 Jüdisches Museum der Stadt Wien

*Heimstatt jüdischer Traditionen Wiens.*

1., Dorotheergasse 11 (Eskeles-Palais)
Tel. 01/535 04 31
www.jmw.at
So–Fr 10–18 Uhr
U-Bahn Stephansplatz (U1, U3); Bus 2A

Der kosmopolitische Geist, der in dem Palais des nobilitierten jüdischen Bankiers Bernhard Eskeles um 1825 zu Hause

war, ist Spiritus rector des 1993 eröffneten Museums, das die fruchtbaren Verknüpfungen von Juden und Nichtjuden in der Vielvölkerstadt vor Augen führt. Die ständige Sammlung kann u. a. auf die die Antisemitismus-Sammlung Martin Schlaffs, die kostbare Judaica-Kollektion Max Bergers oder Bestände des ersten (und weltersten!) Jüdischen Museums in Wien von 1897 zurückgreifen. Rühmenswerte und viel besuchte Wechselausstellungen!

## 49 Österreichisches Theatermuseum

*In dem grandiosen Palais Lobkowitz bietet das Theatermuseum Geschichte und Geschichten ›zum Anfassen‹.*

1., Lobkowitzplatz 2
Tel. 01/525 24 34 60
www.theatermuseum.at
Di–So 10–18 Uhr
U-Bahn Karlsplatz (U1, U2, U4); Bus 3A; Tram 1, 2, D

Schon 1685 entstand der auftrumpfend lang hinlaufende Bau des Palais Lobkowitz, der seit 1991 Kuriositäten und Kostbarkeiten des Österreichischen Theatermuseums bewahrt. Die Reihung und Rustikamusterung der Fassade gehört zwar noch dem italienisch-frühbarocken Repertoire an, ist durch leichtes Vorziehen der Mitte und Portalakzente aber schon rhythmisiert. 1710 gab J. B. Fischer von Erlach durch einen schweren Attika-Aufbau und ein diademartig vorgewölbtes Tor der Mitte eine hochbarocke Wirkung.

Im Inneren des Stadtpalasts, in dem ab 1735 die mächtige böhmische Fürstenfamilie Lobkowitz residierte, wird heute Theatergeschichte vom 17. Jh. bis hin zu den Experimenten der Gegenwart lebendig: Im reichen **Kostüm- und Requisitendepot** gibt es Kreationen u. a. von Hans Makart und Oskar Kokoschka zu entdecken. Imposant ist die Sammlung von 1000 **Bühnenbildmodellen** vom venezianischen Barock bis zum 20. Jh. ebenso wie über 700 000 Theaterfotografien. Damit auch schon die Kleinen verstehen, was die Bretter für die Welt bedeuten, gibt es einen Kinderbereich mit kleiner Bühne; die Großen besuchen fasziniert die regelmäßigen Aufführungen mit den weltberühmten **Stabpuppen** des Jugendstil-Künstlers Richard Teschner

*Dramatische Wirkung hat selbst die Dekoration im Theatermuseum Palais Lobkowitz*

*Alles unter Dach und Fach – seit 2003 beschirmt Hans Holleins Titan-Dach den Eingang zu den grafischen Kostbarkeiten der Albertina*

(1879-1948; Voranmeldung!). In der umfassenden **Bibliothek** kann man sich zu allen Themen rund um die darstellende Kunst kundig machen.

Daneben lohnt es, dem schönen **Innenhof**, dem reich stuckierte **Stiegenhaus**, sowie dem repräsentativen **Festsaal** (alles Wende 17./18. Jh., Deckengemälde: Allegorie der Künste von Jacob van Schuppen) des altehrwürdigen Hauses Aufmerksamkeit zu schenken.

## 50 Albertina

*Eine der drei weltweit bedeutendsten Sammlungen an Handzeichnungen und Druckgrafik.*

1., Albertinaplatz 1
Tel. 01/53 48 30
www.albertina.at
Do–Di 10–18, Mi 10–21 Uhr
U-Bahn Karlsplatz (U1, U2, U4); Bus 3A

Ein funkelnder Ikonenschrein mit Seidentapeten, Blattgold und Intarsienböden, mit barocken Kabinetten und klassizistischen habsburgischen Prunkräumen, mit drei neuen Sälen für spektakuläre Wechselausstellungen, die den Albertina-eigenen lichtempfindlichen Schätzen auch Leihgaben der Malerei beigeben, mit Hollein-Entrée und -Dachsegel, Rolltreppen, Innenhöfen, Restaurant, Museumsshop und – im unterirdischen Neubau – einem großen Studienzentrum, birgt die grafischen Kostbarkeiten der Albertina.

Die ersten Ikonen – Blätter von Dürer, Michelangelo, Leonardo, Raffael – brachte der vertriebene Statthalter der habsburgischen Niederlande und Schwiegersohn Maria Theresias, Herzog Albert von Sachsen-Teschen (1738–1822), mit. Die Heimstatt seiner kostbaren Sammlung wurde das von ihm erworbene Palais auf der Augustinerbastei, das der Architekt Louis von Montoyer 1801–04 zum Luxuspalast erweiterte und Josef Kornhäusel bis 1820 für den Nachfolger, Erzherzog Carl, durch die erwähnten Punkräume (mit Skulpturen antiker Gottheiten von Josef Klieber) ergänzte. Die unter den Erben stetig gewachsene Sammlung wurde 1920 mit dem Druckgrafik-Bestand der ehem. Hofbibliothek vereint und nach dem Gründer ›Albertina‹ genannt.

Die **Grafische Sammlung** umfasst heute rund 70 000 Zeichnungen sowie 1 Mio. Blätter Druckgrafik aller wichtiger Epochen. Ihr einzigartiger Dürer-Bestand

*Im Musensaal der Albertina versprechen ›Apollo und die neun Musen‹ Inspiration*

(›Feldhase‹, ›Betende Hände‹, ›Großes Rasenstück‹ u. a.) hat die Albertina zu einer Hochburg der Dürerforschung gemacht. Von Altdorfer oder Baldung Grien über Menzel, Liebermann, Kollwitz bis zu Kiefer und Baselitz reichen die *deutschen Schätze*. Lückenlos vertreten sind die *Österreicher* von Rottmayr bis Wotruba, mit großen Beständen an Klimt, Schiele (150 Aquarelle und Zeichnungen), Kokoschka. Unter den *Italienern* leuchten Fra Angelico, Mantegna, Raffael (43 Zeichnungen), Tintoretto, Tiepolo, Canaletto, unter den *Niederländern* und *Flamen* Bosch, Rembrandt, Rubens, unter den *Franzosen* Poussin, Lorrain, Fragonard, Watteau, Delacroix, Daumier, Matisse, Cézanne. Die Moderne ist mit Spitzenwerken von Kandinsky über Paul Klee, und Picasso bis Rauschenberg vertreten. Allerdings ist immer nur ein Teil der Kostbarkeiten ausgestellt.

Die **Architektursammlung** mit 25 000 Plänen, Skizzen und Modellen wurde schon im frühen 18. Jh. begonnen und birgt einen reichen italienischen Bestand sowie Nachlässe von Fischer von Erlach, Theophil Hansen, Adolf Loos oder Clemens Holzmeister, Einzelarbeiten von Mies van der Rohe bis Zaha Hadid und eine Fülle von Klassiker-Modellen. Bei der erst 1999 gegründeten **Fotosammlung** liegen die bisherigen Schwerpunkte auf den Nachlässen österreichischer Fotografen, der internationalen und speziell der Wiener Geschichte des dokumentarischen und künstlerischen Fotos sowie der Wissenschaftsfotografie, die Röntgen-, Mikro- und Chronofotografie beinhaltet.

Das große Haus beherbergt außerdem das **Österreichische Filmmuseum** (Tel. 01/533 70 54, www.filmmuseum.at), das historische Filme zeigt.

Eine Freitreppe und ein Lift führen von der Albertina zur **Albrechtsrampe** empor. An ihrem Aufgang Fritz Wotrubas *Liegender Jüngling* (1933), auf ihrem Plateau Caspar Zumbuschs *Reiterdenkmal Erzherzog Albrechts*, des Siegers in der Schlacht von Custozza 1866 (1899). Der *Danubius-Brunnen* an der Stirnseite der Rampe zeigt den Flussgott Danubius und die Stadtgöttin Vindobona, flankiert von den Personifikationen der Nebenflüsse (Architektur: Moritz von Loehr, Statuen: Johann Meixner, 1869).

Seit 1988 beherrscht den Albertinaplatz Alfred Hrdlickas (* 1928) aufrüttelndes, unbequemes **Mahnmal gegen Krieg und Faschismus.**

# 51 Augustinerkirche

*Hofpfarrkirche, Hochzeitskirche und Herzgruft der Habsburger. Grandiose Grabmäler.*

1., Augustinerstraße 3
Tel. 01/533 70 99
www.kaisergruft.at
tgl. 8–18 Uhr
Besichtigung der Gruft nur nach Voranmeldung: Juli/Aug. So nach dem Gottesdienst (ca. 12.15 Uhr)
U-Bahn Stephansplatz (U1, U3);
Bus 1A, 2A, 3, 3A; Tram 1, 2, D

Was muss man sich in dieser Kirche nicht alles vorstellen: den Augustinerprediger Abraham a Sancta Clara, wie er in den 1670er-Jahren auf der Kanzel seine komödiantischen Feuerreden lodern lässt; Polenkönig Sobieski 1683 beim Tedeum für seinen Türkensieg; 1736 die Heirat Maria Theresias mit Franz von Lothringen, 1810 Prinzessin Marie Louises Hochzeit (per procuram) mit Napoleon, der sich vertreten ließ; Kaiser Franz Joseph 1854 mit Sisi vor dem Traualtar; 1881 Kronprinz Rudolf mit Stefanie von Belgien Ringe tauschend …

Die historische Buntscheckigkeit fängt schon damit an, dass Herzog Friedrich der Schöne als Gefangener Kaiser Ludwigs des Bayern auf Burg Trausnitz (Oberpfalz) schmachtete, als er die Kirche zu stiften gelobte. Der Bayer Dietrich Ladtner von Pirn baute die dreischiffige gotische **Halle** mit Netz- und Kreuzrippengewölbe und (bayerischem) Sieben-Zehntel-Chorschluss 1330–39. Zuerst gehörte sie den Beschuhten, dann den Unbeschuhten Augustinern, 1634 wurde sie Hofpfarrkirche, 1783 Stadtpfarrkirche. Joseph II. ließ 1784 die Barockausstattung entfernen und sie durch Hetzendorf von Hohenberg regotisieren. 1951 wurde sie an die Augustinereremiten übergeben.

Die beachtenswertesten **Kunstwerke** sind freilich nicht die neugotischen, sondern die *Rokoko-Orgel* und *Rokoko-Bänke* des späteren Münchner Hofbildhauers Straub (um 1730), das *Altarblatt* der Magdalenen-Vision von Rottmayr (1707), vor allem aber das mächtige klassizistische Marmorgrabmal von Antonio Canova (1798–1805), das **Christinendenkmal**. Herzog Albert von Sachsen-Teschen ließ es für seine Gemahlin, Erzherzogin Maria Christina, Tochter Maria Theresias, anfertigen, der Wien die erste Trinkwasserleitung dankt. Gestalten von wundervoll fließendem Trauergestus schreiten ins offene Tor einer Grabpyramide: die Tugend mit Urne, zwei Mädchen mit Totenfackeln, die Wohltätigkeit mit blindem Greis. Ein an einen kummervollen Löwen geschmiegter Genius zeigt das Wappen Sachsens, ein anderer trägt das Medaillon der Erzherzogin empor.

Zwei weitere groß geartete Grabmäler birgt die zweischiffige gotische **Georgskapelle** unter ihren farbigen Schlusssteinen: das *Hochgrab für Kaiser Leopold II*. vom Schöpfer des Josephsdenkmals, Franz Anton Zauner (1799), sowie das *Wandgrab für den Grafen Leopold Daun* von Barockmeister Balthasar Moll (1766). Man erreicht die selbstständig (weit hinten) liegende Kapelle durch eine Tür im Langhaus rechts. Die **Lorettokapelle** weiter vorne bietet durch ein Gitter in der hinteren Wand einen Blick ins *Herzgrüfterl*, das 54 Silberurnen mit den Herzen der Mitglieder des Kaiserhauses von 1637 bis 1878 bewahrt.

## 52 Josefsplatz

*Festlichster Platz Wiens mit geschlossenem barockem und klassizistischem Architekturensemble.*

U-Bahn Stephansplatz (U1, U3); Bus 2A

Das strenge, schöne Rechteck des Josefsplatzes scheint dem Namengeber gemäß: Kaiser Joseph II., dem wachen Aufklärer und despotischen Reformer, der dem katholisch-ständischen Element der Stadt arg zusetzte. Sein **Denkmal** markiert die Platzmitte, ein Reiterstandbild à la Marc Aurel auf dem Kapitol – doch die weichen, eher resignierten Züge leugnen die Imperatorengeste. Am Sockel *Reliefszenen*: der Kaiser mit Europa (rechts) und Merkur (links), Reisen und Handel symbolisierend. Das klassizistische Werk stammt von dem Tiroler Franz Anton Zauner (1806).

Nach Joseph II. ist der Platz benannt (mit ›f‹ geschrieben), weil er es war, der 1783 die zwischen Augustinerkirche und

*Ehrenplätze im himmelstrebenden Altarraum der neugotischen Augustinerkirche*

Stallburg verlaufende Mauer abbrechen und das Areal freilegen ließ. Platzbeherr-schend blieb der Haupttrakt der *Natio-nalbibliothek* im Westen, unter Karl VI. entstanden. Um dessen strahlendes Hochbarock schließen sich klassizistische Fronten: die *Seitenflügel*, die Pacassi um 1770 dem Haupttrakt anglich, mit Fortset-zung im *Bibliotheksgebäude* links und den früheren *Redoutensälen* rechts sowie an der Straßenseite gegenüber die Palais Pallavicini und Palffy.

Das **Palais Pallavicini**, 1784 von Het-zendorf von Hohenberg für die Bankiers-familie Fries gebaut, provozierte damals durch seine ungewohnt ›schlichte‹ Fassa-de, der Zauner prachtvolle *Karyatiden* vorblendete. Bei seinen weiblichen *Alle-gorien von Handel und Freiheit* auf der At-tika konnte er sich den Rückgriff auf die Barockallüre nicht versagen. Das Palais ist heute Schauplatz von Staatsempfängen, Festen, Konzerten, auch Kunstcafé und Galerie haben sich hier eingemietet.

Im **Palais Palffy** finden ebenfalls Kon-zerte statt, namentlich im *Figarosaal*, wo Mozart schon 1762 als Wunderkind musi-zierte, später den ›Figaro‹ im privaten Kreis vorstellte. Das Renaissancepalais ei-nes unbekannten Architekten (um 1575) gelangte 1684 in den Besitz der Fürsten Palffy. Heute ist dort das Österreichische Kulturzentrum (Tel. 01/512 56 81 15, www. palais-palffy.at) untergebracht, es finden regelmäßig Wechselausstellungen statt.

## **53** Österreichische Nationalbibliothek

*Eine der bedeutendsten Bibliotheken der Welt mit grandiosem Prunksaal: Höhepunkt hochbarocker Baukunst.*

1., Josefsplatz 1
www.onb.ac.at
Di/Mi und Fr–So 10–18, Do 10–21 Uhr
Führungen Do 18 Uhr und nach
Vereinbarung (Tel. 01/53 41 04 64)
U-Bahn Volkstheater (U2, U3);
Bus 2A; Tram 1, 2, D

Johann Bernhard Fischer von Erlach hat-te seine Raumidee des Kuppelbaus als Rotunde schon in der Karlskirche und in Schloss Frain in Mähren verwirklicht, be-vor er auch die Hofbibliothek durch sie nobilitierte. Nach seinen und den Plänen seines Sohnes Joseph Emanuel wurde diese Kaiserliche Bibliothek in den Jahren 1723–26 erbaut.

Das überkuppelte, ovalrunde Pantheon, zwischen zwei Längsflügel gestellt, domi-niert den Bau auch im **Äußeren**, auf der Attika ist es geschmückt mit der *Quadri-ga der Pallas Athene* (Mattielli, 1725), an den Längsflügeln mit *Gäa* und *Atlas*, die Erd- und Himmelskugel tragen (Gasser, 19. Jh.).

Im Inneren bildet es den durch zwei volle Geschosse reichenden **Prunksaal**, der beidseitig in Vorsäle und Galerien übergeht. Korinthische Säulen, Emporen mit Rundtreppen, Lederrücken in gold-verzierten Holzvertäfelungen, *Kaisersta-tuen* von Paul und Peter Strudel (um 1700) bestimmen den imperialen Glanz dieses Raums. Dem *Marmorstandbild* des Auf-traggebers, *Kaiser Karls VI.*, in seinem Zentrum antwortet dessen Glorifizierung in der **Deckenmalerei** der Kuppel, das bedeutendste Werk Daniel Grans (1730), das Maulpertsch restaurierte (1769). Rund um die Allegorie des Ruhms, zu deren Füßen Apoll und Herkules das Bildnis Karls VI. halten, entwirft es mit gewalti-gem Figurenreichtum und schmelzen-den Farbstimmungen eine Apotheose von Kunst und Wissenschaft unter den Auspizien des Kaisertums, in den Längs-flügeln die Themen Krieg und Frieden. Übrigens wölbt sich die Apotheose über 16 000 Büchern aus Prinz Eugens Besitz.

Nüchtern, aber trefflich, stellte Johann Bergl 1773 die Vier Fakultäten an der De-cke des **Augustinerlesesaals** (Hauptein-gang Josefsplatz, 1. St., Tel. 01/ 53 41 02 49, Okt.–Juni Mo, Mi, Fr 9–16, Di, Do 9–19, Ju-li–Sept. Mo–Fr 9–16 Uhr, 1.–7. Sept. ge-schl.) dar. Die modernen Lesesäle liegen in der Neuen Burg. Wichtig zu erwähnen, dass die Hofbibliothek von Beginn an für die öffentliche Nutzung gedacht war. Schon im 14. Jh. sammelten die Habsbur-gerherrscher Bücher, und 1575 setzten sie den ersten Statthalter über die damals 9000 Bände ein: einen ›echten‹ Biblio-thekar! Heute kommt die **Druckschrif-tensammlung** auf mehr als 2,9 Mio. Ob-jekte.

Nach Hunderttausenden zählen die Schätze der anderen Abteilungen, die auch mit Schauräumen aufwarten:

Die **Sammlung von Handschriften und alten Drucken** (Haupteingang Jo-sefsplatz 1, 1. St., Augustinerlesesaal, Tel. 01/53 41 02 49, Okt.–Juni Mo, Mi, Fr 9–16, Di/Do 9–19 Uhr, Juli–Sept. Mo–Fr 9–16 Uhr, 1.–7. Sept. geschl.) hütet unter ihren über 51 000 Handschriften – davon über 16 000 aus dem Mittelalter – unermessli-che Kostbarkeiten wie den *Wiener Dios-*

*Welt der Bücher: Prunksaal in der Österreichischen Nationalbibliothek*

*kurides*, ein luxuriös illustriertes Herbarium, das um 512 in Konstantinopel entstand; dazu kommen die *Wenzelsbibel* mit ihren üppigen Miniaturen (Prag 1390–95) oder das wundervoll gemalte *Livre du cœur d'amour espris* des Königs René von Anjou (um 1465). Die Benutzung von Handschriften im Lesesaal ist Fachleuten vorbehalten!

Die **Papyrussammlung** (Eingang Heldenplatz, Mitteltor, Tel. 01/53 41 04 25, Okt.–Juni Mo–Mi 9–16, Do 12–19, Fr 9–13 Uhr, Juli–Sept. Mo–Fr 9–13 Uhr) besitzt Texte in vielerlei Sprachen von 1500 v. bis 1500 n. Chr. auf Papyrus, Pergament, Papier, Ostraka, Holz, Wachstafeln, gar Tierknochen, die von Alltagsurkunden bis zu Totenbüchern reichen. Zu den ehrwürdigsten Stücken gehören ein ägyptisches *Totenbuch* aus dem 15. Jh. v. Chr., ein *Chorgesang* aus dem ›Orestes‹ des Euripides (480–406 v. Chr.) von 200 v. Chr. oder

*Schon frühmorgens streben Pferde- und Kunstliebhaber über den Josefsplatz der Stallburg und der Spanischen Reitschule zu*

*Fragmente* aus Homers ›Odyssee‹, im 1.–3. Jh. v. Chr. abgeschrieben.

Sehenswert sind auch **Porträtsammlung und Bildarchiv** (Heldenplatz, Mitteltor, Tel. 01/53 41 03 37, Kundenservice Okt.–Juni Mo–Mi 9–16, Do 12–19, Fr 9–13 Uhr, Juli–Sept. Mo–Mi 9–16, Do 12–16, Fr 9–13 Uhr, 1.–7. Sept. geschl.). Vom nachmaligen Kaiser Franz I. 1785 noch als Erzherzog begonnen, von Franz Joseph fortgesetzt, durch die Sammlungen Prinz Eugens und Lavaters bereichert, umfasst die *Porträtsammlung* heute 350 000 Bildnisse! Im *Bildarchiv* liegen Raritäten wie Zeichnungen österreichischer Expeditionsmaler oder Filmnegative des k. und k.-Kriegspressearchivs. Dazu besitzt die habsburgische *Fideikommiss-Bibliothek* ›nebenbei‹ eine einzigartige Kollektion klassizistischer Wachsplastiken.

Das bis vor wenigen Jahren hier ansässige *Globenmuseum*, das *Esperantomuseum* sowie die *Musiksammlung* und die *Sammlung für Plansprachen* haben im **Palais Mollard** [s. S. 69] in der Herrengasse 9 ein neues Quartier bezogen.

## 54 Stallburg

*Für einen Kaiser gebaut, von Lipizzaner-Pferden bewohnt.*

1., Reitschulgasse 2
U-Bahn Herrengasse (U3), Stephansplatz (U1, U3); Bus 57A; Tram 1, 2, D

Die Neugierigen, die sich am frühen und späten Vormittag im Durchgang der Reitschulgasse sammeln, wollen die Lipizzaner sehen, die aus ihren Ställen im Erdgeschoss der Stallburg zur Morgenarbeit in die Reithalle und zurück geführt werden. Dabei durchqueren sie jenen dreigeschossigen **Arkadenhof** mit hohen Schornsteinen und Schmiedeeisenbrunnen, der als Rarität der Renaissance in Wien (hinter Glas) nicht minder sehenswert ist. Der Vierkantbau der Stallburg wurde 1558–65 als Residenz für den späteren Kaiser Maximilian II., damals noch König von Böhmen, errichtet (Architekt unbekannt). Doch da durch den Tod Ferdinands I. 1564 der Schweizertrakt der Hofburg frei wurde, zog Maximilian dort ein und überließ das Gebäude den Pferden als Domizil. Außerdem wurden die Räumlichkeiten immer wieder als Gastquartiere und als Kunstgalerie der Hofburg genutzt, unter Metternich gar als Sitz des ›Dechiffrierungsdepartements‹, schlichter: der Post-Überwachung. Vor der **Alten Hofapotheke** sollte man im Hinblick auf die theresianischen Einrichtungsgegenstände schnell ein bisserl Kopfweh bekommen, auch wenn die Zeit der Gratisbedienung vorbei ist.

## 55 Spanische Hofreitschule

*Einzigartige Vorführungen der Hohen Schule im schönsten Reitsaal überhaupt.*

Besucherzentrum,
1., Michaelerplatz 1
Tel. 01/533 90 32
www.srs.at
Di–Sa 9–16 Uhr
Dressurvorführungen Febr.–Juli und Sept.–Dez. an ausgewählten Sa/So 11, Fr 19 Uhr (Kartenbestellungen Wochen im Voraus unter ticket@srs.at, online oder über ausgewählte Wiener Theaterkarten- und Reisebüros); geführte Rundgänge ganzjährig Di–Sa, Juli, Aug., Nov.–Febr. teils auch So 14, 15 und 16 Uhr sowie zu weiteren unterschiedlichen Zeiten (Voranmeldung empfohlen unter Tel. 01/533 90 32 oder office@srs.at) U-Bahn Herrengasse (U3), Stephansplatz (U1, U3); Bus 2A, 3A; Tram 1, 2, D

Dies Schauspiel ist die schiere Vollkommenheit. Seine Bühne liegt in dem den ganzen Reitschultrakt füllenden **Reitsaal** von 57 m × 19 m mit einer auf 46 Säulen ruhenden Galerie: ein Raum von kühler weißer Eleganz, Hauptwerk klassizistischen Barocks von Joseph Emanuel Fischer von Erlach, gebaut 1729–35 für Kaiser Karl VI., einst Schauplatz imperialer ›Rosseballette‹.

Akteure sind die weißen ›Herren Lipizzaner‹, 1,57 m, majestätisch in der Haltung, der Kopf ausdrucksvoll großäugig, die Mähne seidig, die Halslinie edel geschwungen. Die Bereiter lassen ihrer Persönlichkeit den Vortritt, ziehen sich selbst in die Anonymität ihrer kaffeebraunen oder roten Fräcke, weißledernen Hosen und schwarzen Zweispitze zurück. Die 80-minütige **Hauptvorführung** vor einem internationalen Publikum beginnt mit der geisterhaft wirkenden Reverenz der Reiter vor dem Bildnis Karls VI. in der Hofloge. Von den einführenden ›Gängen und Touren der Hohen Schule‹ über den

zauberhaften ›Pas de deux‹ steigert sie sich zu den Höhepunkten der ›Arbeit am langen Zügel‹ und der ›Schulen über der Erde‹ bis zum atemberaubenden Luftsprung der ›Kapriole‹. Zum Abschluss die strenge Choreografie der ›Schulquadrille‹. Solche klassische Reitkunst par excellence wird hier seit 400 Jahren gepflegt – in unserer Zeit nirgends sonst auf der Welt.

Der ›Pferdefuß‹ dabei ist: Karten für die Hauptvorführung in der Winterreitschule müssen Wochen vorher schriftlich bestellt werden. Die **Morgenarbeit** im Reitsaal (Di–Fr sowie meist Sa 10–12 Uhr, Eintrittskarten für denselben Tag ohne Reservierung am Josefsplatz Tor 2 oder im Besucherzentrum) ist mit weniger Aufwand zugänglich.

Die **Spanische Hofreitschule** wurde 1572 gegründet, wenig später auch das **Hofgestüt Lipizza** bei Triest, wo vor allem andalusische, auf Araber und Berber zurückgehende Pferde gezüchtet wurden. Seit 1919 ist das Gestüt im steirischen Piber beheimatet. Die besten Hengste – bei Geburt sind die Lipizzaner schwarzbraun – kommen mit etwa vier Jahren zur Ausbildung nach Wien.

*Raum und Reitkunst von klassischer Noblesse: Vorführung in der Spanischen Reitschule*

*Hochaltar der Michaelerkirche, dahinter der Engelsturz von Karl Georg Merville, 1782*

## 56 Michaelerkirche

*Ehemalige Hofpfarrkirche in allen Stilphasen von Romanik bis Klassizismus.*

1., Michaelerplatz
Tel. 01/533 80 00
www.michaelerkirche.at
tgl. 7–22 Uhr
Gruftführungen: April–Okt. Mo/Di und Do–Sa 11 und 13.30, Mi 11 Uhr
U-Bahn Herrengasse (U3), Stephansplatz (U1, U3); Bus 2A, 3A;
Tram 1, 2, D

Mag die klassizistische **Fassade** auch etwas trocken geraten sein (1792), die dramatisch flatternde *Engelsturz-Gruppe* von Lorenzo Mattielli (1725) am hochbarocken Portalaufbau gibt ihr Bewegung, der gotische *Turm* Anmut. Diese Stilvielfalt setzt sich im **Inneren** fort: Die dreischiffige, kreuzrippenüberwölbte Pfeilerbasilika mit Querschiff und drei Chören ist ein spätromanischer Bau der Westwerk-Bauhütte von St. Stephan, etwa 1230–88 entstanden, im 14. Jh. gotisch ausgebaut, erweitert, im 17. und 18. Jh. von den Barnabiten, die die Kirche lange betreuten, weiter verändert.

Das Spätromanische am Übergang zur Gotik bestimmt die spitzbogigen Arkaden und die mit Laub- und Drachenformen verzierten *Säulenkapitelle* im Mittel- und Querschiff. Ein mit Blattornamentik reliefiertes *Tympanon* von 1245, kürzlich

freigelegt, ist links vom Eingang zu sehen, Reste von Wandmalerei dieser Periode in der *Turmkapelle*.

Solch edle mittelalterliche Strenge fegt die spätbarocke Theaterinszenierung des **Hochaltars** förmlich weg: Vom Chorgewölbe bis hinunter zum Altar zieht sich ein weißes Stuckrelief, das mit fantastischem Figurenüberschwang den *Engelsturz* imaginiert (Karl Georg Merville, 1782). Auf der Bühne darunter stehen oder sitzen überlebensgroße *Evangelistenfiguren* (Johann Martin Fischer) und die hll. Sebastian und Rochus (Philipp Prokop), alle 1781. Die kretische *Marien-Ikone* am Altartisch wird als Gnadenbild verehrt (16. Jh.).

Unter der weiteren **Barockausstattung** ist J. E. Fischer von Erlachs *Trautson-Grabmal* rechts am Altar (1727), Maulpertschs Bild ›*Anbetung des Kindes*‹ (linke Chorkapelle), ein Carlone-*Deckengemälde* (3. Kapelle links) und die pompöse *Orgel*, die größte Wiens, hervorhebenswert. Mit Gotik wiederum umfängt uns die rechte Chorkapelle: Von 1350 stammen die *Sandsteinstatuen* der hll. Katharina und Nikolaus, von 1510 das *Holzkruzifix*.

Wer sich gruseln möchte, schließt sich einer Führung durch die barocke **Gruft** an: Hier ruht mumifizierter Wiener Hochadel in teils offenen Särgen.

Im **Michaelerdurchhaus** gibt es Gotik zu bestaunen: ein starkfarbiges, vorne fast freiplastisches Kalksteinrelief der *Ölbergszenerie* (1494) und im Seiteneingang ein überlebensgroßer *Schmerzensmann* (1430).

Auf dem **Michaelerplatz** kann man in die *Römerzeit* hinunterschauen, auf freigelegte Häuser mit Fußbodenheizungen und Wandmalereien, die im 2.–4. Jh. vor dem Südtor des Legionslagers standen, überdies auf Relikte von Häusern des 16. bis 18. Jh. – insgesamt jedoch leider nur ein schmales, balustradenumwulstetes Segment (Architekt: Hans Hollein).

## 57 Looshaus

*Einst ein Skandal, heute ein Heiligtum der Moderne.*

1., Michaelerplatz 3
www.adolfloos.at
U-Bahn Herrengasse (U3), Stephansplatz (U1, U3); Bus 2A, 3A; Tram 1, 2, D

Getreu seinem berühmten Diktum »Ornament ist Verbrechen« baute Adolf Loos der Herrenschneiderei Goldmann & Salatsch 1910–11 ein **Geschäfts- und Wohnhaus** von provokanter Schmucklosigkeit: unten ein Doppelgeschoss, nur von Pfeilern gegliedert, darüber vier Geschosse mit glatter Putzfläche und Fenstern ohne Umrahmung, innen ausgeklügelte Raumökonomie. Die Eleganz liegt in den rhythmischen Proportionen und den edlen Materialien des Interieurs: kostbarer Marmor, Pyramidenmahagoniholz, Glas und Spiegel. »Ein Haus ohne Augenbrauen« soll es Nachbar Franz Joseph kritisiert haben – andere sagten's nicht so hübsch. Doch die Propheten von Kraus bis Trakl haben Recht behalten: Das Loos-Haus hat tatsächlich Architekturgeschichte gemacht. Für umgerechnet 8 Mio. € ist die Pionier-Architektur 1989 von Burkhardt Rukschcio für die Raiffeisenbank innen wie außen zentimetergenau renoviert worden: Nur die endlos gespiegelte *Messinguhr* in der Halle über der fulminanten Treppe ins Mezzanin ist ›echt‹.

## 58 Konditorei Demel

*Hocharistokrat im Reich der Patisserien und Pasteten.*

1., Kohlmarkt 14
Tel. 01/53 51 71 70
www.demel.at
tgl. 10–19 Uhr
U-Bahn Stephansplatz (U1, U3),
Herrengasse (U3); Bus 2A, 3A

›Der Demel‹ ist längst in die Literatur eingegangen. Das Witzigste und Bewegendste schrieb Friedrich Torberg 1958 unter dem Titel ›Urbis Conditor – der Stadtzuckerbäcker‹. Die einstige ›K. und k. Hofzuckerbäckerei Ch. Demel's Söhne‹, im Jahr 1786 von einem Württemberger gegründet, 1857 an den Gesellen Christoph Demel verkauft, ist so weltläufig wie traditionsversessen. Die süßen Kreationen sind betörend, kaltes wie warmes Buffet superb, die schwarz gewandeten und weiß beschürzten Bedienungen – ›Demelinerinnen‹ genannt – herb und höflich. Die jüngste Modernisierung hat das Café in den 1. Stock verlegt und die unteren Räume mit Schauvitrinen der Konditor-Kunstwerke ausgestattet. Dabei hat sich das vorher hartnäckig eingenistete k. u. k.-Lüfterl still verzogen.

Seit den 1930er-Jahren, als Demel von Sacher das Rezept erwarb, gibt es die *Demel-Sachertorte*. Sie hat ein dreieckiges Siegel und darf nicht ›Original‹ heißen, wiewohl sie mit jener untern Marmeladeschicht *unter der Glasur* (nicht in der Mitte) versehen ist, die der ursprünglichen Erfindung entsprechen soll [s. S. 87].

Der **Kohlmarkt**, die Straße der Luxusgeschäfte, war einst Fernhandelsweg gen Westen an der Kreuzung zur Limesstraße am Michaelerplatz, später Holz- und Holzkohlenmarkt. Aus der Fassaden-Vielfalt sei als Beispiel das barocke **Große Michaelerhaus** (Nr. 11) mit reizendem Hof, Brunnen, geschwungenen Wagenschuppen und Blick auf romanische Rundbogenfriese von St. Michael genannt: Hier wohnten der Hofdichter Pie-

*Süßes Vergnügen, den Meistern der Konditorei Demel bei der Arbeit über die Schulter zu sehen*

tro Metastasio, Librettist Glucks, Haydns und Mozarts (vor allem ›La Clemenza di Tito‹), und im Dachkammerl der junge Haydn, den Metastasio protegierte.

## 59 Hofburg

*Gewaltiger Komplex von 18 Trakten und 19 Höfen mit rund 600-jähriger Baugeschichte. Bedeutende Schauräume, großartige Sammlungen.*

1., Eingang Michaelerplatz
Tel. 01/533 75 70
www.hofburg-wien.at
U-Bahn Herrengasse (U3),
Stephansplatz (U1, U3); Bus 2A, 3A;
Tram 1, 2, D

Der Michaelertrakt bildet den altstadtseitigen Eingang zur Burg, doch empfiehlt es sich, seine Besichtigung aufzuschieben und im Schweizerhof zu beginnen, um die verwirrende Vielgestaltigkeit der Burg sinnvoll historisch zu orten. Sohlen kostet Habsburgs Glorie ohnedies.

Ottokar II. ließ 1275 das Kernstück um den **Schweizerhof** bauen, vierschrötig und ecktürmebewehrt, mit Wassergraben und Zugbrücke, beides heute noch erkennbar, und einer Burgkapelle [Nr. 60], die erhalten ist. Renaissancefürst Ferdinand I. erweiterte 1554 den Schweizertrakt. Als bedeutendes Renaissancebauwerk entstand das **Schweizertor**, wohl von Pietro Ferrabosco, der mit Battista Porti auch die Wappen und Grotesken im Torinneren malte. Im Hofinneren links *Brunnen* mit Kaiseradler von 1553. Die originelle **Säulenstiege** (18. Jh.) führt zur *Schatzkammer* [Nr. 61].

Auf Ferdinands Sohn, Maximilian II., geht der zweite Burgkomplex zurück, die **Stallburg** [Nr. 54] jenseits der Augustinerkirche, ebenfalls ein Renaissancebau.

Maximilians Sohn, Rudolf II., ließ ab 1575 den dritten Burgkomplex anlegen: die **Amalienburg** im Nordwesten des vor dem Schweizertor liegenden Turnierplatzes, der dann ›In der Burg‹ hieß. Der trapezförmig gestaltete Vierflügelbau mit

**Oben:** *Doppelt schön – Neue Hofburg in echt und als Wasserspiegelung auf dem Heldenplatz*
**Unten:** *Geduldig warten Besucher aus aller Welt auf Einlass in die Hofburg*

kraftvoller *Renaissancefassade* zum Burgplatz und (barockisiertem) *Uhrturm* war ebenfalls hauptsächlich Ferraboscos Werk. Die Gemahlin Josephs I., Amalie, die hier ihren Witwensitz bezog, gab dem Trakt später den Namen.

Barock-Kaiser Leopold I. veranlasste 1660 den Bau des **Leopoldinischen Trakts** als nordöstliche Verbindung zwischen Schweizertrakt und Amalienburg. Nach einem Brand wurde er im zweiten Anlauf unter G. P. Tencala und Domenico Carlone 1680 fertig. Hinter seiner langen, fein gegliederten Frühbarockfassade wohnten später Maria Theresia und Joseph II.; doch sind die Räume unzugänglich, da heute der Bundespräsident hier seinen Amtssitz hat. Schließlich schloss Karl VI. den Platz durch den **Reichskanzleitrakt**, den Hildebrandt 1723 mit dem Flügel zur Schauflergasse begann und Joseph Emanuel Fischer von Erlach 1730 vollendete: Prunkvoll die *Fassade* mit Kolossalpilastern und drei Risaliten zum Burgplatz hin, glänzend die vier *Heraklesgestalten* an zwei Portalen von Mattielli.

Den Platz **In der Burg** dominiert das *Denkmal* Franz' II. (I.), des Biedermeier-Kaisers an Metternichs Kandare: Über seinen Testamentsworten (lat.) »Meine Liebe meinen Völkern« steht er in antikisie-render Pose, umgeben von den weiblichen Personifikationen von Glaube, Stärke, Frieden und Gerechtigkeit.

Nachdem unter Karl VI. und seiner Tochter Maria Theresia noch *Österreichische Nationalbibliothek* [Nr. 53], *Spanische Hofreitschule* [Nr. 55] und *Redoutensäle* [s. S. 54] gebaut wurden, tat eine Harmonisierung der Fassaden zum Michaelerplatz Not, um Reitschule und Reichskanzlei zu verbinden. Der jüngere Fischer von Erlach hatte diese Vereinheitlichung auf der linken Seite bereits begonnen, vollendet wurde sie aber erst 1893 nach Fischers Plänen im **Michaelertrakt** von Ferdinand Kirschner: Eine geschwungene *Schaufassade* öffnet ihr Riesenportal zur überkuppelten Rundhalle. Vier *Heraklesgestalten* begrüßen die Eintretenden, auch die kolossalen *Wandbrunnen* demonstrieren mit stürzenden und steigenden Körpern die Macht Habsburgs zur See (links, von Weyr) und zu Lande (rechts, von Hellmer). In der *Rundhalle* finden sich Allegorien auf Wahlsprüche von Karl VI., Maria Theresia, Joseph II. und Franz Joseph. Das einst links der Rundhalle liegende alte *Burgtheater*, erbaut 1741, wurde zu Gunsten der Erweiterung des Michaelertrakts 1888 abgerissen.

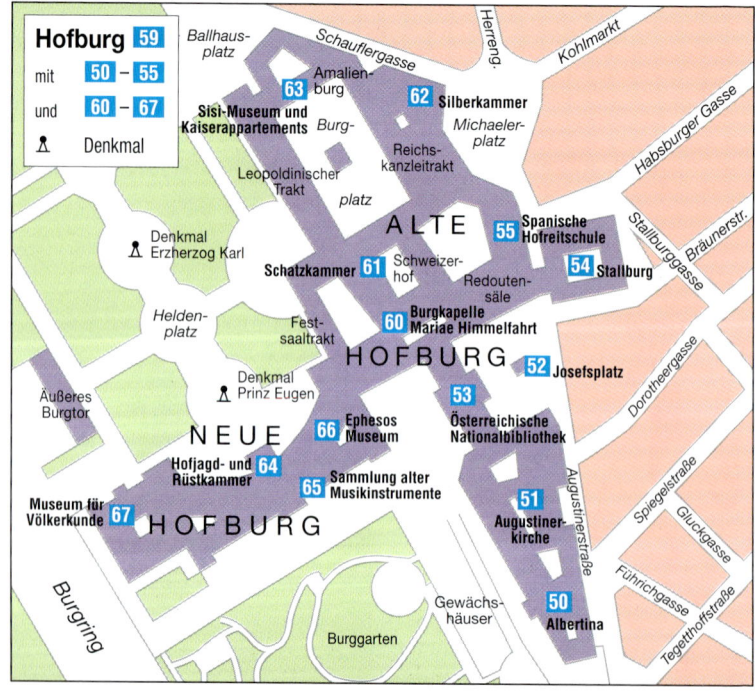

Als letzter großer Komplex entstand die **Neue Hofburg**, die im Südosten den Heldenplatz begrenzt, nach ehrgeizigen Semper- und Hasenauer-Plänen von verschiedenen Architekten 1881–1913 ausgeführt, als allzu demonstrativ repräsentatives, dröhnendes Bauwerk. Von der Terrasse des auftrumpfenden Mittelrisalits zwischen Säulenkolonnaden brüllte denn auch Hitler 1938 den ›Anschluss‹ aus. Heute sind hier mehrere **Museen** und die moderne Lesesaal der Nationalbibliothek untergebracht. Der **Festsaaltrakt**, der Neue Burg und Leopoldinischen Trakt verbindet, dient heute dem **Kongresszentrum** sowie großen Ballveranstaltungen.

Das **Äußere Burgtor** zum Ring, ein wuchtiger klassizistischer Bau mit dorischen Säulen, nach Peter Nobiles Entwurf 1824 vollendet, wurde zur Erinnerung an die Völkerschlacht bei Leipzig errichtet, nachdem Napoleon die Burgbastei hatte sprengen lassen. Das Innere ist jetzt *Gedenkstätte* für die Gefallenen des Ersten Weltkriegs sowie für Widerstandskämpfer gegen den Faschismus.

Dem weit atmenden **Heldenplatz** haben die zwei bronzenen *Reiterstandbilder* in der Mitte seinen Namen gegeben: *Erzherzog Karl*, Sieger über Napoleon bei Aspern, auf brillant gestaltetem, in der Levade nur auf die Hinterhufe gestütztem Pferd, sowie *Prinz Eugen*, dessen Ross, konventioneller, noch den Schweif als Stütze nutzt. Beide Plastiken von Anton Dominik Fernkorn, Sockel von Eduard van der Nüll, 1859 und 1865.

## 60 Burgkapelle Mariae Himmelfahrt

*Interessantes Beispiel klassizistischer Regotisierung.*

1., Hofburg, Schweizerhof
Tel. 01/533 99 27
www.hofburgkapelle.at
Sept.–Juni Mo–Do 11–15, Fr 11–13 Uhr
(außer bei Proben der Sängerknaben)
U-Bahn Herrengasse (U3),
Stephansplatz (U1, U3); Bus 2A, 3A;
Tram 1, 2, D

Im Höfchen zwischen Schweizerhof und Josefsplatz sieht man einen Teil ihres zarten gotischen Fünfachtel-Chors, das Übrige ist ganz in den Schweizertrakt eingebunden. Die **Kapelle** des 13. Jh. wurde im 15. Jh. vergrößert, später barockisiert,

1802 klassizistisch regotisiert. Dennoch bietet der einschiffige **Innenraum** ein geschlossenes Bild von feierlicher Stimmung. Das Netzrippengewölbe schließt sich über dreigeschossigen Emporen und zweigeschossigen Fensterwänden, unter den Pfeilerbaldachinen stehen 13 gotische *Holzfiguren*, die zwar nicht mehr Nikolaus Gerhaert zugeschrieben werden, aber dessen Qualität haben, besonders die ›Verkündigung‹ (um 1480), daneben ist u. a. beachtenswert das *Bronzekruzifix* am Hochaltar (Johann Känischbauer, um 1720) oder die *Holzmadonna* am linken Seitenaltar (Anfang 15. Jh.). Das beglückendste Erlebnis der Burgkapelle aber sind die Haydn-, Mozart- oder Schubert-Messen der Sängerknaben.

## 61 Schatzkammer

*Weltweit bedeutendste Sammlung ihrer Art mit dem einzigen fast unversehrt erhaltenen Kronschatz des Mittelalters.*

1., Hofburg, Schweizerhof
Eingang Schweizerhof
Tel. 01/525 24 40 25
www.khm.at
Mi–Mo 10–18 Uhr
U-Bahn Herrengasse (U3),
Stephansplatz (U1, 2);
Bus 2A, 3A; Tram 1, 2, D

**Weltliche Schatzkammer**: Herzstücke dieses überreichen, aus mehreren Kunst- und Schatzkammern der Habsburger zusammengetragenen Horts sind die goldfunkelnden **Insignien und Kleinodien des Heiligen Römischen Reiches** (**Raum 9–12**), dessen Kaiser und Könige die Habsburger nahezu kontinuierlich von 1438 bis 1806 waren. Der Kronschatz wurde bis 1424 von den Herrschern selbst verwahrt, dann von der Reichsstadt Nürnberg gehütet, 1800 in Wien deponiert, unter Hitler nach Nürnberg verschleppt, 1946 Wien wieder zurückgegeben.

Die magische Schönheit und Symbolkraft der über tausend Jahre alten **Reichskrone** wecken Ehrfurcht. Ihre gemugelten, nicht geschliffenen Edelsteine symbolisieren Tugenden des guten Herrschers als Statthalter Christi, ihre acht Emailplatten die Tore des Himmlischen Jerusalem. Ihr Reif entstand 962 zur Krönung Ottos des Großen, das Kreuz unter Otto III. um 1000, der Bügel unter Konrad II. um 1030. Rundum die 37 Insignien, »die man das Reich nennt«, u. a. **Reichskreuz**

*Gut behütet: Aus seiner Prager Hofwerkstatt stammt die elegante Krone Kaiser Rudolfs II. Heute kann man das edle Stück in der Schatzkammer der Hofburg bewundern*

(um 1025), **Reichsapfel** (um 1200), **Heilige Lanze** mit Kreuzpartikel (wohl 8. Jh.), **Zepter** (14. Jh.), **Reichsschwert** (11. Jh.) und **Krönungsevangeliar** (800). Herrlich der sizilianische **Krönungsmantel** von 1134, in dessen Ornamentik Orient und Okzident sich einen.

Nach dem Ende des Hl. Römischen Reiches, 1806, wurde die elegante, aus seiner Prager Hofwerkstatt stammende *Hauskrone* Kaiser Rudolfs II. zur *Staatskrone des Erbkaiserreichs* Österreich proklamiert – doch statt Krönungen gab es danach nur mehr Erbhuldigungen, deren *Insignien* hier ebenfalls ausgebreitet sind (**Raum 1**). Ein weiteres Kernstück ist der **Burgunderschatz**, der durch Heirat Maximilians I. mit Maria von Burgund nach Wien kam und den Schatz des Ordens vom Goldenen Vlies einschließt (**Raum 13–16**). Der vierteilige *Messornat* des Ordens ist ein schieres Wunder an Stickkunst, Mitte des 15. Jh. nach Entwürfen aus dem Kreis Rogiers van der Weyden und van der Goes' entstanden.

Rätselhafteste Exponate: die beiden ›Unveräußerlichen Erbstücke des Hauses Habsburg‹, weil symbolisch unermesslich wertvoll: eine *Achatschale*, die als ›Heiliger Gral‹ (4. Jh.), und der Stoßzahn eines Narwals, der als Einhorn-Horn *(Ainkhürn)* und somit als Christus-Symbol gilt (**Raum 8**). Wertvoll, weil geschichtsträchtig, ist hier freilich jeder Gegenstand – bis hin zur *Silberwiege* des Herzogs von

Reichstadt, des früh verstorbenen Sohnes von Napoleon und Marie Louise (**Raum 5**).

Die **Geistliche Schatzkammer (Raum I–V)** birgt Elfenbeinarbeiten, Reliquiare, Monstranzen, Messkelche, Kruzifixe, Hausaltärchen etc. vom 12. bis zum 19. Jh. aus ganz Europa.

## 62 Silberkammer

*Silber-, Bronze-, Glas- und Porzellangeschirr für Fest- und Alltagsgebrauch des Kaiserhauses.*

1., Hofburg, Michaelerkuppel
Tel. 01/533 75 70
www.hofburg-wien.at
tgl. 9–17, Juli/Aug. tgl. 9–18 Uhr
(Eintrittskarten gelten auch für Sisi-Museum und Kaiserappartements)
U-Bahn Herrengasse (U3), Stephansplatz (U1, U3); Bus 2A, 3A; Tram 1, 2, D

Bei hohen Staatsbanketts greift man ins Magazin. Was die **Silberkammer** zeigt, dient nur noch der Augenlust. Kostbare Beispiele: der 30 Tischmeter bedeckende klassizistische *Mailänder Tafelaufsatz* aus vergoldeter und ziselierter Bronze (um 1800), das *Service* der Wiener Porzellanmanufaktur mit Miniaturen der Habsburger (1824), das grüne *Sèvres-Geschirr*, das Ludwig XV. Maria Theresia schenkte, das *Vermeil-Service* für 140 Personen aus feuervergoldetem Silber. Eine *Barockkanne mit Schüssel* zeugt von dem ›biblischen‹ Brauch des Kaiserpaares, am Gründonnerstag zwölf Armen die Füße zu waschen. Beim anschließenden Festessen wartete Majestät persönlich auf!

## 63 Sisi-Museum und Kaiserappartements

*Wohn- und Audienzräume von Kaiser Franz Joseph und Kaiserin Elisabeth.*

1., Hofburg, Michaelerkuppel
Tel. 01/533 75 70
www.hofburg-wien.at
tgl. 9–17, Juli/Aug. tgl. 9–18 Uhr
(Eintrittskarten gelten auch für Silberkammer)
U-Bahn Herrengasse (U3),
Stephansplatz (U1, U3); Bus 2A, 3A;
Tram 1, 2, D

Kaum ein Tourist, der nicht ›wegen Sisi‹ herkommt und dabei an Romy denkt. Dank des seit April 2004 in den ersten sechs Räumen der Kaiserappartements geöffneten **Sisi-Museums** kann man nun seine romantischen Vorstellungen an der historischen Wirklichkeit messen. Die Ausstellung begleitet Elisabeth von ihrer bayerischen Heimat auf den österreichischen Thron, konzentriert sich aber besonders auf das Privatleben der Kaiserin.

Persönliche Besitztümer wie Fächer oder Handschuhe werden ebenso gezeigt wie Niederschriften ihrer melancholischen Gedichte. Auch Rekonstruktionen ihres Polterabendkleides und des Hofsalonwagens, in dem sie auf Reisen ging, sind zu sehen.

Nun folgt der **Trakt des Kaisers**. Peter Kraffts lebendig gemalte Fresken (1833–37) im *Audienzwartesaal* führen das biedermeierliche Leben Franz' I. vor. Heute warten hier wieder – wenn auch als Puppen – Menschen aus allen Teilen des Vielvölkerstaats in Landestracht auf eine Audienz beim Kaiser. Im *Konferenz- und Arbeitszimmer* sind Winterhalters Porträts Elisabeths zu bewundern: einmal über die Schulter blickend, einmal als Rückenbildnis, auf dem sie ihr wallendes Haar offen trägt. Franz Josephs spartanisches *Schlafzimmer*: Eisenbett, Betschemel, Kriegsbilder.

Der **Trakt der Kaiserin** ist auf Weiß, Scharlachrot und Gold abgestimmt. Schlaf- und Wohngemach waren zusammengelegt, das Eisenbett der Kaiserin steht in der Mitte des Raums. Daneben das viel verspottete *Turnzimmer* mit Sprossenwand und Ringen. Auf dem Weg ins Badezimmer passiert der Besucher die Toilette der Kaiserin. An das Bad schließen sich die sog. Bergl-Zimmer an, deren Wände Johann Wenzel Bergl 1766 mit reicher exotischer Flora und Fauna

*Wer hat von diesen Tellerchen gegessen? Nur hochgestellte Persönlichkeiten kamen in den Genuss, von dem edlen Vermeil-Service zu speisen, das heute in der Silberkammer prangt*

ausmalte. Im *Großen Salon* frühstückte das Kaiserpaar unter dem Marmorblick der Muse Polyhymnia: eine hervorragende Skulptur Canovas (1817).

Nur im *Roten Salon* des anschließenden **Alexander-Appartements**, Zarenresidenz während des Wiener Kongresses, betört Rokoko-Beschwingtheit mit Boucher-Gobelins (18. Jh.) und zierlichem Mobiliar. Die ›Allerhöchste Hoftafel‹ im *Speisesaal*, voll gedeckt, suggeriert trotz Damast, Kristall, Gold und Silber eher die Atmosphäre von Spanischem Hofzeremoniell als von Gaumenlust.

## **64** Hofjagd- und Rüstkammer

*Älteste, größte, kostbarste Waffensammlung Europas.*

1., Neue Burg, Heldenplatz
Tel. 01/525 24 40 25
www.khm.at
Mi–Mo 10–18 Uhr
Eintrittskarte gilt auch für die Sammlung alter Musikinstrumente und das Ephesos Museum im gleichen Gebäudetrakt
U-Bahn MuseumsQuartier (U2), Volkstheater (U2, U3);
Bus 2A, 57A; Tram 1, 2, D

Dass Waffen schön sein dürfen, beunruhigt. *Ostgotische Speerspitzen* gleichen Giacometti-Figuren und die *Stechzeuge* Sigismunds von Tirol (um 1490) gefährlich-anziehenden utopischen Stahlmenschen. Alessandro Farneses *Schild* (vor 1579) erinnert an Homers Schilderung des Achilles-Schilds, *türkische Pferderüstungen* an blühende Scheherezaden.

Einer der ersten systematischen Sammler (schon um 1570) war Erzherzog Ferdinand von Tirol auf Schloss Ambras, der sich mit Vorliebe Rüstungen berühmter Zeitgenossen, auch der Sultane, schenken ließ. Seine Heldenrüstkammer sowie die kaiserliche Leibrüstkammer enthalten **Prunkharnische** aller Kaiser von Maximilian I. bis Karl VI., des französischen Königs Franz I., des spanischen Königs Philipp II., des Lepanto-Siegers Don Juan de Austria … ein unglaubliches Defilee historischer Persönlichkeiten.

Wie die Harnische waren auch die meisten hier vertretenen **Kampf- und Jagdwaffen** Prunkstücke zum Repräsentieren oder Schenken, so die fein ziselierten *Bronzestreitkolben* Friedrichs III.

*Die Kaiserappartements schmückt u. a. das berühmte Gemälde , das Franz Xaver Winterhalter 1865 von Kaiserin Elisabeth schuf*

und Maximilians I., das in Mailand geschmiedete *Schwert* des ›Letzten Ritters‹ oder der elegante *Golddegen*, den Ferdinand von Tirol von seinem Bruder Maximilian II. bekam, bis hin zu den kostbaren *Pistolen* und *Gewehren* für Franz Joseph. Tausende Objekte von der Völkerwanderungszeit bis ins 19. Jh. in zwölf Sälen!

## **65** Sammlung alter Musikinstrumente

*Instrumente aus vielen Jahrhunderten.*

1., Neue Burg, Heldenplatz
Tel. 01/525 24 40 25
www.khm.at
Mi–Mo 10–18 Uhr
Eintrittskarte gilt auch für die Hofjagd- und Rüstkammer und das Ephesos Museum im gleichen Gebäudetrakt
U-Bahn MuseumsQuartier (U2), Volkstheater (U2, U3);
Bus 2A, 57A; Tram 1, 2, D

Mit seinem Musiktalent könnte er sich überall durchbringen, versicherte ein Höfling dem begabt komponierenden

Kaiser Leopold I. »Wirklich? Aber *so* stehn mir sich halt besser«, gab dieser zurück. Sein *Clavicitherium* aus Schildpatt und Elfenbein ist ebenso kostbar wie jene *Violine* aus denselben Materialien, die Wenzel Kowansky für Maria Theresia schuf, oder die sechs fulminanten silbernen *Trompeten*, die sie von den Brüdern Leichamschneider anfertigen ließ. Da auch diese Sammlung aus der Ambraser Kunstkammer hervorging, enthält sie bestaunenswerte Kuriosa und Unikate aus Mittelalter und Renaissance, so die riesige spätgotische *Basslautencister*, die kein Mensch zu bedienen weiß, die *Schalmeien* in extravaganter Drachenform, ›Tartölten‹ genannt, ein mechanisches *Spinett* mit Uhrwerksantrieb, das im 16. Jh. in Augsburg ersonnen wurde, oder eine *Harfe* in Gestalt eines harpunierten Fisches. Ehrfurcht, weil von begnadeten Händen berührt, erwecken das *Cembalo* Haydns aus London, der *Flügel*, den der berühmte Klavierbauer Erard 1803 Beethoven schenkte, Schuberts *Tafelklavier*, Clara Schumanns später auch von Brahms gespielter *Graf-Flügel*, Hugo Wolfs *Pianino*, Mahlers *Blüthner-Flügel*.

## 66 Ephesos Museum

*Klassische und hellenistische Ausgrabungsstücke sowie das grandiose Partherfries.*

1., Neue Burg, Heldenplatz
Tel. 01/525 24 40 25
www.khm.at
Mi–Mo 10–18 Uhr
Eintrittskarte gilt auch für die Hofjagd- und Rüstkammer und die Sammlung alter Musikinstrumente im gleichen Gebäudetrakt
U-Bahn MuseumsQuartier (U2), Volkstheater (U2, U3);
Bus 2A, 57A; Tram 1, 2, D

Was für Berlin der Pergamonaltar und für London die Elgin Marbles, ist für Wien der **Partherfries**: ein 40 m langes Monumentalrelief mit lebensgroßen Figuren, um 170 n. Chr. anlässlich des Sieges des römischen Kaisers Lucius Verus über die Parther geschaffen, in den Jahren 1896–1906 von österreichischen Archäologen in Ephesos, der Weltstadt der Antike, ausgegraben, seit 1977 in dieser Dependance des Kunsthistorischen Museums höchst wirkungsvoll präsentiert. Beachtlich auch die anderen Funde: ein 7 m hohes okto-

gonales *Grabdenkmal* (um Christi Geburt), Architekturstücke des Theaters wie schöne *Erotenreliefs* (1./2. Jh. n. Chr.), eine bronzene *Athletenfigur*, aus 234 Einzelstücken zusammengesetzt (4. Jh. v. Chr.), Fragmente eines Artemisheiligtums mit wundervoller *Verwundeter Amazone* (4. Jh. v. Chr.), um nur einiges zu nennen. Eindrucksvoll dazu das riesige **Stadtmodell** von Ephesos. Die Ausgrabungen gehen weiter, doch seit 1907 bleiben die Funde in der Türkei.

Der Ephesos-Sammlung beigesellt sind die österreichischen Funde von der Insel **Samothrake**, bereits 1873–75 geborgen: *Architekturteile* und *Figuren* aus hellenistischer Zeit, vor allem vom dortigen Hauptheiligtum stammend.

## 67 Museum für Völkerkunde

*Forschungs- und Anschauungsstätte von höchstem Rang. Kostbare Schätze alter Stammeskulturen.*

1., Neue Burg, Heldenplatz
Tel. 01/525 24 40 25
www.ethno-museum.ac.at
www.khm.at
wg. Sanierung und Erweiterung bis voraussichtl. 2010 geschl.; bereits im Nov. 2008 Wiedereröffnung der Schausammlung Süd- und Südostasien und Himalayaländer
U-Bahn MuseumsQuartier (U2), Volkstheater (U2, U3);
Bus 2A, 57A; Tram 1, 2, D

Der aztekische Federkopfschmuck aus grün schillernden Schwanzfedern des Quetzal-Vogels, die der Herrscher Montezuma, wie man früher annahm, dem spanischen Eroberer Cortez darbrachte, weil er ihn für einen weißen Gott hielt, gelangte mit anderen altmexikanischen Gegenständen über die Ambraser Kunstkammer Erzherzog Ferdinands von Tirol hierher. Durch Erzherzogin Leopoldina, Kaiserin von Brasilien, kam eine riesige Brasiliensammlung nach Wien, durch Franz Ferdinands Weltreise vor allem Fernöstliches; eine Ersteigerung brachte 300 vorwiegend polynesische Objekte von James Cook. Vielfältige österreichische Forschungs- oder Handelsexpeditionen kehrten mit südafrikanischen oder neuseeländischen Raritäten zurück. Besonders stolz ist man auch auf die drittgrößte Benin-Sammlung der Welt. Weitere Attraktionen sind expressive Porträtgefäße aus Peru, zwei Schrifttafeln von den Osterinseln, japanische Gigku-Masken für buddhistische Tempeltänze, indische Prunkmusikinstrumente...

# 68 Bundeskanzleramt

*Seit 250 Jahren politisches Machtzentrum Österreichs.*

1., Ballhausplatz 2
U-Bahn Herrengasse (U3);
Bus 2A, 3A; Tram 1, 2, D

Medien und Volksmund nennen das Bundeskanzleramt einfach ›Ballhausplatz‹, und der Platz wiederum heißt so, weil sich hier einst ein Ballspielhaus befand. An dessen Stelle erstand 1719 die *Geheime Hofkanzlei*, in der mächtige Kanzler wie Wenzel Anton Graf Kaunitz unter Maria Theresia oder Clemens Wenzel Lothar Graf Metternich unter Franz I. und Ferdinand I. die Politik bestimmten. Hinter den drei Fenstern des Mittelbalkons rang der Wiener Kongress nach Napoleons Fall 1814–15 um ein europäisches Gleichgewicht, das er unter Rededuellen, Intrigen, Krachs und rauschenden Festen zuwege brachte. Und unter Bratenduft, denn Metternich wohnte hier auch. Am 25. Juli 1934 erschossen die Nationalsozialisten den christlich-sozialen Kanzler Dollfuß in seinen Amtsräumen.

Der Sitz des Bundeskanzlers und der Bundesregierung von Österreich bietet dem Ballhausplatz eine telegene **Hauptfassade**, entworfen von Hildebrandt in einer bei ihm ungewohnt zurückhaltenden Würde, die durch die Beseitigung der ursprünglichen Attikafiguren noch strenger wirkt. 1766 wurde das Gebäude durch Nikolaus Pacassi erweitert, 1882 kam der linke Seitentrakt, 1902 am Minoritenplatz eine Abteilung des *Haus-, Hofund Staatsarchivs* (Besuch nach Voranmeldung, Tel. 01/531 15 25 00) hinzu.

# 69 Minoritenkirche

*Stadtbild beherrschende gotische Kirche, von Barockfronten umgeben.*

1., Minoritenplatz 2a
www.minoriten.at
U-Bahn Herrengasse (U3);
Bus 2A, 3A; Tram 1, 2, D

Die heutige ›Italienische Nationalkirche Maria Schnee‹ ist eine Gründung der Minoriten, die 1224 nach Wien kamen, wenig später hier Kloster und Kirche errichteten, beides 1340–1400 gotisch neu erbauten, 1784 unter Joseph II. das Kloster auflösen und die Kirche der italienischen Kongregation ›Madonna della Neve‹ übergeben mussten, sie jedoch seit 1957 wieder betreuen. Der mächtige prismatische Baublock mit extrem steilem Satteldach, eigenartig angebautem schlanken Turm und kräftigen Strebepfeilern wartet mit einem der schönsten Portale Wiens auf: Französisch beeinflusste Hochgotik prägt die Eleganz der Figuren am **Hauptportal** (Gekreuzigter mit hll. Frauen und Longinus, um 1350). Ein *Baumeisterbildnis* befindet sich am Turm zwischen Basis und Achteck, um 1360.

Der dreischiffige **Innenraum** überrascht durch helle Weiträumigkeit, dank der klassizistischen ›Regotisierung‹ durch Ferdinand von Hohenberg, 1789. Hohe, reich profilierte Bündelpfeiler fächern zu Kreuzrippengewölben auf. Aus dem Mittelalter blieb nur die anmutige ›Familienmadonna‹ (um 1350) und das Freskenfragment eines ergreifenden hl. Franz von Assisi (16. Jh.). Barockwerke sind das *Hochaltarbild* ›Maria Schnee‹ von Unterberger (1785), die beiden hervorragenden *Gran-Bilder* der hll. Nikolaus und Benedikt rechts neben dem Eingang sowie die *Gemälde* Martino Altomontes (›Hl. Leopold‹) und Bartolomeo Altomontes (›Hl. Nepomuk‹) an der linken Wand (alle 1. Hälfte 18. Jh.). Giacomo Raffaelis originalgroße *Mosaikkopie* des ›Abendmahls‹ von Leonardo da Vinci ist nicht künstlerisch, sondern historisch interessant: Napoleon gab sie für Mailand in Auftrag, um das Original nach Paris zu holen! Nach dem Sturz des Korsen erwarb sie Franz I.

# 70 Palais Starhemberg

*Gutes Beispiel des österreichischen Frühbarock.*

1., Minoritenplatz 5
U-Bahn Herrengasse (U3);
Bus 2A, 3A; Tram 1, 2, D

Als das Minoritenkloster an der Südseite der Kirche Anfang des 20. Jh. demoliert wurde und das *Österreichische Staatsarchiv* entstand (Haus Nr. 1), schloss sich der stille Platz zum Ensemble, begrenzt an der Ostseite von der Rückfront des *Nieder-*

österreichischen Landhauses [Nr. 72], im Westen von der Rokokofassade des *Palais Dietrichstein* (Haus Nr. 3) sowie dem Seitenportal des Palais Liechtenstein (Haus Nr. 4; vgl. Nr. 71), im Norden vom ehemaligen *Palais Starhemberg*, in dem seit 1871 das Unterrichtsministerium, heute das Bundesministerium für Bildung, Wissenschaft und Kultur, residiert. Der 1661 von einem unbekannten Baumeister errichtete Palast ist ein Frühbarockbau mit sehr regelmäßig und zurückhaltend gegliederter 13-achsiger **Fassade**.

Das **Treppenhaus** zieren klassizistische Plastiken von Joseph Klieber. Ernst Rüdiger Graf Starhemberg, berühmtester Spross des oberösterreichischen Uradelsgeschlechts, Verteidiger Wiens bei der Türkenbelagerung 1683, ist 1701 in diesem Palais gestorben.

# 71 Stadtpalais Liechtenstein

*Baumeisterstreit: Wiener Sinnlichkeit siegt über römische Strenge.*

1., Bankgasse 9/Minoritenplatz 4
U-Bahn Herrengasse (U3);
Bus 2A, 3A; Tram 1, 2, D

Die Fürsten Liechtenstein ließen sich 1696 ein Gartenpalais in der Rossau sowie 1694 dieses Majoratshaus im Herrenviertel bauen, beide von Domenico Martinelli, dessen Personalstil weltmännischrömisch, aber schon veraltet war. Der passionierte Bauherr Fürst Johann Adam ließ Martinellis Strenge durch Gabriel de Gabrieli ins Üppige ›modernisieren‹: Es gab Krach, Pamphlete und schließlich Martinellis Abdankung.

Heraus kam eine eindrucksvolle Mischung: Die zur Bankgasse gewendete **Hauptfassade** der Vierflügelanlage ist wuchtig und würdig, doch aufgelockert durch Bewegtheit und Figurencharme des *Hauptportals*, ebenso der *Dachstatuen* (alle Figuren stammen von Giuliani). Ganz zu schweigen vom **Seitenportal** zum Minoritenplatz, das in seiner schwellenden Sinnlichkeit Fischer von Erlach zugeschrieben wird (um 1700). Beim **Treppenhaus** setzte Gabrieli Einläufigkeit und Schmuck durch – es geriet mit *Putti* und *Statuen* von Giovanni Giuliani sowie reichem *Stuck* von Bussi zu blühendem Leben. Das Majoratshaus ist bis heute im Besitz des fürstlichen Zweigs der Familie in Vaduz.

# 72 Palais Mollard

 *Erlesene Museen und Sammlungen der Österreichischen Nationalbibliothek in frisch restaurierten Räumen.*

1., Herrengasse 9
Tel. 01/53 41 07 10
www.onb.ac.at
U-Bahn Herrengasse (U3);
Bus 2A, 3A; Tram 1, D

Das barocke Stadtpalais, das in den Jahren 1696–98 im Auftrag von Reichsgraf von Mollard entstand, hat seither viele Umbauten erlebt, vom ursprünglichen Zustand zeugen lediglich die mythologischen Ölmalereien in der Galerie, die dem Mailänder Andrea Lanzani zugeschrieben werden. Seit der letzten Restaurierung 2005 wird das Gebäude genutzt von der Österreichischen Nationalbibliothek und ist neue Heimstatt des Globenmuseums, der Musiksammlung sowie des Esperantomuseums und der Sammlung für Plansprachen.

Das weltweit einzige **Globenmuseum** (Di/Mi, Fr–So 10–18, Do 10–21 Uhr) präsentiert rund 250 Erd-, Himmels-, Mond- und Marsgloben, vor allem aus der Zeit vor 1850, und veranschaulicht anhand von kartografischen Dokumenten, wissenschaftlichen Instrumenten und historischen Modellen den Wandel unseres Weltbildes im Laufe der Jahrhunderte.

Auch die **Musiksammlung** (Okt.–Juni Mo–Mi 9–16, Do 12–19, Fr 9–13 Uhr, Juli–Sept. Mo–Fr 9–13 Uhr, 1.–7. Sept. geschl.) mit so wertvollen Stücken wie den Originalpartituren von Haydns ›*Kaiserhymne*‹, Mozarts ›*Requiem*‹ oder Richard Strauss' ›*Rosenkavalier*‹ sowie 47 000 Musikhandschriften, Tonbändern und Schallplatten hat im Palais Mollard einen repräsentativen neuen Rahmen gefunden.

Das **Esperantomuseum** (Di/Mi, Fr–So 10–18, Do 10–21 Uhr) ist Museum, Bibliothek, Dokumentationsstelle und mit der weltweit größten linguistischen **Sammlung für Plansprachen** (Okt.–Juni Mo–Mi 9–16, Do 12–19, Fr 9–13 Uhr, Juli–Sept. Mo–Fr 9–13 Uhr, 1.–7. Sept. geschl.) Archiv zugleich.

Wenige Schritte weiter nördlich liegt auf derselben Straßenseite das **Niederösterreichische Landhaus**, in dem heute das Österreichische Außenministerium seinen Sitz hat und das daher nicht zu besichtigen ist. Es wurde 1513–16 als Versammlungshaus der niederösterreichischen Stände (Hochadel, Ritter, Prälaten)

## Magische Menschen-Melange

Er hat es heiß geliebt, drum sitzt er immer noch da. Peter Altenberg, der Wiener Kaffeehausliterat, der zur Legende wurde, hat im **Café Central** als guter Geist des Hauses wieder Dauerlogis bezogen, heute freilich als Sitzfigur und sprachlos. Vor beinahe 100 Jahren saß er geistreich plauschend hier – und mit ihm andere kleine und große Genies. Egon Friedell hatte im Central sein **zweites Wohnzimmer**, wie auch Franz Werfel, Robert Musil, Karl Kraus und viele andere. Wenngleich der **Fin-de-siècle-Charme** vieler Kaffeehäuser längst verweht ist – ihr Zauber widersteht allen Modernisierungen und wirkt auf Alt und Jung, Einheimische wie Fremde. Ob im **Central**, **Bräunerhof**, **Demel**, **Griensteidl** oder **Museum**, ob im **Hawelka**, **Landtmann** oder **Brioni**. Mehr als 500 dieser Wiener Spezies aus Zeitungsgeraschel, Löffelgeklirr und Flüstergesprächen soll es geben. Zeitungen im Überfluss, kleine Braune und große Schwarze, Verlängerte und Einspänner. Dazu Sandler (Tagvertrödler) und Schreiber, stille Schachspieler und quirlige Studenten, be-

*Eine lebende Legende: das einstige Literatencafé Central im Palais Ferstel*

frackte Ober und aufgetakelte Rentnerinnen, Pseudo-Literaten und Politiker. Und auch an Touristen mangelt es in den Cafés, vor allem am Ring und rund um die Burg, keineswegs. Schließlich will man sie ja kennenlernen, diese magische Menschen-Melange in einem Wiener Kaffeehaus.

---

gebaut, und diese ›Herren‹ gaben damals auch der alten Straße, einst Teil der Limesstraße, ihren neuen Namen. Im März 1848 stürmten Arbeiter und Studenten das Landhaus, womit die bürgerliche *Revolution* ihren Ausgang nahm. Und *1918* hob die erste Nationalratstagung hier die Republik Österreich aus der Taufe.

## **73** Palais Caprara-Geymüller

*Wechselnde Besitzer und ein Skandal.*

1., Wallnerstraße 8
U-Bahn Herrengasse (U3);
Bus 1A, 2A, 3A; Tram 1, D

Der Türkensieg löste auch im ›Herrenviertel‹ rund um die Herrengasse Baueifer aus. Zum österreichischen Adel, der sich schon seit dem 15./16. Jh. hier niederzulassen begann, gesellte sich nun italienische und ungarische Aristokratie. Graf Eneas Caprara ließ sich von seinem Landsmann Rossi 1698 ein italienisch-hochbarockes Palais bauen: eng ge-

drängt mit schweren Formen die **Fassade**, betont das **Portal**, ausladend das **Vestibül** wie bei allen Palästen jener Zeit. 1798 mietete es der französische Gesandte Bernadotte, später König von Schweden, hisste auf dem Balkon kühn die Trikolore und skandalisierte damit ganz Wien. Bald ging es in den Besitz der Bankiers Johann Heinrich und Jakob Geymüller über, die das Innere im Empirestil erneuern ließen; ihr berühmtes *Pompejanisches Zimmer* ist heute im Wien Museum Karlsplatz [Nr. 101] zu sehen.

## **74** Palais Ferstel

*Ein Baudenkmal, eine elegante Passage und ein ›zu Buche geschlagenes‹ Kaffeehaus.*

1., Herrengasse 14/ Freyung 2
www.ferstel.at
U-Bahn Schottentor (U2); Bus 1A;
Tram 1, D

Ein Palais? Alles andere: ein höchst dekorativer, weitläufiger Gründerzeitbau, der eine Passage zwischen Freyung und Herrengasse bildet, Boutiquen, Restaurants, exquisite Geschäfte, Börsen- und Empfangssäle beherbergt, mit Höfen und Treppen prunkt, weltstädtisch, geldig und ein bisschen märchenhaft. Der spätere Universitätserbauer Heinrich Ferstel errichtete das Gebäude 1856–60 in romanisch-renaissanceorientierten Formen für die Österreichisch-Ungarische Bank und die Börse: Architekturdynamik für Finanzdynamik. Die *zwölf Statuen* an der reich geschmückten **Fassade** verkörpern die zwölf Nationen Österreichs (Hans Gasser); der schöne *Donaunixenbrunnen* im **Basarhof** mochte ›glückliche Fischzüge‹ verheißen (Fernkorn, 1861). In den 1970er-Jahren wurde das ramponierte Baudenkmal zum Schmuckstück restauriert – und die Geschäfte florieren.

In seinem außergewöhnlichen *Arkadeninnenhof* unter der Glaskuppel ist auch das **Café Central** [s. S. 170] wieder erstanden. Hier ›lebte‹ um die Jahrhundertwende ein ganzes Rudel von Literaten: Karl Kraus und sein Intimfeind Anton Kuh, Alfred Polgar, Egon Friedell, Berthold Viertel, Arthur Schnitzler, untermischt mit Politikern wie Victor Adler, Karl Renner, Thomas G. Masaryk oder Leo D. Trotzki (der sich damals noch Bronstein nannte). Die legendäre Residenz des aufmüpfigen Geistes hat Literatur geboren und ist Literatur geworden.

## 75 Palais Harrach

*Frühe Wiener Palastarchitektur unter römischem Einfluss.*

1., Freyung 3 / Herrengasse 16
U-Bahn Schottentor (U2); Bus 1A;
Tram 1, D

Indes die aufständischen böhmischen Adligen nach der Schlacht am Weißen Berg, 1620, ebenso wie die unbekehrten Protestanten ihre Besitzungen im Herrenviertel verloren, konnten die Kaisertreuen sie vermehren. Zu ihnen gehörten die böhmischen Grafen Harrach, die schon seit 1600 an der Freyung ansässig waren. Graf Bonaventura Harrach holte 1690 Domenico Martinelli aus Rom zu sich und ließ sich von ihm sein älteres Haus repräsentativ umbauen.

Vielfach umgestaltet, 1845 schwerwiegend verändert, 1952 rebarockisiert, gibt nur noch die schlicht gegliederte **Fassade** zur **Herrengasse** einen Begriff

vom ursprünglichen Aussehen. Imponierend ist die Architektur des Treppenhauses und die verschiedenfarbige *Stucco-lustro*-Ausstattung der Repräsentationsräume.

## 76 Palais Daun-Kinsky

*Hildebrandts opulente Reife.*

1., Freyung 4
Tel. 01/532 42 00
www.palais-kinsky.com
Mo–Do 10–18, Fr 9–13 Uhr
U-Bahn Schottentor (U2); Bus 1A;
Tram 1, D

Dieses Juwel unter den Palais des Herrenviertels schuf Lukas von Hildebrandt 1713–16, auf jenem Höhepunkt seines Schaffens, als er gleichzeitig das Belvedere begann. Wie dort ist die dekorative **Fassade** mit ihren zauberhaft bekrönten Fenstern und ornamentierten Hermenpilastern, der figurengeschmückten Attika und dem wundervollen Portal von einem Licht- und Schattenrelief bewegt, das zu Hildebrandts Charakteristikum wurde. Im festlichen **Treppenhaus**, belebt durch eine verschwenderische Fülle

*Das Portal des Palais Daun-Kinsky ist ein Meisterwerk Hildebrandts*

von Atlanten und Putti, gerät Stein und Raum »zu einem einzigen Erlebnis schwerelos aufsteigender Bewegung« (Grimschitz), fortgesetzt in Marcantonio Chiarinis *Deckenfresko* ›Glorie eines Helden‹ und Scheinarchitekturen von Gaetano Fanti (1716).

Der Palast gehörte zuerst dem Wiener Stadtkommandanten Reichsgraf Wirich Philipp Daun, Vater des berühmten Feldmarschalls von Maria Theresia, Leopold Joseph Daun. Später hatte ihn ein anderer Feldmarschall der Regentin, Reichsgraf Johann Joseph Khevenhüller, in Besitz. 1784 ging er in die Hände des böhmischen Uradelsgeschlechts der Grafen und Fürsten Kinsky über. Das Palais wird heute von einem Auktionshaus genutzt, in seinem Innenhof befinden sich Lokale.

## **77** Palais Batthyány-Schönborn

*Fischers von Erlach subtile Eleganz des Frühwerks.*

1., Renngasse 4
U-Bahn Schottentor (U2); Bus 1A, 3A;
Tram 1, D

Die Palais der beiden im 18. Jh. führenden und konkurrierenden Baumeister Wiens stehen Gesicht zu Gesicht, wenn auch durch die Breite der Freyung auseinander gerückt. Der Bau des älteren, Johann Bernhard Fischer von Erlach, entstand früher, 1699–1706, im Auftrag des Grafen Adam Batthyány. Als der Reichsvizekanzler und Fürstbischof von Würzburg, Friedrich Carl Graf Schönborn, ihn 1740 kaufte, wollte er ihn von seinem Hausarchitekten Hildebrandt umbauen lassen, doch es kam nicht dazu.

Eher zu Fischers Frühwerken zählend und an das Stadtpalais des Prinzen Eugen anknüpfend, ist die **Fassade** mit nur zart hervortretendem Mittelrisalit streng linear gestaltet, die Baumasse wirkt schier entmaterialisiert. Die plastische Dekoration besetzt nur die Mitte durch *Hermenpilaster* mit merkwürdig gelockten Kapitellen und Relieftafeln sowie mit dem – durch zwei Freisäulen, Nischenvasen und die Wappenkartusche glanzvoll hervorgehobenen – *Portalbau*. Leider sind die ursprünglichen Dachbalustradenfiguren verloren gegangen. Das doppelläufige **Stiegenhaus** kann sich hier unbeengter entfalten als sein Pendant im Prinz-Eugen-Palais [Nr. 37].

## **78** Schottenkirche und Schottenstift

*Frühbarockkirche mit bedeutender Grabmalkunst und sehenswerten Altartafeln in der Stiftsgalerie.*

Abtei- und Pfarrkirche Unsere Liebe Frau zu den Schotten, 1., Freyung 6
Tel. 01/53 49 82 00
www.schottenstift.at
Kirche jeweils 20 Min. vor den Messen, eingeschränkter Zugang über hinteres Gittertor tgl. außer Fei 6–19.30 Uhr
Führungen Sa 14.30 Uhr
(Mitte Juli–Mitte Aug. geschl.)
U-Bahn Schottentor (U2); Bus 1A;
Tram 1, D

Nicht nur der Name von Kirche und Kloster, auch ihre romanischen Fragmente beidseitig des Presbyteriums zeugen von früher Gründung durch irische Mönche, damals ›Schotten‹ genannt, die der Babenbergerherzog Heinrich II. Jasomirgott aus Regensburg holte, nachdem er Bayern aufgegeben und 1156 dafür von Barbarossa die Erhebung Österreichs zum Herzogtum erwirkt hatte. 1200 wurde die von den Gründern gebaute Grabkirche für den Herzog geweiht; 1418 wurden die Iren von Benediktinern aus Melk abgelöst.

Als Neubau über romanischen und gotischen Mauern errichteten die ›Wiener Italiener‹ Andrea d'Allio Vater und Sohn sowie Silvestro Carlone 1638–48 den strengen, durch die unvollendeten Fassadentürme vierschrötig wirkenden Frühbarockbau.

Dem eindrucksvollen tonnengewölbten **Saalraum** gab Heinrich Ferstel 1889 in Dekorationen und Altären eine Neurenaissanceausstattung mit *Deckenfresken* von Julius Schmid. Doch die barocken *Altarbilder*, vor allem von Tobias Pock und Sandrart, blieben erhalten.

Über dem linken Querschiffaltar steht das *älteste Gnadenbild* Wiens: eine romanische Madonnenstatue (um 1250). Das brillanteste unter den hervorragenden *Grabdenkmälern* schuf vermutlich Joseph Emanuel Fischer von Erlach 1725 für den Türkenbesieger Ernst Rüdiger Graf Starhemberg: Zwischen einem Engel und einem gefesselten Türken die Frauengestalt Wiens mit dem Bildnis des Grafen auf einem Schild. Sein *Sarkophag* steht in der **Gruftkirche**, die auch die Grabstätten Herzog Heinrichs II., seiner byzantinischen Gemahlin und seiner

*Hinter dem Austriabrunnen, den Ludwig Schwanthaler 1844 entwarf, breitet sich der große Komplex des Schottesstifts mit Kirche aus*

Tochter birgt. Zugang durch die nördliche **Monumentenhalle** mit schönem *Falkh-Epitaph* von 1519. Zugang zur **Romanischen Kapelle** durch Eingang Benediktushaus.

Das **Museum im Schottstift** (Eingang durch den Klosterladen, links neben dem Hauptportal der Kirche, Tel. 01/53 49 86 00, Do–Sa 11–17 Uhr, Mitte Juli–Mitte Aug. geschl.) zeigt jenes berühmte Bild auf dem die ›*Flucht nach Ägypten*‹ am Südrand Wiens stattfindet, nämlich vor dem Hintergrund eines Panoramas der gotischen Stadt: eine der ältesten Ansichten Wiens. Die ›*Heimsuchung*‹ wiederum ist in der Innenstadt lokalisiert. Beide Bilder gehören zu den 19 hier bewahrten Tafeln des früheren Hochaltars, den der sog. Schottenmeister 1469–75 schuf, Szenen des Marien-Lebens und der Christus-Passion, in ihrem frischen, niederländisch beeinflussten Realismus von hohem Rang.

Als Josef Kornhäusel das alte Stiftsgebäude 1826–32 vorbildhaft klassizistisch umbaute, entstand der reizvolle **Schottenhof**, u. a. umgeben vom Konventsgebäude und dem seit 1807 bestehenden Schottengymnasium, dem Wiens Hoch- und Geistesadel seine Bildung verdankte.

## **79** Dreimäderlhaus

*Altwiener Bürgerhäuser mit Grazie.*

1., Schreyvogelgasse 10/Mölker Steig 1
U-Bahn Schottentor (U2); Bus 1A;
Tram 1, D

Die Mölker Bastei, nach dem Melker Hof benannt, ist eine erhalten gebliebene Auffahrtsrampe der alten Basteien. In dem reizvollen Winkel Mölker Bastei, Mölker Steig und Schreyvogelgasse ist die Biedermeierzeit stehen geblieben.

Besonders das sog. **Dreimäderlhaus** lockt blickbeherrschend mit entzückender *Giebelfassade*, feinem *Portal*, rund gerahmtem *Madonnenbild*, alles im zierlichen Zopfstil des spätjosephinischen Klassizismus dekoriert (1803). Der Name lockt nicht minder: Hier hat man sich *Schuberts* angebliche Romanze mit den drei Töchtern eines Glasermeisters, Hannerl, Hederl und Heinderl, vorgestellt – aber die historische Wirklichkeit will halt gar nichts davon wissen.

# 80 Pasqualatihaus

*Eine von nicht weniger als 27 Wiener Wohnungen des rastlosen Ludwig van Beethoven.*

1., Mölker Bastei 8
Tel. 01/535 89 05
www.wienmuseum.at
Di–So und Fei 10–13 und 14–18 Uhr
U-Bahn Schottentor (U2); Bus 1A;
Tram 1, D

Die hastig hingewischte *Fidelio-Skizze* und das zweite *Testament*, bei dem die Feder ihm nicht mehr gehorchte, rühren an. Sein *Porträt* von Mähler (1804), jäh in Blick und Bewegung, seine *Büste* von Klein nach Lebendmaske (1812) fesseln durch Authentizität. Standuhr, Zuckerdose und Nachtkästchen sind dagegen eher mühsame Beschwörungen durch Devotionalien.

Nomadisch wie Mozart und Schubert, floh Ludwig van Beethoven (1770–1827) von Quartier zu Quartier: 80 Übersiedlungen in den Jahren 1792–1827, 27 in der Stadt. Er nahm Logis bei den verschiedensten Gönnern, einmal im Theater an der Wien. Die **Wohnung** im stattlichen Mietshaus des musikliebenden Großhändlers Johann Baptist Freiherr von Pasqualati hatte er zwar 1804–14 inne, doch auch sie nur mit vielen Unterbrechungen. Hier schuf er den Fidelio, die 4., 5., 6. Symphonie, das Klavierkonzert in G-Dur, die 2. und 3. Leonoren-Ouvertüre und vieles mehr.

# 81 Ringstraße

*Eine der Prachtstraßen Europas. Gesamtkunstwerk des 19. Jh.*

U-Bahn Karlsplatz (U1, U2, U4),
Schottenring (U2, U4),
Schwedenplatz (U1, U4); Tram 1, D

Die Ringstraße sei die Erhöhung Wiens zur Großstadt, jubelten die einen. Nein, die Demolierung zur Großstadt, höhnten die anderen und tanzten die ›Demolierer-Polka‹ von Johann Strauß.

Gewiss, die Basteien und das davor liegende Wiesen- und Spaziergelände des Glacis rund um die Stadt waren eine Zierde –, aber Mitte des 19. Jh. längst auch eine Last der Festungsvergangenheit geworden. 1857 entschied Kaiser Franz Joseph, die Befestigungen zu schleifen und eine **Stadterweiterung** großen Stils ins Werk zu setzen. Geplant waren eine neu verbaute Ringstraße anstelle der Stadtmauer und ein Gürtel an der Vorstadtbegrenzung des Linienwalls.

Die 4 km lange, 57 m breite, alleenbegleitete Ringstraße mit **Repräsentationsbauten** für Regierung, Kunst und Wissenschaft sowie 800 Wohngebäuden wurde 1858 begonnen und 1865 der Öffentlichkeit übergeben, wiewohl erst weit nach der Jahrhundertwende vollendet. Ihre verschiedenen Abschnitte entwickelten sich zu Domänen des Hochadels, vor allem aber der Finanz- und Industriearistokratie und der Großkaufleute. So geriet die pompöse Anlage zum Spiegel der Aufstiegseuphorie des damaligen Bürgertums.

Gebaut von rund 80 ›handverlesenen‹ Architekten aus 400 internationalen Bewerbern – Heinrich von Ferstel, Theophil von Hansen, Eduard van der Nüll, Semper, Siccardsburg, Hasenauer u. a. –, wurde das Gemisch ihrer **verschiedenartigen Stile** bald bespöttelt: »Griechisch, gotisch, Renaissance/ist für die doch alles ans.« Neugriechisch das *Parlament*, neurömisch die *Börse*, neugotisch *Votivkirche* und *Rathaus*, in wechselnden Neurenaissanceformen *Burgtheater*, *Oper*, die beiden *Museen*, die *Neue Burg*. Dazwischen findet man unzählbar *Statuen*, *Denkmale* und *Monumente*: eine besessene Vergangenheitsbeschwörung von Pallas Athene über Maria Theresia bis zu den Sozis der ersten Stunde.

Es schien aus dem Geist dieser »melodramatischen« Prunkstraße geboren, dass sie 1879 ebenjenen legendären Maskenfestzug zur Silberhochzeit des Kaiserpaares trug, den Malerfürst Makart im roten Cinquecento-Kostüm anführte, dann 1908 die bombastische Festkavalkade zum Regierungsjubiläum des Kaisers, schließlich 1916 seinen düsteren Begräbniskonduct, der das Ende der Monarchie bedeutete.

Vor wenigen Jahrzehnten setzte eine Neubewertung ihres verspotteten Historismus ein. Heute weiß man das in Europa Vergleichslose ihrer Rauminszenierung zu schätzen, bewundert die architektonische Qualität ihrer einzelnen Bauten, die Ensemblewirkung des ›Gesamtkunstwerks‹.

*Burgtheater im Fokus – vom Dach des gegenüberliegenden Rathauses aus sieht man die geschichtsträchtige ›Bühne der Nation‹ an der Ringstraße aus ungewöhnlicher Perspektive*

## 82 Burgtheater

*Traditionsreichste Bühne deutscher Sprache.*

1., Dr.-Karl-Lueger-Ring 2
Tel. 01/514 44 41 40 (Info, Führungen),
Tel. 01/514 44 41 45 (Karten)
www.burgtheater.at
Führungen tgl. 15 Uhr, Beginn beim Haupteingang in der Kassenhalle
U-Bahn Schottentor (U2),
Herrengasse (U3); Tram 1, D

Kultstätte der Schauspieler-Adoration, Schule des Lebensstils, wechselnd Zankapfel oder Stolz, immer währendes Taxi- und Kaffeehausgespräch der Wiener: ›die Burg‹. So genannt, weil sie zuerst ein Ballsaal (1741), dann das ›Hof- und Nationaltheater‹ (1776) an der Hofburg am Michaelerplatz war, bevor sie 1888 zu ihrem fulminanten Haus am Ring kam. Über lange Strecken ein Kunsttempel des Faltenwurfs und der hohen Sprachkultur (›Burgtheaterdeutsch‹), der Komödien strikt verbannte, um die Jahrhundertwende nur zögernd offen für die Moderne, sind experimentelle Wagnisse dieser Bühne erst jüngeren Datums. Seit 1983 darf auch am Schluss geklatscht und gebuht werden, was eine ehrwürdige Tradition zuvor verbot. Aber Theatergeschichte heißt in Wien **Starnamen-Beschwö-**rung. Hochadelige der Burg: der tänzerische Kainz, der ›wienerische‹ Girardi, die tragische Wolter, die Bleibtreu, die Gold, die Wessely, die Thimigs, die Hörbigers, der Meinrad, der Kraus, der Werner, der Voss und der Brandaue…Seine Schauspieler ehrt das Burgtheater seit dem 18. Jh. mit Porträts, die in Gängen und Pausenfoyers zu sehen sind. Im Foyer des 1. Rangs, der ›Neuen Porträtgalerie‹, entdeckt man auch zwölf zeitgenössische Hofburg-Akteure, darunter Elisabeth Orth und Klaus Maria Brandauer.

Ringstraßenanspruch ebenso wie Hof und Nation verbindende gesellschaftliche Stellung des Hauses bewogen Carl Hasenauer – nach Plänen Sempers, des Erbauers der Dresdner Oper – zu einer pompösen Repräsentationsarchitektur (1874–88) nach Vorbild der italienischen Hochrenaissance mit halbrund vorgewölbtem Mitteltrakt und langen Seitenflügeln für die Logentreppen sowie üppigster Innendekoration in Barockform. Über dem Mittelrisalit *Basrelief* mit Bacchantenzug (R. Weyr), darüber *Apollo* mit *Melpomene* und *Thalia* (C. Kundmann). Oberhalb der Fenster *Kolossalbüsten* (V. Tilgner): links Shakespeare, Calderón, Molière; Mitte Goethe, Schiller, Lessing; rechts Halm, Grillparzer, Hebbel. Dazu Hunderte von *Figuren* und *Büsten* aus Mythologie und Drama.

Das **Innere**, Kombination von Logen- und Rangtheater, ist nach der Kriegszerstörung 1955 wieder aufgebaut worden. Erhalten blieben die prunkvollen **Feststiegen** in den Seitenflügeln mit anmutigen *Deckenmalereien* der Jugendstilmaler Gustav Klimt, Ernst Klimt und Franz Matsch. Über der rechten Stiege Szenarien griechischen Theaters und des Londoner Globe (mit Konterfei der drei Künstler), über der linken antike und mittelalterliche Spieler sowie Marktplatz-Komödianten (hier unter den Zuschauern die Porträts von Klimts Mutter und Schwester). Der nobel auf Elfenbein, Gold und Rot abgestimmte **Zuschauerraum** fasst 1500 Menschen.

Direkt neben dem Burgtheater hat im Mai 2005 das private **Museum of Young Arts** (Löwelstr. 20, Tel. 01/535 19 89, www.moya-vienna.at, tgl. 10–17 Uhr) eröffnet. Es zeigt in ambitionierten Wechselausstellungen Gemälde, Grafiken, Fotografien und Installationen junger europäischer Künstler.

## 83 Universität

*Früheste Universitätsgründung im heutigen deutschen Sprachraum.*

1., Dr.-Karl-Lueger-Ring 1
www.univie.ac.at
U-Bahn Schottentor (U2);
Bus 1A; Tram 1, D

Die von Herzog Rudolf IV. 1365 gegründete Universität war zuerst um das Dominikaner-, dann im Jesuitenkloster und in der Akademie der Wissenschaften untergebracht, bis sie diesen 1883 von Ferstel vollendeten großen Komplex mit Pavillonbauten und Loggia-Steigerung im Mittelbau bezog. Zwei Stiegenhäuser führen zum kühl-feierlichen **Festsaal**, den die *Figuren* Rudolfs IV. und Maria Theresias patronieren (unter der Regentin wurde die Uni staatlich), zu Häupten Matschs *Deckengemälde* ›Sieg des Lichts über die Finsternis‹. Für den Festsaal malte Klimt seine skandalisierten ›Fakultätsbilder‹, die er dann zurückzog und die während des Zweiten Weltkrieges verbrannten. In der **Aula** *Kriegerdenkmal* für die gefallenen Studenten (J. Müllner, 1924) und *Rektorentafeln*.

Große Gelehrte haben die Universität berühmt gemacht, davon geben auch die *Büsten* und *Denkmäler* unter den Arkaden des **Haupthofs** Zeugnis: der Mathematiker Regiomontanus, die Mediziner van Swieten (Büste von Messerschmidt), Semmelweis, Billroth, Landsteiner, der Physiker Doppler, die Rechtswissenschaftler Siegel und Franz Klein, die Philosophen Brentano, Mach, Schlick, die Psychologen Freud, Adler, Krafft-Ebing, Reich, die Kunsthistoriker Dvořák, von Schlosser, Swoboda, Pächt – um nur einen Bruchteil zu nennen.

## 84 Rathaus

*Glanzleistung des Historismus: am Brüsseler Rathaus orientierte Neugotik mit Neurenaissance-Elementen.*

1., Rathausplatz 1, Zugang an Rück- und Seitenfronten
Tel. 01/525 50
www.wien.gv.at
Führungen Mo, Mi, Fr jew. 13 Uhr
(außer Fei und an Sitzungstagen;
Eingang Friedrich-Schmidt-Platz)
U-Bahn Rathaus (U2); Tram 1, 2, D

Die Baukosten von 14 Mio. Gulden für das längst notwendige Neue Rathaus brachten die Stadt zwar an den Rand des Bankrotts, aber der Prestigegewinn war enorm: Die ›Gotik‹ rief Patriotismus, die Monumentalität des bürgerlichen Statussymbols Zukunftszuversicht hervor, wiewohl oder gerade weil kaum fünf Prozent der Bürger damals wahlberechtigt waren.

Das bedeutendste Werk des Württembergers Friedrich Schmidt, Kölner und Wiener Dombaumeister, entstand 1872–83. Es entfaltet sich auf dem rechteckigen Grundriss von 20 000 m² mit breiter, fünftürmiger **Hauptfassade** zum Ring. Der dominierende *Mittelturm* blieb mit 98 m zwar vorschriftsmäßig einen Meter hinter der Votivkirchenhöhe zurück, aber der von einem Schlossermeister spendierte ›Rathausmann‹ mit Lanze trumpft noch 5,50 m drauf! Die Baumasse wird durch Arkaden, Loggien, Mansarddächer, Maßwerk gegliedert und von einer gewaltigen Figurenfülle bevölkert, die Herrscher wie Volkstypen umgreift.

Frei zugänglich sind der weite *Arkadenhof*, größter der sieben Höfe, sommers ein idealer Konzertsaal unter freiem Himmel, die einst für Bürgerversammlungen gedachte, auf Perspektivwirkung angelegte Volkshalle und an ihren Stirnseiten die beiden architektonisch eleganten *Feststiegen* (Zugang Lichtenfelsgasse und Felderstraße).

**Oben:** *Sommerliches Filmfest vor den Toren des neugotischen Rathauses ...*
**Unten:** *... dessen Turm über das Parlament hinweg die ebenfalls herausragende Athene grüßt*

## 85 Parlament

*Monumentale Ringstraßenantike
vom Giebel bis zum Sitzungssaal.*

1., Dr.-Karl-Renner-Ring 3
Tel. 01/401 10 27 15
www.parlament.gv.at
Führungen stdl. (außer an Sitzungs-
tagen): Mitte Juli–Mitte Sept. Mo–Sa
11–16 Uhr, Mitte Sept.–Mitte Juli Mo–
Do 11, 14–16, Fr 11, 13–16,
Sa 11–16 Uhr
U-Bahn Rathaus (U2); Bus 2A, 48A;
Tram 1, 2, D, 46, 49

Der Traum von griechischer Demokratie
und Architektur schwebte Theophil von
Hansen vor, als er 1874–83 das Parlament
für die damals noch konstitutionelle
Monarchie errichtete – zwei *Flügelkom-
plexe* mit Saalblöcken für Herrenhaus
(links) und Abgeordnetenhaus (rechts)
nehmen einen hoch aufragenden *Tempelbau* in die Mitte, der sie innen durch
ein säulenumstandenes *Peristyl*, außen
durch einen übergiebelten *Säulenporti-
kus* verbindet.

Hansen zog seine **Ringstraßenantike**
konsequent durch: *Rossebändiger* auf

77

*Himmelsnahes Wagenrennen der Götter? Stelldichein über den Köpfen gewöhnlicher Sterblicher? Jedenfalls verfügt das Parlament über eine bewegte Dachlandschaft*

den Auffahrtsrampen mahnen zur Zähmung der Leidenschaften, *Sitzfiguren* griechischer und römischer Historiker zur geschichtlichen Verantwortung, *Siegeswagen* und *Statuen* antiker Staatsmänner und Gelehrter am Dach zum Sieg durch Weisheit. Nur das *Giebelfeld* zeigt sich thematisch zeitgenössisch: ›Kaiser Franz Joseph verleiht den 17 Kronländern die Verfassung‹. Und die goldbehelmte, wenn auch biedergesichtige *Pallas Athene* des von Hansen entworfenen Brunnens vor der Rampe erhebt sich über *Allegorien* von Legislative und Exekutive und der heimischen Flüsse Donau und Inn (vorne), Elbe und Moldau (hinten).

Einschüchternde Feierlichkeiten auch im **Inneren** durch dorische, ionische, korinthische Säulenpracht und antikisch nachempfundene Friese und Marmorfiguren. Der **Sitzungssaal** des ehem. Abgeordnetenhauses, dessen Stirnwand wie die eines antiken Theaters gestaltet ist, dient heute der Bundesversammlung (Nationalrat und Bundesrat) bei der Präsidentenvereidigung. In dem durch Bomben zerstörten und modern wieder aufgebauten Sitzungssaal des einstigen Herrenhauses tagt heute der Nationalrat.

In der Anlage vor dem *Justizpalast* (Schmerlingplatz), der 1927 bei einer Arbeiterdemonstration in Brand geriet,

steht das **Denkmal der Republik** mit Bronzebüsten der Sozialdemokraten Victor Adler, Jakob Reumann, Ferdinand Hanusch – 1928 aufgestellt, 1934 entfernt, 1948 wieder errichtet. Zur Museumsstraße hin **Denkmal Ludwig Anzengrubers** mit Figur des ›Steinklopferhannes‹ zu Füßen (J. Scherpe, 1905).

## 86 Volksgarten

*Einnehmende Park- und Denkmalgestaltung.*

Zugang am Dr.-Karl-Renner-Ring und Heldenplatz
Tram 1, 2, D

Rosen, Spaziergänger und Lieblingsfiguren anstelle der Burgbastei – ganz so bös konnte man den Franzosen, die sie 1809 sprengten, nicht sein. Zumal nicht die Bildhauer. An den Rand des 1823 angelegten, 1862 erweiterten Volksgartens stellte Burgtor-Erbauer Peter Nobile das halbkreisförmige *Cortische Kaffeehaus*, in umgestalteter Form heute noch in Betrieb, in die Mitte den *Theseustempel* für Canovas Theseus-Gruppe (heute im Kunsthistorischen Museum), vor den Josef Müllner 1921 seine bronzene *Athletenfigur* platzierte. Hinter dem Kaffeehaus kam *Franz Grillparzer* zu sitzen (Carl Kundmann, 1889), umgeben von seiner Dramen Szenerie: ›Ahnfrau‹, ›Traum ein Leben‹, ›Ottokar‹, ›Sappho‹, ›Medea‹, ›Des Meeres und der Liebe Wellen‹ (Rudolf Weyr). Vor dem Kaffeehaus flirten *Faun und Nymphe* gar lustvoll am Brunnen (Viktor Tilgner, 1880). Am Parkgitter zum Renner-Ring erinnert ein modernes Mal von Toni Schneider-Manzell und Clemens Holzmeister an Kanzler *Julius Raab* und sein diplomatisches Hauptwerk, den Staatsvertrag. Unbestrittener Star dieser Steinversammlung aber ist in Burgtheaternähe *Kaiserin Elisabeth*, zart und sinnend auf dem Thron, von argusäugigen Hunden flankiert, inmitten einer ausgreifenden Brunnenanlage: die kühl-feierliche Jugendstil-Inszenierung (Hans Bitterlich und Friedrich Ohmann, 1907) wurde von Wiener Bürgern spendiert.

## 87 Volkstheater

*Wichtige Schauspielbühne mit Avantgarde-Tradition in vorbildgebendem Theaterbau.*

1., Neustiftgasse 1
Tel. 01/52 11 10
www.volkstheater.at
U-Bahn Volkstheater (U2, U3);
Tram 46, 49

Weil das stolze Burgtheater die Darstellung des Alltäglichen, Volkstümlichen und Komödiantischen von seinen Brettern damals fern hielt, spendierten Mäzene 1889 den Bürgern ein alternatives Haus, das ›Deutsche Volkstheater‹. Man eröffnete mit Anzengruber, führte die Neuerer wie Ibsen, Tolstoi, Hauptmann und Schnitzler auf. Alexander Moissi war der chloroformierende Gast-Star; Girardi, Aslan, Kortner, Bassermann, die Sandrock brillierten; Paula Wessely und Hans Moser debütierten hier. In der Ära nach 1945 entwickelte das Volkstheater einen ungeschönten Nestroy-Stil, und sein Programm blieb weiterhin: riskante Autoren, prägnante Schauspieler.

Das berühmte Theaterarchitektenduo Fellner und Helmer hatte dem *Neurenaissance-Bau* mit repräsentativer Säulenloggia einen großen Zuschauerraum und viele Ausgänge ins Freie gegeben, womit er Modellcharakter für die ganze Monarchie gewann.

Beidseitig des Hauses wachen die guten Geister des Wiener Volkstheaters: Im kleinen Weghuberpark sitzt Possen-Poet *Ferdinand Raimund* in traumverhangener Melancholie auf einer Marmorbank, behütet von einem weiblichen Genius der Fantasie (Franz Vogl, 1898), und an der Ecke Burggasse/Museumsstraße erinnert *Hansi Niese* in Halbfigur (Josef Müllner, 1952) an Triumphe ihrer Vollblutkomik zu Jahrhundertbeginn.

*Klassizistischer Musentempel für alle – und die Wiener lieben ›ihr‹ Volkstheater bis heute*

##  88 MuseumsQuartier Wien

**TOP TIPP**

*Wiens architektonische Kunst-raum-Attraktion zum Beginn des 21. Jahrhunderts.*

7., Museumsplatz 1
www.mqw.at
U-Bahn MuseumsQuartier (U2),
Volkstheater (U2, U3);
Bus 2A, 48A; Tram 1, 2, D, 49

Der anheimelnde Namen trügt, die imponierenden Dimensionen strafen ihn Lüge. Diese Dimensionen freilich haben schon 1719 Fischer von Erlach Vater und Sohn vorgegeben. Deren extrem lange Hofstallburg (350 m!) mit dem stadtseitigen barocken Torbau sowie die klassizistische Reithalle fassten einst einen Riesenhof ein, in dem der Adel das An- und Ausspannen zelebrierte. 2001 haben ihn die Architektenbrüder Laurids und Manfred Ortner sowie Manfred Wehdorn mit zwei tief in die Erde versenkten Museumskuben seitlich der Reithalle und einem Riegelbau dahinter ›gefüllt‹. Der Hof hat immer noch Piazza-Ausmaße und geht an den Querseiten in kleinere gebäudeumstandene Plätze über.

Besucher-Hit ist der kalksteinweiße Würfel des **Leopold Museums** (Tel. 01/92 57 00, www.leopoldmuseum.org, Mi, Fr–Mo 10–18, Do 10–21 Uhr). Mit der Lichtregie seines Zentralschachts durch alle Stockwerke und den großen Fenstern mit Blick auf prächtige ›Wien-Veduten‹ breitet es auf 5400 m² das fulminante österreichische Kunstpanorama des 19. und 20. Jh. aus dem Besitz des besesse-

*Moderne Kunst sorgt für Farbtupfer im MuseumsQuartier, hier etwa vor den grauen Außenmauern des Leopold Museums*

nen Sammlers Rudolf Leopold aus: Egon Schiele, nirgendwo sonst so breit und eindrucksvoll, Klimt und die Ära der Wiener Werkstätten, Kokoschka, Gerstl, Boeckl, Faistauer, Kolig, Kubin – ein voller Tag mag in dieser Abteilung gerade reichen. Studierenswert die Sequenzen der Bilder aus der Zwischen- und Nachkriegszeit, die mit heutigem Abstand überraschende ›Funde‹ in der ›zweiten Garde‹ bieten können. Ein ganzes Geschoss mit Werken von Waldmüller und Gauermann über Romako, Makart, Schuch bis Tina Blau ist dem 19. Jh. gewidmet. Herrliche Grafik in Fülle. Und als Dreingabe: Afrikanische Kunst, Volkskunst, Designerobjekte, Möbel, Sonderausstellungen. Die schiere Wundertüte!

Die mächtige grau melierte Basaltburg des **Museums Moderner Kunst Stiftung Ludwig Wien** (MuMoK, Tel. 01/525 00, www.mumok.at, Fr–Mi 10–18, Do 10–21 Uhr) vereint die jahrzehntelang aufs sog. 20er Haus und Palais Liechtenstein verteilten Bestände nun auf sechs von neun Ebenen, die durch ein an Piranesi erinnerndes System von Treppen, Brücken, Aufzugsschächten verbunden sind. Die Räume alternieren zwischen Höhlen- und Hallengröße. Die Moderne braucht

**Oben:** *Musealer Dreiklang im MuseumsQuartier: der helle Kubus des Leopold Museums und der basaltdunkle Block des Museums moderner Kunst rahmen die lange Kunsthalle* **Unten:** *Innen entzünden Meisterwerke wie die von Klimt ein Feuerwerk der Farben, hier ›Tod und Leben‹ (Ausschnitt) im Leopold Museum*

halt Platz: ob für Kabakovs oder Weibels Installationen, ob für die wandfüllenden Gemälde Immendorfs und Richters, ob für die Fotos von Gilbert & George oder für die mythischen Schiffsteile von Kounellis. Repräsentiert werden Wiener Aktionismus, Fluxus, Happening, Nouveau Réalisme, Pop Art, Minimal Art, Fotorealismus, Arte Povera, wobei der Schwerpunkt auf Mitteleuropa und die Integration Osteuropas liegt. Im Kuppelsaal zuoberst treten Oldenbourgs ›Mouse Museum‹ und große Formate von Rauschenberg und Jasper Johns mit dem allergrößten Format vor dem Fenster in Konkurrenz.

Die **Reithalle** mit ihren zwei Theatern wird von den Wiener Festwochen bespielt. Der daran hängende Klinkerbau der **Kunsthalle** (Tel. 01/521 89 33, www. kunsthallewien.at, Do 10–22, Fr–Mi 10–19 Uhr), die mit ihm das Foyer teilt, versteht sich als »Werkstatt, Labor, Verhandlungsort« und setzt darum auf ein wechselndes Programm von Videos, Events, Installationen, Diskussionen.

Zu den mehr als zwanzig weiteren Institutionen im Quartier nur einige Stichworte: Das **Architekturzentrum** (Hof 11, Tel. 01/522 31 15, www.azw.at, tgl. 10–19 Uhr) bietet exquisite Wechselausstellungen zur internationalen Architektur, hat Fachbibliothek und Archiv, veranstaltet Workshops, Tagungen und Touren. Im **ZOOM Kindermuseum** (Hof 2, Tel. 01/ 524 79 08, www.kindermuseum.at, Mo–Do 8.30–17, Fr–So und während der Ferien 10–17.30 Uhr) werden Kids von der Knopfdruckgarderobe über die Unterwasserwelt bis zum Medialab real und virtuell einfach megacool unterhalten.

Es gibt überdies ein *Tanzquartier* mit Studios und Bühne, das *DschungelWien – Theaterhaus für junges Publikum*, ein *Kindertheater* und zwei Dependancen des Naturhistorischen Museums. Zahlreiche Cafés, Snack-Bars, Shops und Restaurants bieten zudem die komplette moderne ›Cross-over‹-Kultur!

## 89 Maria-Theresien-Platz

*Pathetische Parkanlage.*

U-Bahn Volkstheater (U2, U3),
MuseumsQuartier (U2);
Bus 2A, 48A; Tram 1, 2, D

Mit einem Museumskomplex wollte sich der Hof in der zweiten Hälfte des 19. Jh. auf die gegenüberliegende Seite der Ringstraße ausdehnen. Gottfried Semper, als großzügiger Platzgestalter bekannt und aus Zürich berufen, plante ein ›Kaiserforum‹ schier megalomanischen Stils: zwei neue Burgflügel, die durch Schwibbogen über die breite Straße mit den Museen verbunden sein sollten. Zustande kam indessen nur der eine Flügel der *Neuen Burg* sowie die beiden *Museen*, deren Außenarchitektur Semper entwarf: gewaltige, spiegelbildlich einander zugewandte Zwillingsbauten in den Formen italienischer Renaissance mit achteckigen Zentralkuppeln und vier Nebenkuppeln (1872–81). Renommierte Bildhauer der Ringstraßenära schufen die Bauplastik: am **Naturhistorischen Museum** [Nr. 90] aus dem Reich der Natur und Naturwissenschaft unter Helios als Herrscher, am **Kunsthistorischen Museum** [Nr. 91] Figuren aus der Welt der Künste unter Pallas Athenes Regentschaft hoch auf der Kuppel.

Das **Denkmal Maria Theresias** in der Parkmitte ist von einer Männerschar umgeben: *Reiterstandbilder* der Feldherren Laudon, Daun, Khevenhüller und Traun, *Standfiguren* der Berater Kaunitz, Haugwitz, Liechtenstein und van Swieten. Die *Hochreliefs* in den Bogenfeldern versammeln Persönlichkeiten aus Politik, Militär, Wirtschaft und Kunst, darunter Gluck, Haydn und Mozart als Kind. Caspar Zumbusch bewies bei diesem seinem Hauptwerk großen Atem (1874–88). Bewegte *Rossebändiger* (Theodor Friedl, 1892) leiten zum Messeplatz über.

## 90 Naturhistorisches Museum

*Eines der weltweit bedeutendsten Naturmuseen in großartiger Barockarchitektur.*

1., Burgring 7 (Besuchereingang
Maria-Theresien-Platz)
Tel. 01/521 77
www.nhm-wien.ac.at
Mi 9–21, Do–Mo 9–18.30 Uhr
U-Bahn Volkstheater (U2); Bus 2A;
Tram 1, 2, D

Äußerlich sind das Kunsthistorische Museum und das ihm gegenüber liegende Naturhistorische Museum (NHM) Zwillingsbauten. Das Bildprogramm ist jedoch bei letzterem auf Natur und Wissenschaft abgestimmt: Hans Canon feiert in seinem *Deckengemälde* über dem

*Den Maria-Theresien-Platz rahmen Zwillingspaläste: für Kunst im Norden, für Natur im Süden*

**Treppenhaus** den ›Kreislauf des Lebens‹, indes das *Gemälde* im Blickpunkt der **Haupttreppe** Franz I. von Lothringen in seiner Naturaliensammlung zeigt (Franz Messmer, Jakob Kohl, 1773). Er war es, der 1748 durch sein ›Naturalien-Cabinet‹ den Grundstein für die Sammlungen des heutigen Naturhistorischen Museums legte. Ehrgeizige Expeditionsreisen des Kaiserhauses und die Arbeit der Wissenschaft-

*Gewaltige Dinosaurierskelette beleben die ehrwürdigen Hallen des Naturhistorischen Museums*

ler des Museums bereicherten die Bestände weiter.

Die **Mineralogie** präsentiert die *Systematik* der österreichischen Mineralien sowie bizarre *Kristallbildungen* aus aller Welt, darunter einen ein Meter langen Bergkristall aus Madagaskar oder kristallisierendes peruanisches Gold. Die *Werksteine* werden mit ausgewählten Bauten Wiens vorgestellt, etwa das Burgtheater: der Bau Kreidekalk, die Säulen Liaskalk, die Türverkleidungen Jurakalk. In der herrlichen *Edelsteinsammlung* ist der Edelsteinstrauß zu bestaunen, den Maria Theresia ihrem Gemahl schenkte, ferner ein 117 kg schwerer Topas, einen 82-karätiger Rohdiamant und die ›Smaragdstufe Montezumas‹. Außerordentlich auch die *Meteoritensammlung*, die älteste der Welt, mit Sensationen wie einem 900 kg schweren Eisen-Meteor aus Australien oder Mondgestein, das die Apollo-17-Expedition 1972 zur Erde brachte.

In der **Paläontologie** treten die *Dinosaurier* gleichsam in Rudeln auf. Dominierend das rund 100 Mio. Jahre alte Skelett von 27 m Länge aus Kalifornien (Abguss). Der ebenfalls aus dem Mesozoikum stammende *Archelon* zählt mit einer Länge von 4,5 m zu den größten Schildkröten, die je gefunden wurden.

Berühmtestes Exponat der **Prähistorie** ist die 25 000 Jahre alte *Venus von Willendorf*. Das steinzeitliche Fruchtbarkeitsidol

*Sinnbild der Fülle – die Venus von Willendorf im Naturhistorischen Museum*

ist 11 cm hoch und die älteste Kalksteinskulptur überhaupt. Weltbekannt auch die *Hallstätter Gräberfunde* von 800–400 v. Chr., die man im 19. und 20. Jh. in Oberösterreich ausgrub und die der Älteren Eisenzeit ihren Namen ›Hallstattzeit‹ gaben: *Bronzen* von subtiler Einfachheit aus Skelett- und Brandgräbern, auch Reste von *Holzhäusern* der Illyrer, die in Hallstatt schon damals Salzbergbau betrieben. Die ›Fanny vom Galgenberg‹ in Saal 11 ist mit ihren 32 000 Jahren eine der ältesten Menschenfiguren der Welt.

Die **Zoologie** eröffnet Besuchern die ganze Vielfalt der Tierwelt. Für kleine Forscherinnen und Forscher gibt es regelmäßig spannende Führungen und Programme im *Kindersaal*. Eine besondere Attraktion ist das *Live-Mikrotheater*, in über Großprojektionen Einblick in die Welt des Mikrokosmos geboten wird. Geradezu ein Muss für alle, die Wien aus einem ungewöhnlichen Blickwinkel sehen wollen, ist eine Führung auf das **Dach des Museums**. Abschließend lädt das Museumscafe *Nautilus* in der Kuppelhalle bei einer Wiener Melange zum Verweilen ein.

## **91** Kunsthistorisches Museum

*Eines der größten und ehrwürdigsten Museen Europas. Einzigartige Bruegel- und Rubenssammlung.*

Burgring 5
Tel. 01/525 24 40 25
www.khm.at
Di/Mi und Fr–So 10–18, Do 10–21 Uhr
U-Bahn MuseumsQuartier (U2),
Volkstheater (U2, U3);
Bus 2A, 57A; Tram 1, 2, D

Schon der erste Eindruck ist überwältigend: ein gewaltiges, überkuppeltes **Vestibül** und ein feierliches, buntmarmoriges **Treppenhaus**, dessen kraftstrotzender Blickfang Canovas Plastik *Theseus im Kampf mit dem Kentauren* ist, die Napoleon zur eigenen Verherrlichung bestellte und die umwegreich von Mailand nach Wien gelangte. Der die Treppe Emporsteigende sieht sich dann im *Deckenbild* von einem zum Papstthron Emporschreitenden gedoppelt: geistvolle Finte des ungarischen Malers Michael Munkácsy in seiner ›Apotheose der Kunst‹, demonstriert an Papst Julius II. und den Renaissancekünstlern. Die *Lünettenbilder* von

*Café mit Stil unter der Kuppel im Treppenhaus des Kunsthistorischen Museums*

Malern und ihren Modellen schuf Hans Makart, die *Zwickel-Allegorien* aus der Kunstgeschichte malten Ernst und Gustav Klimt sowie Franz Matsch.

In der **Kuppelhalle** des 1. Stocks brilliert unter dem plastischen Schmuck Weyrs *Relieffries* der Habsburger Kunstmäzene von Maximilian I. bis Franz Joseph I.

**Gemäldegalerie 1. Stock**: Neugier mag den Besucher wohl zuerst in diese berühmteste aller Abteilungen drängen. Ihre Schätze gleichen dem Reich, in dem die Sonne nicht untergeht. Was die Habsburger in ihrer Herrschaft Länder gesammelt und nach Wien gebracht haben, ließ Joseph II. im Belvedere konzentrieren und 1781 öffentlich freigeben – 1891 zog es hier ein.

Die Bilder der italienischen Renaissance, fulminant vertreten, kamen von zwei der größten Kunstkenner unter den Habsburgern: Erzherzog Leopold Wilhelm (1614–1662), Statthalter der Südlichen Niederlande, und Kaiser Rudolf II. (1576–1612), der in Prag Kunst gehortet

*Zu gedankenversunkenem Sinnieren laden die Werke im Kunsthistorischen Museum ein*

hat. Beide liebten Tizian, Veronese, Tintoretto und erwarben Unschätzbares: Tizians ›Ecce Homo‹ oder seine ›Kirschenmadonna‹, Tintorettos ›Susanna im Bad‹. Hier sind auch Giorgiones umrätseltes Bild ›Die drei Philosophen‹, Raffaels ›Madonna im Grünen‹, Parmigianinos ›Selbstbildnis im Konvexspiegel‹ zu bewundern. Von den spanischen Habsburgern kamen viele Herrscherporträts ihrer Linie von Velázquez, darunter die großartige *Infantin Margarita Teresa*. Maria Theresia wiederum beauftragte Canaletto mit *Wien-Veduten*, welche die Wiener Kunst eminent beeinflusst haben.

Und dann die Niederländer! Van Eyck, Rogier van der Weyden, Bosch. Vor allem die weltgrößte Sammlung der Werke Pieter Bruegels d. Ä., vielfach aus dem Besitz Rudolfs II.: ›Bauernhochzeit‹, ›Kinderspiele‹, ›Turmbau zu Babel‹, ›Heimkehr der Jäger‹, ›Bethlehemitischer Kindermord‹ … Vom Hradschin kamen auch Dürer (›Junge Venezianerin‹, ›Allerheiligenbild‹) oder Arcimboldo, der für Maximilian II. und Rudolf II. seine skurril aus Gemüse und Früchten zusammengesetzten Profilbüsten malte. Rubens-Fest in drei Räumen! Der große Flame stand ja in Diensten Erzherzog Albrechts. Sterne: *Ildefonso-Altar*, ›Venusfest‹, ›Pelzchen‹, ›Heilige Familie unter dem Apfelbaum‹. In den Kabinetten Meisterwerke Rembrandts und Vermeers.

Immens reich auch die anderen Sammlungen im Hochparterre wie die **Ägyptisch-Orientalische Sammlung**. Ihre Objekte vom Alten Reich bis zur Ptolemäerzeit, also aus der Zeit von 3300 bis 30 v. Chr., gehen zum großen Teil auf den Nachlass Erzherzog Maximilians zurück, dazu auf die österreichischen Grabungen in Gizeh. Von dort stammt auch die monumentale, vollständig wieder aufgebaute *Kultkammer des Prinzen Ka-ni-nisut* (um 2700 v. Chr.). Die **Antikensammlung** mit griechisch-römischen Marmorskulpturen und Porträts, Keramik und Kleinbronzen, spätantiken und frühmittelalterlichen Goldschatzfunden ist vor allem durch ihre unvergleichliche Kameensammlung berühmt – zu ihr zählen erhaben geschnittene Edelsteine wie die bereits von Kaiser Rudolf II. erworbene *Gemma Augustea* mit der Verherrlichung des Kaisers Augustus oder der *Adlerkameo* (um 27 v. Chr.).

Die **Kunstkammer** (wegen Renovierung voraussichtl. bis 2011 geschl.) ging aus den Sammlungen von Wien, Prag, Ambras und Graz hervor. Zu ihren Hauptwerken gehören so hinreißende Dinge wie der von Dürer entworfenen *Dürer-Pokal* oder die *Krumauer Madonna*, Inbild spätgotischer Innigkeit von 1400, dazu Kleinbronzen und Elfenbeinschnitzereien erlesenster Art. Auch das berühmte *Salzfass* (Saliera) von Benvenuto Cellini, das eine Zeit lang gestohlen war, ist wieder zu sehen.

Das **Münzkabinett** (2. Stock, Di–So 10–18 Uhr) besitzt rund 700 000 Stücke aus drei Jahrtausenden und zeigt davon neben Münzen auch Papiergeld, Medaillen und Orden.

Weitere Sammlungen des Kunsthistorischen Museums sind über ganz Wien verteilt, etwa die *Schatzkammer* in der Hofburg oder die *Wagenburg* in Schloss Schönbrunn.

## 92 Burggarten

*Von Ahorn bis Zeder, von Sancta Clara bis Franz Joseph.*

1., Burgring/Opernring
U-Bahn MuseumsQuartier (U2); Bus 2A, 57A; Tram 1, 2, D

Als ›Kaisergarten‹ fürs Herrscherhaus 1819 angelegt, wurde der Burggarten 1919 ›republikanisch‹. Umfasst von Neuer Hofburg, Nationalbibliothek, Albertina und

*Tropische Temperaturen – sommers im Burggarten, winters im Schmetterlingshaus*

davor dem eleganten, secessionistisch beeinflussten **Palmenhaus** Friedrich Ohmanns (1902, mit *Schmetterlingshaus*; April–Okt. Mo–Fr 10–16.45, Sa/So/Fei 10–18.15 Uhr, Nov.–März Mo–So 10–15.45 Uhr), wachsen darin Platanen, Ginkgos, Kastanien, Eschen, gar eine Libanonzeder, zur Eröffnung des Suezkanals gepflanzt. Nicht minder wohlkomponiert der Denkmal-›Wuchs‹! Am Ringstraßeneingang das **Mozart-Denkmal**, ferngewendeten Blicks am Notenpult, Putti turnen den Sockel empor, Reliefs (Viktor Tilgner, 1896) erinnern an Don Giovanni und das Wunderkind Amadeus. Links davon **Franz I. von Lothringen**, Gemahl Maria Theresias, unpathetisch zu Pferde: frühklassizistischer

Bleiguss (1781) von Balthasar Moll. Rechts **Kaiser Franz Joseph I.** in Uniform mit Befehlshaberstab, Bronzenachbildung (1901) einer Steinstatue von Johann Benk. Vor dem Eingang hinterm Albertinaplatz der Prediger **Abraham a Sancta Clara** im Habit mit Rosenkranz (Hans Schwathe, 1928). Außerhalb des Gartens am Opernring **Goethe** als gravitätischer Prunksessel-Olympier (Edmund von Hellmer, 1900), und zwar mit konservativer politischer Absicht so gestaltet – als Kontrast zum nationalheroischen Schiller gegenüber.

## 93  Hotel Sacher

*Weltberühmtes Hotel mit ebensolcher Torte.*

1., Philharmonikerstraße 2–6
www.sacher.com
U-Bahn Karlsplatz (U1, U2, U4);
Tram 1, 2, D (Oper)

Schon vor mehr als 100 Jahren schwärmten englische Reisende von den »Grand Dukes at Sacher's« und der zigarrenrauchenden, schwarzseiden gewandeten jahrzehntelangen Allein-Chefin Anna Sacher (1859–1930). Als die Fleischhauerstochter den Restaurateur Eduard Sacher heiratete, der das Hotel 1876 durch Wilhelm Fraenkel bauen ließ, sprach man von der »Hochzeit von Tafelspitz und Sachertorte«. Tafelspitz war (und ist) der

### Alles um die Marmelade!

Im rotgoldenen **Café** und der **Confiserie des Hotel Sacher** gibt es die Original-Sachertorte mit rundem Schokoladesiegel und Marmelade in der Mitte. Um diese ›Mittelschicht‹ entbrannte 1960 ein Prozess zwischen Sacher und dem ebenfalls Sachertorte produzierenden Demel; doch wiewohl die Marmeladenschicht erst später in die von Sacher 1832 erfundene Torte gerutscht ist, obsiegte Sacher durch den genehmigten Zusatz ›Original‹.

*Lebensgroß: ›Hallo, Hotel Sacher, Portier!‹*

Gipfel der Sacher-Kochkunst, und die Torte erfand der Vater des Gründers 1832 – ohne Marmelade.

Die altmodische Distinktion, die das Hotel atmet, ist vollgesogen mit dem Bewusstsein elitärer Historie, die illustre Gäste von Kaiser Franz Joseph bis Karajan, kitzlige Hotelskandale und der Ruf exquisiter Gastronomie schrieben. Nachprüfbar an Fotos, Widmungen und Reliquien, wie dem mit erlauchten Namen der Jahrhundertwende gezeichneten Tischtuch.

## **94** Wiener Staatsoper

*Eines der führenden Opernhäuser der Welt – einst wie heute.*

1., Opernring 2
Tel. 01/514 44 22 50,
Tel. 01/515 13 15 (Karten)
Führungen Juni–Aug. tgl. zu unterschiedlichen Zeiten (außer bei Proben), Information und Anmeldung
Tel. 01/514 44 26 06
www.wiener-staatsoper.at
U-Bahn Karlsplatz (U1, U2, U4);
Bus 3A, 59A; Tram 1, 2, D

Wiewohl seinen beiden Architekten mit dem ersten monumentalen Ringstraßenbau, der Oper, ein Werk von wahrhaft großbürgerlicher Gründerzeit-Attitüde gelang, geriet es ihnen zum Verhängnis. Der tiefer gelegene Baugrund des ehe-maligen Stadtgrabens ließ das Haus wie eine »versunkene Kiste« erscheinen. Solcherlei Nörgelei trieb Eduard van der Nüll zum Selbstmord, und zwei Monate danach traf August von Siccardsburg der Herzschlag. Sie erlebten die Gala-Eröffnung im Mai 1869 mit dem ›Don Giovanni‹ nicht. Dabei hatten sie das riesige **Gebäude** geschickt gegliedert und klar proportioniert durch ihren historisierenden »Renaissancebogenstil«: ein Mittelbau mit imponierender Loggia zum Ring, angesetzten Querflügeln, abgeflachtem Kuppeldach über Treppe, Zuschauerraum, Bühne. Grad so ist es nach der schlimmen, auf die Wiener wie ein Schock wirkenden Kriegszerstörung wieder aufgebaut und 1955 mit dem ›Fidelio‹ eröffnet worden.

Rekonstruiert und ergänzt wurde auch die opulente Dekoration aus dem Repertoire venezianischer, spanischer, französischer Gotik und Renaissance. Teilweise erhalten blieb die **Loggia** mit ihren *Allegorien* von Heroismus, Drama, Fantasie, Komik und Liebe in den Arkaden (E. J. Hähnel) und den *Wandgemälden* mit ›Zauberflöte‹-Szenen Moritz von Schwinds, ebenso die großartige marmorne **Festtreppe** mit ihren *Statuen* der sieben freien Künste (Josef Gasser), *Reliefdarstellungen* von Oper und Ballett (Johann Preleuthner) und *Porträt-Medaillons*, darunter jenen der beiden Architekten (Josef Cesar). Das **Schwind-Foyer** im 1. Stock prunkt mit *Opern-Szenerien* des Wiener Spätromantikers und darauf bezogenen *Komponisten-Büsten*. Die *Mahler-Büste* auf dem rechten Kamin stammt von keinem Geringeren als Rodin, das Pendant, *Richard Strauss*, von Hugo Lederer. Beidseitig des Treppenhauses die neu gestalteten Pausenräume: rechts **Gobelinsaal** mit einem ›Zauberflöte‹-Zyklus von Rudolf Eisenmenger, links der **Marmorsaal** mit Marmorintarsien zum Thema Opernalltag von Heinz Leinfellner. Der von Erich Boltenstern neu geschaffene **Zuschauerraum** fasst 2200 Sitz- und Stehplätze, und das gigantische, modern ausgestattete **Bühnenhaus** reicht über 1500 m²; es wird bei den empfehlenswerten Führungen einbezogen.

Der Ruhm des Hauses wurde zwischen Bravissimo-Rufen und Pfiffen geboren. Denn hier herrschen seit je das Orchester der Wiener Staatsoper, ein konservatives, aber sensibles Publikum und streitbare Kritiker. In die dadurch entstehenden Turbulenzen geraten weniger die beju-

*Alle Jahre wieder – pompöser Aufmarsch in Schwarz-Weiß beim Opernball in der Staatsoper*

belten Weltstars als die leitenden Dirigenten. Gustav Mahler wurde angebetet und vertrieben, Richard Strauss geachtet und angefeindet, Karl Böhm und Clemens Krauss geliebt. Und Karajan wehrte sich dagegen, 1,6 Mio. Wiener als Mitdirektoren zu haben: Kompliment für einen ›flächendeckenden‹ Musikfanatismus, dem Theaterkräche die schiere Seligkeit sind.

## 95 Akademie der bildenden Künste

*Eine der ältesten Kunstakademien Europas mit kostbarer Gemäldegalerie und Kupferstichkabinett.*

1., Schillerplatz 3
Tel. 01/588 16 18 18
www.akbild.ac.at
U-Bahn Karlsplatz (U1, U2, U4),
MuseumsQuartier (U2);
Tram 1, 2, D

Ob die frommen Nazarener gegen den ›unchristlichen‹ Klassizismus aufbegehrten und nach Rom abzogen, ob Professor Waldmüller gegen Akademien schlechthin rebellierte und Naturanschauung predigte, ob Otto Wagner statt Historismus Progressismus lehrte (und Hitler 1907 wegen Unbegabung als Architektur-

student abgewiesen wurde): So ›würdevoll akademisch‹ war diese Akademie nicht, wie es ihr der italienischen Hochrenaissance nachempfundener **Bau** mitsamt all dem Ehrfurcht einflößend Antikisierenden auf Gebälk und Gesims suggerieren mag.

1872–77 wurde das Gebäude von Parlamentserbauer Hansen errichtet. Anselm Feuerbach, auch er Akademieprofessor, setzte das Antikische in der feierlichen **Aula** in seinen *Titanensturz*-Deckenbildern 1880 fort – sehenswert allemal.

Die 1692 gegründete Akademie residierte u. a. rund 100 Jahre im Pilgrimshaus St. Anna, bevor sie hier sesshaft wurde. Schon 1821 stiftete ihr Graf Anton Lamberg-Sprinzenstein seine wertvolle Gemäldesammlung. Durch Preisstücke und Aufnahmewerke der Akademiemitglieder ergänzt, entstand eine hochinteressante **Gemäldegalerie** (Tel. 01/58 81 62 28, www.akademiegalerie.at, Di–So 10–18 Uhr, bis Mitte 2009 aufgrund Renovierung eingeschränkt Ausstellungsbetrieb), die Bilder des 14.–20. Jh. übersichtlich ausbreitet. Hier sieht man das einzige großformatige Werk Boschs in Österreich: das ›*Weltgerichtstriptychon*‹ von 1504, das schreckliche Vision und zarten Lyrismus atemberaubend vereint. Hans Baldung Griens ›*Ruhe auf der Flucht*‹, Tizians Spätwerk ›*Tarquinius und Lukretia*‹, mehrere 1502–03 in Wien gemalte Cranach-Bilder sind der Glanz der Renaissanceabteilung in der Akademie. Besonders reich vertreten ist flämisches und niederländisches Barock mit allen Gattungen – vom Landschaftsbild Ruisdaels bis zum Genre Pieter de Hoochs. Von Rubens gibt es neben Gemälden faszinierende Deckenbildentwürfe für Amsterdam, von van Dyck das ›*Selbstbildnis mit 15 Jahren*‹, Aushängeschild der Galerie, von Rembrandt die ›*Junge Frau im Sessel*‹. Höhepunkt des italienischen 17./18. Jh. mit Magnasco, Molinari, Giordano u. a. sind acht Guardi-Veduten und Deckenskizzen Tiepolos. Auch die Akademiemitglieder Gran, Maulpertsch und der ›Kremser-Schmidt‹ sind natürlich mit reizvollen Entwürfen vertreten. Unter den Malern des 19. Jh. – Amerling, Tischbein, Füger u. a. – bildet der große Biedermeier-Realist Waldmüller das Zentrum. Den Akademiemitgliedern unserer Zeit von Boeckl bis Wotruba ist ebenfalls eine Raumflucht gewidmet.

Das **Kupferstichkabinett** (Tel. 01/58 81 63 60, voraussichtl. bis 2010 geschl.) besitzt mit rund 40 000 Zeichnungen, 100 000 Druckgrafiken und 20 000 Fotografien ebenfalls großartige Schätze, ist aber Fachbesuchern vorbehalten. Mitunter sind in der Galerie im Obergeschoss wechselnde Themenausstellungen aus den Sammlungsbeständen zu sehen; ergänzend dazu werden im Mezzanin aktuelle Arbeiten aus den Klassen der Akademie gezeigt.

Das monumentale **Schiller-Denkmal** (1876) vor der Akademie konzipierte Johannes Schilling nach der furchtbar verlorenen Schlacht von Königgrätz im nationalen und liberalen Geist jünglingshaft-heroisch konzipiert.

# Secession

*Originellster Wiener Jugendstilbau. Innen Klimt-Fries-Installation.*

1., Friedrichstraße 12
Tel. 01/587 53 07 10
www.secession.at
Di/Mi und Fr–So 10–18, Do 10–20 Uhr
Führungen Sa 15 und So 11 Uhr
U-Bahn Karlsplatz (U1, U2, U4)

›Krauthappel‹ nennen die Wiener mit Blick auf den nahen Naschmarkt den filigranen güldenen Lorbeerblätterball, der den kubischen Block des Secessionsgebäudes als außergewöhnliche **Kuppel** krönt. 1897 hatte sich eine Gruppe Widerspenstiger unter den Protagonisten Gustav Klimt, Koloman Moser u. a. von der etablierten Künstlergenossenschaft im Künstlerhaus losgesagt und zur ›Wiener Secession‹ (Absonderung) formiert. Fortan bedeutete ›Secessionismus‹ die österreichische Variante des Jugendstils. Wagner-Schüler Joseph Olbrich baute ihnen 1898 diesen wahren Kunsttempel eines ›Heiligen Frühlings‹ (Ver sacrum), verzauberte seinen architektonischen Purismus durch florale Goldornamentik – und erntete dennoch unheiligen Zorn dafür.

Das innen inzwischen weitgehend veränderte Haus, in dem heute Wechselausstellungen moderner Kunst stattfinden, präsentiert in einem eigenen Raum Gustav Klimts grandiosen **Beethovenfries**, für eine Ausstellung des Beethovendenkmals von Max Klinger 1902 gemalt. Klimt interpretiert Beethovens *Neunte Symphonie* als Weg durch Krankheit, Wahnsinn, Wollust zur reinen Liebe, die in die berühmte Liebesakt-Apotheose »Diesen Kuss der ganzen Welt« mündet. Sein linienedles Beglückungspathos, damals so missverstanden, ist heute freilich postkartenfeil.

Das Löwengespann mit dem bronzenen **Marc Anton** neben der Secession schuf Arthur Strasser für die Pariser Weltausstellung 1901. Es hatte sich provisorisch hierher verirrt – und blieb.

*Aula der Akademie der bildenden Künste*

*›Der Zeit ihre Kunst, der Kunst ihre Freiheit‹* fordert die Inschrift über dem Portal der Secession, mit deren Bau der Wiener Jugendstil ein architektonisches Gesicht und eine Heimat bekam

## 97 Stadtbahn-Pavillons

*Originalgetreu restauriertes Jugend-stil-Juwel Otto Wagners.*

1., Karlsplatz
Tel. 01/50 58 74 78 51 77
www.wienmuseum.at
April–Okt. Di–So 9–18 Uhr
U-Bahn Karlsplatz (U1, U2, U4)

Die zierlichen und fein gezierten **Pavil-lons** scheinen als Teesalons geschaffen – doch waren sie Teil eines technischen Gesamtkunstwerks, mit dem Architekt Otto Wagner 1894 als Stadtplaner in Erscheinung trat und den Sprung in die Moderne schaffte. Mit der Planung der Stadtbahn entlang Gürtel, Donaukanal und Wienfluss beauftragt, errichtete er alle Bahnhöfe, Brücken und Nebengebäude des 45 km langen Schienennetzes, fantasievoll verschiedenartig und doch identifizierbar ›wagnerisch‹ Funktion und Dekoration verbindend. 20 Stationsgebäude sind erhalten geblieben – ohne Zweifel die charmantesten sind diese beiden Pavillons (1894–97), die grün gefasstes Eisenskelett, Marmorplatten und goldene Sonnenblumenornamentik so fröhlich einen.

Heute dient der eine der beiden Pavillons, näher am Künstlerhaus, als *Café*. Der andere wird seit 2005 als **Otto Wagner Pavillon Karlsplatz** vom *Wien Museum Karlsplatz* betreut und bietet einen authentischen Rahmen für die umfassende Dokumentation des Architekten sowie des Theoretikers Otto Wagner.

## 98 Künstlerhaus

*Neurenaissancegebäude – heute Schauplatz repräsentativer Ausstellungen.*

1., Karlsplatz 5
Tel. 01/587 96 63
www.kuenstlerhaus.at
Fr–Mi 10–18, Do 10–21 Uhr
U-Bahn Karlsplatz (U1, U2, U4)

Effektvoll dargebotene Ausstellungen anlässlich der Wiener Festwochen, Resümees glanzvoller Kunst- und Kulturepochen, haben das Künstlerhaus so international bekannt gemacht, wie es wegen seiner ›Gschnasfeste‹ zum Fasching stadtbeliebt ist. Für die 1861 gegründete, konservativ orientierte ›Genossenschaft der bildenden Künstler Wiens‹ 1868 von August Weber im Stil italienischer Renaissance vollendet, wurde es später durch Flügelbauten erweitert. Sie beherbergen heute das ›Theater im Künstlerhaus‹ und Kinos, das Haus gehört dem aus Künstlern bestehenden *k/hausverein*. Die acht

*Dürer, Tizian und sechs weitere Steinfiguren bewachen den Zugang zum Künstlerhaus*

**Marmorstatuen** am Haupteingang stammen von mehreren Bildhauern der Jahrhundertwende und stellen dar: Dürer, Michelangelo, Raffael, Rubens, Leonardo, Velazquez, Bramante, Tizian.

## 99 Musikverein

*Neurenaissancebau mit Konzertsaal von unerreichter Akustik.*

1., Bösendorferstr. 12
Tel. 01/505 81 90
www.musikverein.at
Führungen nach Vereinbarung
U-Bahn Karlsplatz (U1, U2, U4)

Das gerühmte ›Wunder‹ dieses Hauses ist, nüchtern gesagt, die Nachhallzeit von 2,05 Sekunden bei voll besetztem, also mit 2000 Personen gefülltem Saal. Alle Nachahmer scheitern. Sie können nur erahnen, dass die optimale Akustik des **Goldenen Saals** durch die an einer Stahlkonstruktion hängende Kassettendecke, den Hohlraum unter dem Parkett, das viele Holz und natürlich auch dadurch zustande kommt, dass die 36 güldenen Karyatiden unter der Galerie – hohle ›Frauenzimmer‹ sind.

Parlamentserbauer Theophil Hansen hat mit dem Resonanzkörper des Hauptsaals in seinem sienaroten Gebäude (1867–70) à la italienische Renaissance den berühmten ›Wiener Klangstil‹ aus der Taufe gehoben. Das Haus der 1812 gegründeten ›Gesellschaft der Musikfreunde‹ wurde zum Heim der seit 1842 bestehenden Wiener Philharmoniker.

*Konzerte im Goldenen Saal des Musikvereinsgebäudes sind dank seiner wundervollen Akustik ein erlesener Kunstgenuss*

*Majestätische Größe: Die Karlskirche, Wiens ›Hagia Sophia‹, ist das sakrale Hauptwerk von Johann Bernhard Fischer von Erlach, wurde aber erst nach seinem Tod vollendet*

Am Konservatorium lehrte Bruckner, lernten Mahler, Hugo Wolf, Nikisch, Richter. Pultstars: Furtwängler, Böhm, Karajan, Bernstein, Abbado. Vielfach holten sie sich ihre Inspirationen aus den Originalnoten im überwältigenden **Archiv**, das 300 000 Kompositionen birgt, von Schuberts ›Großer‹, der C-Dur-Symphonie, bis zu Johann Strauß' berühmtem Donauwalzer.

## **100** Karlskirche

*Majestätisches Wahrzeichen Wiens: Vollendung habsburgischer Reichskunst.*

4., Karlsplatz
www.karlskirche.at
Mo–Sa 9–12.30 und 13–18,
So/Fei 12–17.45 Uhr
U-Bahn Karlsplatz (U1, U2, U4);
Tram 1, 2, D

Von »Großheit« hätte Goethe angesichts dieser Kirche gesprochen, deren Unnahbarkeit den Bann des Außergewöhnlichen hat. »Ich will mein Gelöbnis erfüllen vor denen, die Gott fürchten«, lautet ihre strenge Widmungsinschrift. Kaiser Karl VI. hatte sie im Pestjahr 1713 dem Pestpatron Karl Borromäus gelobt und schon 1714 – für über 300 000 Gulden – bauen lassen, als die 8000 Opfer fordernde Seuche erlosch. Seine Votivkirche, 1737 geweiht, wurde ein »Programmwerk habsburgischen Kaiserstils« (Hubala). Salomonischer Tempel, Erinnerungsmonument an die Türkensiege, Blickpunkt der Stadt an der Verlängerung der einstigen Limesstraße, hat man sie die ›Hagia Sophia Wiens‹ genannt. Denn der Monumentalbau misst nahezu 80 m in der Länge und 60 m in der Breite, die Kuppel wölbt sich auf 72 m Höhe.

Johann Bernhard Fischers von Erlach Hochbarockbau, nach seinem Tod 1723 von Sohn Joseph Emanuel vollendet, setzt die religiöse und imperiale Symbolik architektonisch um: Der mächtigen **Kuppelrotunde** mit dem Kreuz des himmlischen Herrschers ist ein **Säulen-**

*Johann Michael Rottmayrs Kuppelfresko in der Karlskirche thematisiert die Verherrlichung des hl. Borromäus. Es war das letzte Werk des großen Freskanten, 1725–30*

**bau** in griechischer Tempelform vorgestellt. Ein kolossales *Säulenpaar* nach Art der Trajanssäule flankiert ihn, fängt schlank die Kuppelrundung auf, verkörpert die Herkules-Säulen des Weltreichs ebenso wie Karls VI. Wahlspruch »Beharrlichkeit und Tapferkeit«, bekrönt mit Adlern und Kronen als Zeichen irdischer Herrschaft. Zwei pagodenartige **Torpavillons** ziehen sich beidseitig hinter den

Säulen zurück, erinnern an fernöstliche Kulturen. Der ganze Baukörper ist raumgreifend gestaffelt, gipfelt auf, schwingt nieder, gibt wechselnde Perspektiven.

Im Bild des hl. Karl Borromäus sind die Herrschertugenden von Karl dem Großen bis Karl VI. assoziiert. Die reliefierten Szenen aus Leben und Wirken des Pestpatrons auf den Säulen ordnen sich den Begriffen Beharrlichkeit (links) und Tapferkeit (rechts) unter. Christoph Mader, Jakob Schletterer und der Münchner Johann Baptist Straub waren die Meister. Lorenzo Mattielli schuf die *Heiligengestalt* am Giebel der Säulenhalle und die *Engel* am Rundbau, Franz Caspar skulptierte die *Freitreppenengel*.

Der Ovalraum des **Inneren** ist kühn und kühl in seiner entschiedenen Formstrenge und subtil in Farb- und Lichtwirkung. Das *Kuppelfresko* des überragenden Deckenmalers Rottmayr, ein Spätwerk von 1725–30, zeigt die Fürbitte des hl. Borromäus vor der Heiligen Dreifaltigkeit um Erlösung von der Pest. Der gewaltige Figurenreigen, Allegorien göttlicher und menschlicher Tugenden, ist in der Entwicklung der Freskenkunst bedeutsam durch seine Auflösung des Idealporträthaften in bewegte Figurenchoreografie. *Chorbogen-, Seitenkapellen-, Orgelemporenfresko* ebenfalls von ihm. Glorios in seiner Strahlwirkung der **Hochaltar** mit dem zum Licht Gottes emporschwebenden Pestpatron, entworfen von Fischer Vater, ausgeführt von dem Stuckateur A. Camesina. Die *Anbetungsengel* unten sind von Mattielli. *Altarbilder*

*Harnische und Rüstungen stehen im Wien Museum Karlsplatz in Reih' und Glied*

von Gran in der Taufkapelle links und der Seitenkapelle rechts, von M. Altomonte in der ersten rechts.

Im westlichen Glockenturm können im **Museo Borromeo** kostbare sakrale Goldschmiedearbeiten und Textilien bewundert werden, während das 2008 eröffnete **Museo Nuovo** barockes Ambiente und Klassische Moderne – von Kokoschka über Nitsch bis Rainer – gekonnt in Verbindung setzt.

Unter der Devise ›Erlebnis Karlskirche‹ bringt ein gläserner **Panoramalift** Besucher auf eine Terrasse in 32 m Höhe. Dort können sie die frisch renovierten Fresken aus ungewöhnlicher Nähe betrachten sowie über 118 Treppenstufen in die sog. **Laterne** aufsteigen und dort aus der luftigen Höhe von fast 60 m einen berauschenden Panoramablick über Wien genießen.

Einen barockschwüngigen Kontrapunkt zur Kirche bildet Henry Moores große **Plastik** ›Hill Arches‹ im Wasserbassin am Karlsplatz.

## **101 Wien Museum Karlsplatz**

*Augenwanderung durch Wiens Geschichte.*

4., Karlsplatz
Tel. 01/50 58 74 70
www.wienmuseum.at
Di–So 9–18 Uhr
U-Bahn Karlsplatz (U1, U2, U4);
Tram 1, 2, D

Feierlich angestrahlt ist das Kostbarste des Doms im Wien Museum Karlsplatz zu sehen: jene sechs sensibel individualisierten **Fürstenfiguren** von unglaublicher aristokratischer Anmut, die Rudolfs IV. ›Herzogenwerkstatt‹ in Stilnähe zum Parlerkreis 1360–65 schuf: Kaiser Karl IV. und Blanche von Valois, Herzog Rudolf IV. und Katharina von Böhmen, Herzog Albrecht II. und Johanna von Pfirt. Auch die schönen **Fürstenfenster** entstammen jener Werkstatt. Und was sonst noch an wundervollen Madonnen- und Heiligenfiguren der Witterungsschäden wegen vom Dom entfernt und durch Kopien ersetzt werden musste, ist hier beglückend augennah gerückt.

Dass dies ein künstlerischer Höhepunkt der vielgestaltigen Sammlung ist, kann freilich nur als ›Zugabe‹ gelten. Im 1888 als *Historisches Museum* gegründeten Wien Museum Karlsplatz, dem Hoffmann-Schüler Oswald Haerdtl 1954–58 dieses Haus baute, soll Kunst natürlich vor allem Zeitdokument sein. So beschwören im **Erdgeschoss** noch vielfältige andere Zeugnisse das mittelalterliche Wien – von den ›Wiener Pfennigen‹ (12.–16. Jh.) über den ›*Albertinischen Plan*‹ als älteste Stadtdarstellung (1421–22) bis zu *Bürgerfahnen* und *Reiterharnischen*.

Im **1. Stockwerk** – der Neuzeit bis zu Maria Theresias Tod gewidmet – dominieren zunächst die Türkenkriege 1529 und 1683. *Haudegen, Lanzen, Trommeln, Turbane, Banner* in Fülle. Rührende *Notmünzen* für den Sold. *Pläne* der belagerten Stadt bis hin zu der kühnen *Rundansicht*, die Topografie und Kampfbericht zugleich ist (1530). Franz Geffels trefflichem Gemälde der ›*Entsatzschlacht von 1683*‹ assistieren einerseits die *türkische Planzeichnung*, die dem Steffl einen Halbmond aufsetzt und die Hofburg zu einem mittleren Bauernhaus macht, andererseits eine moderne vielfigurige *Diorama-Darstellung* des Geschehens.

Kunterbunt eingefangen die Fortsetzung, ob Pestschreck oder Festlichkeit, ob Kaiserfamilie oder Handwerkerschilder, ob Zahnoperation oder Freimaurerloge (berühmtestes Bild: ›*Loge zur Gekrönten Hoffnung*‹ mit Schikaneder und Mozart). Raum füllend das *Modell der Innenstadt* von 1852–54, kapriziös das *Modell eines Lustschlosses* im Laxenburger Park vor 1799.

Das **2. Stockwerk**, welches 19. und 20. Jh. präsentiert, fasziniert durch historische Environments: dem ›*Pompejanischen Salon*‹ in Empire, den die Bankiersfamilie Geymüller im Palais Caprara [Nr. 73] einrichtete (um 1800), der rekonstruierten *Wohnung Grillparzers* aus der Spiegelgasse 2 (1849–72) mit Originalmöbeln und -gegenständen des Biedermeier, schließlich dem *Wohnzimmer* mit Kaminnische des Architekten *Adolf Loos* aus der Bösendorfer Straße 3 (1903) – alle drei übrigens in ihrer edlen Linienreinheit durchaus vergleichbar. Das Theatralisch-Üppige des 19. Jh. bringen die Gemälde Makarts ins Spiel: Sein *Atelier* – von Rudolf von Alt und Eduard Charlemont gemalt – wurde Vorbild für den gehobenen Wohnstil Wiens.

Die Welt des ›Niederen‹ in Stadt und Land hielten Waldmüller (qualitätvoller Bestand!) oder Fendi engagiert fest, die Revolution von 1848 Ziegler, Neder oder Goebel. Vormärz-Theater von Raimund und Nestroy bis Strauß Vater und Lanner. Dann die große Zeit nach 1900 mit Kunsthandwerk der ›Wiener Werkstätte‹ und Malern von Klimt bis Gerstl. Klimts ›*Emilie Flöge*‹ (1902), eine Modesalonbesitzerin, gab durch ihr Bild wie in der Wirklichkeit den Modeton an. Die Exponate reichen bis in unsere Zeit.

## **102** Konzerthaus mit Akademietheater

*Weitläufiger historistischer Bau mit Konzertsälen und Theater.*

3., Lothringerstraße 18–20/
Lisztstraße 1
Tel. 01/24 20 00
www.konzerthaus.at
Mo–Fr 9–19.45, Sa 9–13 Uhr
U-Bahn Stadtpark (U4);
Tram D

Mittelpunkt der Musikstadt Wien, die epochenweise eine Musikhauptstadt der Welt war, ist das Dreieck Oper – Musikverein – Konzerthaus. Das **Konzerthaus-Gebäude**, nach Plänen der berühmten Theaterarchitekten Fellner und Helmer 1912–13 als Mischung aus Historismus und Jugendstil errichtet, birgt im Osttrakt den reich ornamentierten Säulenraum des *Großen Saals* (1865 Plätze) sowie *zwei klei-*

›Walzerkönig‹ Johann Strauß Sohn als goldener Geiger im Stadtpark

*nere Säle* (704 und 366 Plätze). Darüber hinaus wurden bei der Generalsanierung 2001 weitere Säle geschaffen, darunter der *Neue Saal* mit 400 Plätzen für moderne Stücke. Im Foyer steht das *Modell* des michelangelesken Beethovendenkmals von Zumbusch am nahen Beethovenplatz (1880) jenseits der Ringstraße.

Hausherren (wenn auch globetrottende) des Konzerthauses sind die **Wiener Symphoniker**, die auf eine Tradition seit 1899 zurückblicken und seit je mit den Philharmonikern rivalisieren, wie sich das für eine Musikstadt gehört. Sie bespielen auch den Musikverein, die Oper, die Bregenzer Festspiele sowie mit verschiedenen ihrer Ensembles bei den Festwochen Plätze der Stadt. Zu ihren Chefdirigenten gehörten Karajan, Sawallisch, Krips, Giulini – derzeit verpflichtet man lieber Gastdirigenten.

Im Westtrakt ist ein Teil der *Hochschule für Musik und darstellende Künste* sowie das **Akademietheater** (520 Plätze) untergebracht. Es wurde 1922 von dem Dramatiker und damalige Burgtheaterndirektor Anton Wildgans als Dependance der ›Burg‹ hier eingerichtet und zeigt heute neben Kammerspielen auch Vielpersonenstücke.

## 103 Stadtpark

*Englischer Park mit Teich, Fluss und vielen Denkmälern, von Jugendstil gerahmt.*

1., Parkring
U-Bahn Stadtpark (U4), Stubentor (U3); Bus 74A; Tram 2

Als Basteien und Glacis der Ringstraße wichen, ging man auch daran, den Wienfluss zu regulieren und das Wiental für die Stadtbahn zu erschließen. Östlich des Parkrings entstand der 60 ha umfassende Stadtpark, der das Flüsschen einbezog (Josef Selleny, Rudolf Sieböck, 1862). Der **Kursalon** im Neurenaissancestil wurde zur heiß geliebten Konzertattraktion des Parks (Hans Gasser, 1865), und das **Wienflussportal** (1903–06) zur Uferpromenade zeigt sich mit Flussüberwölbung, Treppen, Pavillons und Gartenmauer als Anlage im beschwingten Jugendstil, ebenso die schlichtere **Trinkhalle** aus den Jahren 1930–37, beides von Friedrich Ohmann und Josef Hackhofer.

Wiens Lieblinge in Stein und Bronze bevölkern den Park: Ein ›goldiger‹ *Jo-*

*hann Strauß Sohn* (Edmund von Hellmer, 1921) steht geigend vor einem Himmelstor; als modernes Pendant der ernste Monumentalkopf *Lehárs* (Franz Coufal). Der Maler *Emil Jakob Schindler* (Hellmer, 1895) sitzt in Wandererkluft, *Bruckners* Büste (Viktor Tilgner, 1899) wird von der Muse lorbeerbekränzt, *Schubert* (Carl Kundmann, 1872) thront mit Notenheft, *Makart* (Tilgner, 1898) steht in Fürstenattitüde. Die Büste des Malers *Amerling* schuf Johann Benk 1902, die des Komponisten *Robert Stolz* der zeitgenössische Bildhauer Rudolf Friedel. Nackte Riesen (›Befreiung der Quelle‹) und das Männer verderbende ›Donauweibchen‹ figurieren an den beiden **Brunnen**.

## 104 Museum für angewandte Kunst/ Gegenwartskunst

*Erstes Kunstgewerbemuseum auf dem Kontinent. Progressives, ›unmusealstes Museum Wiens‹.*

1., Stubenring 5
Tel. 01/71 13 60
www.mak.at
Di 10–24, Mi–So 10–18 Uhr
U-Bahn Stubentor (U3), Landstraße (U3, U4); Bus 1A, 74A; Tram 2

Keineswegs nur als Ausstellungshaus des Vergangenen, sondern auch als Um-

*Spannende Reduktion – die Renaissance-Eingangshalle des Museums für angewandte Kunst bietet reichlich Raum für Modelle und Pläne*

schlagplatz für Innovationen wurde 1863 das damals sog. ›Österreichische Museum für Kunst und Industrie‹ gegründet, wollte doch die Kunstgewerbebewegung dem durch die Industrie ausgelösten Verfall des Handwerks entgegentreten und geschmacksbildend wirken. Ferstel schuf dafür 1868–71 eine Architektur, die im Äußeren der Repräsentativform eines Renaissance-Palastes, im Inneren dem Pragmatismus eines Galeriebaus gehorchte, 1909 kam der Erweiterungsbau zum Wienfluss hin dazu.

Seit 1993 präsentieren sich die Häuser in brillanter Totalerneuerung. Elf **Schausammlungen**, von internationalen Gegenwartskünstlern gestaltet, versammeln in wohltuender Untertreibung jeweils wenige Highlights einer Stilepoche. Mittelalter und Renaissance sind auf *kirchliche Gewänder* und *italienische Majolika* konzentriert, Barock und Rokoko auf *Glas, Spitzenwerk* und das fulminante Brünner *Palais-Dubsky-Zimmer*. Die *Biedermeierstücke* werden von elektronischen ›signs‹ Jenny Holzers kommentiert. Eine Schattenallee von *Thonet-Stühlen, Vasen* in schwebenden Vitrinen, *Friese* von Klimt und Margaret Mac-

donald dominieren in den Historismus- und Jugendstil-Räumen, Objekte von Josef Hoffmann und Koloman Moser bei den *Wiener Werkstätten*, indes das 20. Jh. natürlich einem verwirrenden Pluralismus das Wort spricht. Meditativ karg die Präsentation der berühmten *Orientteppiche*, opulenter die der Skulpturen und Porzellane der *Ostasien-Sammlung*. Dass die Inszenierungen der verschiedenen Künstler nicht unumstritten sind, gehört zum progressiven Programm des auch in den Themen seiner Wechselausstellungen, Symposien und Vorträge oder seinem **Gegenwartskunstdepot** (Gefechtsturm Arenbergpark, Dannebergplatz/ Barmherzigergasse, Tel. 01/71 13 62 31, Mai–Nov. So 11–18, Führungen So 15 Uhr) voll auf die Zukunft eingestellten ›MAK‹.

In herkömmlicher Weise, den ganzen Umfang zeigend, werden die Bestände dagegen in der **Studiensammlung** im Tiefgeschoss dargestellt. Das ausgeschnittene Fenster als ›Tor zum Ring‹ vor der Hauptfassade (James Wines), Pichlers ›Tor zum Garten‹ oder das Terrassenplateau überm Wienfluss (Peter Noever) sind pointiert gesetzte Akzente der architektonischen Neugestaltung.

# Die Innenbezirke – von Prinz Eugen bis Dr. Freud

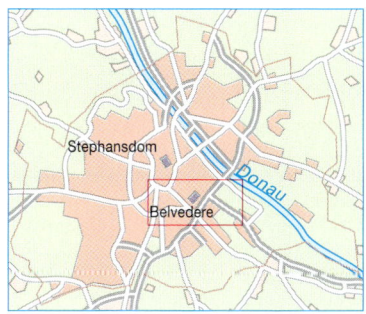

Zwischen dem Ring und dem zweiten ›Gürtel‹ – der auch so heißt, ursprünglich der äußere Verteidigungswall war, jetzt ein turbulenter Verkehrsweg ist – liegt der Kranz der *früheren Vorstädte* von der **Leopoldstadt** bis zum **Alsergrund**, im Osten von der Donau begrenzt (2.–9. Bezirk). Großstädtisch vielfältig, dennoch mancherorts von einem Hauch *Vorstadtmelancholie* berührt, wechselt hier die fein aufpolierte oder vergilbte Pracht von Adelspalais, Patriziervillen und Biedermeierhäusern mit Gemeindebauten der Zwischenkriegszeit, Industrieanlagen, Klinikkomplexen, Mietskasernen, Großkaufhäusern. Ein Drittel der Wiener wohnt in diesen Bezirken, eine bunte Mischung von Diplomaten, Kleingewerbetreibenden, Medizinstudenten, Beamten, Hofratswitwen, Arbeitern. Die Skala des Sehenswerten reicht von Prinz Eugens Sommerpalast bis zu Dr. Freuds Psycho-Praxis.

## 105 Leopoldstadt

*Abglanz der einst florierenden Judenstadt.*

U-Bahn Nestroyplatz, Praterstern, Vorgartenstraße (U1), Taborstraße, Praterstern, Messe Prater (U2)

1938 lebten rund 180 000 Juden in Wien. 1945 nur noch 2000. Etwa 100 000 waren emigriert, die anderen deportiert, 65 000 davon in Konzentrationslagern umgebracht worden. Heute gibt es etwa 7500 Juden in Wien, doch nicht mehr viele von ihnen wohnen in diesem Viertel, das einst eine blühende Judenstadt war, benannt nach dem Landespatron Markgrafen Leopold III. Kaiser Ferdinand II. hatte die Juden aus der Innenstadt 1624 hierher verwiesen, Leopold I. sie auf Drängen seiner bigotten Gemahlin 1670 wieder vertrieben. Erneute Zuwanderungen beförderte das Toleranzedikt Josephs II. von 1782; ein Strom von Menschen aus dem Osten kam nach der Gleichstellung unter Franz Joseph I. 1867. Gewiss, die Assimilierten, Arrivierten lebten im ersten Bezirk und anderswo, wiewohl sich auch Wohlhabende aus Solidarität hier niederließen, etwa die Familien Schnitzler, Freud, Polgar.

Hitlers Holocaust vernichtete das bunte Leben auf der ›Mazzesinsel‹. Lange blieb die Leopoldstadt verödet. Heute ist sie ein Wohnviertel wie viele andere, nur schütter durchsetzt mit jüdischen Bethäusern, Schulen, kosheren Restaurants, kaftangewandeten Gestalten.

Hauptmeile der Leopoldstadt ist die **Taborstraße**, Wiens Handelsweg nach Mähren und Böhmen schon seit dem Bau der ersten Donaubrücke, 1439, heute der Schwedenbrücke. Das gründerzeitlich pompöse Gebäude an ihrem Beginn war die **Landwirtschaftliche Produktenbörse** (Nr. 10), in deren säulenumstandenem Getreidesaal das *Theater Odeon* faszinierendes nonverbales Theater macht.

Nahbei, in die Straßenfront eingebunden, folgen die Turmfassade der **Kirche der Barmherzigen Brüder** (Nr. 16) und die lange Front des ehemaligen **Klosters**, dessen früherer Eingang durch Barockgiebel und Nischen akzentuiert ist. Die *Apotheke* mit Empire-Einrichtung ist sehenswert. Die 1614 gestiftete Kirche wurde 1692 in ihre heutige Form gebracht, der Turm erst 1748 umgebaut. Sie kann sich eines *Hochaltars* zweier großer Barockmeister rühmen: Daniel Gran schuf das *Altarbild* der ›Taufe Jesu‹, Lorenzo Mattielli die *Assistenzfiguren* der hll. Joachim, Zacharias, Elisabeth, Anna (1736).

Die **Leopoldkirche** weiter nördlich (Große Pfarrgasse 15) entstand 1670/71 nach der Judenvertreibung anstelle einer damals zerstörten Synagoge und wurde einige Jahre später bei der Türkenbelagerung selbst zerstört. 1724 erbaute sie Anton Ospel in Form eines Kreuzes mit zwei Seitenkapellen, quadratischem Chor und Ovalkuppel neu. Martino Altomontes *Hochaltarbild* des hl. Leopold als Beschützer Wiens ist eine Nachbildung, wie einiges andere auch, denn die Kirche wurde im Krieg ausgebombt. Ihre breite *Turmfassade* mit dem schönen Barockhelm gilt als Wahrzeichen der Leopoldstadt.

## 106 Museum für Unterhaltungskunst

*Von Augustin und Hanswurst, Akrobaten und Artisten.*

2., Karmelitergasse 9
Tel. 06 76/460 47 94
www.bezirksmuseum.at/muk
So 10–12, jeden 1. und 3. Do im Monat
19–21 Uhr
U-Bahn Taborstraße (U2); Tram 2

So einfach ist das mit der Lustigkeit nicht: Nicht der Hanswurst ist der Vater des Clowns – er ist eher sein Bruder –, sondern der akrobatische Bajazzo. Und eine Wissenschaft für sich ist, wie die genialen Söhne ihre spezielle Zirkuskomik ausprägten: Charles Godlewski, der Springer über den Elefanten, der in Wien zu Hofoperehren kam, Tom Belling jun. oder Grock oder Charlie Rivel. Solche Wissenschaft als Anschauungsspaß vermittelt dieses **Museum**, dessen Grundstock der Schriftsteller und Sammler Heino Seitler legte. Heute präsentiert es ein buntes Sammelsurium an Volkstümlichem und Gauklerglanz für Nostalgiker.

## 107 Augarten

*Ältester Park Wiens mit zwei historischen ›Exportschlagern‹ im Barockambiente und einem modernen Ausstellungsgebäude.*

2., Obere Augartenstraße 2
Bus 5A; Tram 2, 31

Der einen halben Quadratkilometer umfassende **Augarten** ist eine alte Anlage. Schon Kaiser Matthias hatte im unregulierten Auengebiet der Donau 1614 ein Jagdschloss gebaut. 1650 ließ Ferdinand III. den Garten rundum anlegen. Nach der Zerstörung des Jagdschlosses durch die Türken errichtete man unter Leopold I. das barocke **Augartenpalais** und das Saalgebäude (Ende 17./Anfang 18. Jh.), später wurde der Park im französischen Stil erneuert. Joseph II. liebte die Anlage, ließ sie 1775 für das Publikum öffnen und 1781 von seinem Hofarchitekten Isidor Canevale noch das **Kaiser-Joseph-Stöckl** hinter das Palais bauen. Nachdem er die Morgenkonzerte hier einrichtete, die auch Mozart dirigierte, wurde der Augarten Ort der Musik: Beethoven (Uraufführung der ›Kreutzer-Sonate‹) oder Strauß Vater gaben viel besuchte Konzerte. Die Künstlerabende der Makartzeit im Augartenpalais adelten auch Wagner und Liszt durch ihre Anwesenheit.

Heute birgt der Augarten gleich zwei Attraktionen: Sängerknaben und Porzellan. Die **Sängerknaben** [s. S. 174] allerdings verbirgt er eher, nämlich in der Internatsschule des Augartenpalais rechts vom Haupteingang. Der Knabenchor wurde 1498 von Maximilian I. gegründet. Damals sangen 20 Buben in der Hofmusikkapelle des Kaisers, heute sind es 96 in vier Chören, reisegewohnte TV-Stars bis zum Stimmbruch. Berühmteste ›Spatzn‹ waren Haydn und Schubert.

Der zweite, nicht minder zarte ›Exportschlager‹ wird vorgezeigt: Die **Wiener Porzellanmanufaktur** (Tel.01/21 12 42 00, www.augarten.at, Mo–Fr 9.30–17 Uhr, Führungen Mo–Fr 10 Uhr) im niedrigen barocken *Saalgebäude* hinterm Triumphbogen des Haupteingangs präsentiert hier auch ihre Erzeugnisse mit dem bekannten blauen Bindenschild in Ausstellungs- und Verkaufsräumen. Sie war, nach Meißen, die zweite Manufaktur Europas, acht Jahre nach jener, 1718 von Claudius du Paquier gegründet, 1744 vom Staat übernommen und aus der Rossau hierher verlegt. Zur Zeit des Wiener Kongresses, 1814–15, nahm sie einen beträchtlichen Aufschwung, gleichfalls nach ihrer Neugründung 1923. Werke aus ihren künstlerischen Glanzzeiten wie Services, Figuren, Tierplastiken des Rokoko, des Klassizismus, des Biedermeier, bis hin zu Art déco und Gegenwartsmoderne sind im Museum für angewandte Kunst [Nr. 104] zu sehen.

Moderne Kunst findet man am östlichen Rand des Augartens in den lichtdurchfluteten Räumen von **Augarten Contemporary** (Scherzergasse 1a, Tel. 01/216 86 16 21, www. belvedere.at, Do–So 11–19 Uhr), einer Dependance der Österrei-

Gar herrlich lässt es sich in den Anlagen und Alleen des Augartens lustwandeln

chischen Galerie Belvedere. Das 1956 entstandene Gebäude war einst Atelier des Bildhauers *Gustinus Ambrosi* (1893–1975), dessen Werke hier neben Wechselausstellungen zeitgenössischer Kunst zu sehen sind. Ein *Skulpturengarten* ringsum gewährt punktuelle Einblicke in plastische Gestaltungsformen des 20. und 21. Jh.

## 108 Johann-Nepomuk-Kirche

*Erste historistische Kirche Wiens.*

2., Praterstraße/Nepomukgasse
U-Bahn Nestroyplatz (U1); Bus 5A

Der hohe **Spitzturm** der Kirche ist der Blickpunkt der Praterstraße, die als zweite Hauptverkehrsader früher ein quirliges Zentrum der Leopoldstadt war, Schauplatz der Premieren und Auftritte von Raimund und Nestroy im Leopoldstädter Theater und Carl-Theater.

Die **Kirche** ist als erster Sakralbau des romantischen Historismus interessant, der dann in der Altlerchenfelder Kirche seinen Höhepunkt fand. Carl Rösner voll-

endete sie 1846 in romanisch-byzantinischen Formen, Führich malte die *Kreuzwegfresken*, Kupelwieser das Fresko der ›*Nepomukglorie*‹ hinter dem Hochaltar, beides Monumentalmalereien der Nazarener-Romantik.

## 109 Strauß-Gedenkstätte

 *Gutbürgerliches Wohnidyll von Johann Strauß Sohn.*

4., Praterstr. 54
Tel. 01/214 01 21
www.wienmuseum.at
Di–Do 14–18, Fr–So, Fei 10–13 Uhr
U-Bahn Nestroyplatz (U1); Bus 5A

Das Haus, in dem der Donau-Walzer 1867 entstand und der Walzerkönig Johann Strauß Sohn (1825–1899) sieben Jahre lang (1863–70) mit seiner ersten Frau Jetty wohnte, liegt nicht zufällig in der Leopoldstadt, in der sein Vater ebenso wie seine jüdischen Vorfahren geboren wurden (was man freilich in der Nazi-Zeit sorgsam verschwieg). Die **Erinnerungsgegenstände** von Manuskript bis Noten-

*Bürgerliche Wohlhabenheit strahlt die in weiten Teilen originalgetreue Einrichtung der Josef-Strauß-Gedenkwohnung aus, in der der erfolgreiche ›Walzerkönig‹ sieben Jahre lebte*

kasten illustrieren Biografie und Werk des Weltberühmten: den Vater, seinen größten, zuweilen auch erbitterten Konkurrenten, dessen Ehrentitel ›Hofball-Musikdirektor‹ auf ihn überging, wiewohl er sich 1848 mit dem ›Revolutionsmarsch‹ bei Hof in die Nesseln gesetzt hatte (Strauß Vater komponierte damals brav den ›Radetzky-Marsch‹); den begabten Bruder Josef, mit dem er in anregendem Wettstreit den Biedermeier-Walzer zum symphonischen Konzertwalzer machte; die Tanzsäle in Wien, St. Petersburg, Paris, wo er bejubelt wurde; Manuskripte und Erstausgaben seiner Dreivierteltakt-Hits, Dokumente seiner Operetten-Erfolge (nicht der Opern-Misserfolge); die drei Ehefrauen Henriette (Jetty), Angelika (Lili) und Adele; seine vornehmen Villen, vor allem das ›Strauß-Palais‹ in der Igelgasse; die *Porträts, Büsten, Fotografien*, die die Bedeutendsten ihres Metiers von Kriehuber bis Lenbach schufen, von ihm, dem feschen, dem gewinnenden, dem populärsten aller Seligkeiten-Erzeuger.

Den *Praterstern* am Abschluss der Praterstraße dominiert das aufwendige **Tegetthoff-Denkmal**, 1886 zur Erinnerung an den Sieg des Admirals Wilhelm von Tegetthoff in der Seeschlacht bei Lissa gegen Italien (1866) im Preußisch-Österreichischen Krieg errichtet.

## 110 Prater

*Pläsir für jedermann: Auslauf per pedes und per Rad, Ringelspiel und Elektronik-Sause, Pappbecher und Lusthaus-Schmaus, Museal-Nostalgie und Sternguckerei.*

2., Hauptzugang am Beginn der Ausstellungsstraße
www.prater.at
Hauptsaison Mitte März–Okt.
tgl. 10–1 Uhr, sonst eingeschränkte Öffnungszeiten des Praterareals
U-Bahn Praterstern (U1, U2); Bus 80A; Tram 1, 5, O

Die bittersüßesten und bitterbösesten Geschichten der Wiener Literatur um die Jahrhundertwende spielen im Prater. Wo sonst auch lägen Menschengewühl und Menschenleere so Geschichten stiftend nah beisammen?

Gewühl freilich gab es erst, nachdem Joseph II. den Prater 1766 der Allgemeinheit freigegeben hatte. Vorher war das etwa 10 km weit reichende Auengebiet

*Superkonstruktion, Spielzeug und Symbol:* ▷
*das geliebte Riesenrad im Prater. Gegenüber den urspünglich 30 Waggons fahren heute nur noch 15 in den Himmel über Wien – den Gästen ist eins wie's andere*

zwischen Donau und Donaukanal kaiserliches Jagdareal gewesen, ›Prado‹ (span. Wiese) genannt. Ferdinand I. hatte 1538 eine schnurgerade Kastanienallee durchlegen, Maximilian II. das Terrain 1560 einzäunen lassen und sein Jagdpersonal in der ›Jägerzeile‹, der heutigen Praterstraße, angesiedelt. Auf der **Hauptallee** fanden seit der Barockzeit Wagenkorsi des Adels statt, der am 1. Mai mit Vorliebe den Wettrennen der livrierten Boten, noch lieber sich selbst beim Mode-Ausführen zusah. Absichtlich am gleichen Tag liefen ab 1890 die Arbeiter zu ihren Maifeiern hier zusammen. Heute ist die 4,5 km lange Hauptallee für den Autoverkehr gesperrt, und die Wiesen und Wälder des ›Grünen Praters‹, einst ideale Verstecke für Liebespaare und Duellanten, sind durch Verbauung zwar geschmälert, aber immer noch prächtiger ›Auslauf‹.

## Vom Beginn der Hauptallee ...

Als ›das Volk‹ vom Prater Besitz ergreifen durfte, ließen sich am Beginn der Hauptallee im Westen, gleich beim Praterstern, Weinwirte, Kaffeesieder, Lebzelter, Limonihändler nieder; Feuerfresser, Bänderspeier, Tierbändigerinnen, Bauchredner produzierten sich; Schausteller boten Wurstel (Kasperl) und Watschenmänner dar; Herr Basileo Calafatti installierte sein erstes ›Ringelspiel‹, ein Karussell, bei dem man während der Fahrt herunterbaumelnde Ringe mit Stangen treffen musste; Volkssänger und Harfenisten traten auf, aber auch Lanner, Strauß und Ziehrer gaben Konzerte. 1895 feierte der Vergnügungspark ›Venedig in Wien‹ mit Miniaturkanälen und Palastkulissen hier Triumphe, 1909 die erste Hochschaubahn.

Poesie der Pratervergangenheit: Das **Pratermuseum** (Tel. 01/726 76 83, www.wienmuseum.at, Di–Do 10–13, Fr–So, Fei 14–18 Uhr) am Oswald-Thomas-Platz 1 am Beginn der Hauptallee lässt sie Revue passieren – eine Vorbereitung auf die Wirklichkeit, und für manche vielleicht sogar schöner als diese.

Ganz und gar der Wirklichkeit entfliehen kann man bei dieser Gelegenheit im angeschlossenen **Planetarium** (Tel. 01/72 95 49 40, www.planetarium-wien.at, Di, Do 8.30–12, 13–14.30, Mi 8.30–12, 18–20, Fr 15–20, Sa/So/Fei 14–19 Uhr) einem der ersten in Europa, 1927 von der Firma Zeiss gestiftet und nach Kriegszerstörung von der Innenstadt hierher verlegt. Es besitzt einen der modernsten Sternenprojektoren der Welt.

## Volksprater

Der heutige Volksprater (Wurstelprater) ist so hochtechnisiert »mit elektronisch gesteuerten Lustgeräten der vorletzten Chip-Generation« (Elfriede Jelinek) wie alle großen Rummelplätze der Welt. Nostalgische *Ringelspiele* und *Kasperltheater* sind rar geworden, wenn es auch immer wieder Versuche gibt, Altwienerisches neu aufleben zu lassen.

Aber das **Riesenrad** (Tel. 01/729 54 30, www.wienerriesenrad.com, Mai–Sept. tgl. 9–23.45, März/April und Okt. tgl. 10–21.45, Nov.–Febr. tgl. 10–19.45 Uhr) reißt's raus. Das mächtige und doch so filigran wirkende Ding stammt von 1897, hat einen Durchmesser von 61 m, ein Gesamtgewicht von 430 t, dreht sich 75 cm in der Sekunde und kommt bis auf knapp 65 m Höhe. Nicht für den Volksprater, sondern für den Kaisergarten wurde es zum 50-jährigen Regierungsjubiläum Franz Josephs 1898 von dem englischen Marineleutnant Walter Basset konstruiert, der ähnliche Räder auch für London oder Paris schuf. Indes jene bald in Schutt versanken, erhob sich dieses zum geliebtesten Wahrzeichen Wiens gleich nach dem Steffl. Als 1945 alle Wagen ausbrannten, wurde es nach der Restaurierung aus Sicherheitsgründen nur noch schütter mit roten Waggons behängt – und bald danach durch den Film ›Der dritte Mann‹ zu einer Art Mythos. Neben dem Riesenrad startet die teils dampf-, teils dieselgetriebene, 4 km lang dahinratternde **Liliputbahn** (Tel. 01/726 82 36, www.liliputbahn.com, März–Aug. tgl. 10–19 Uhr).

## Messegelände und Sportstätten

Dem Wurstelprater schließt sich das **Messegelände** an, dessen moderne Hallen den viel besuchten Frühjahrs- und Herbstmessen dienen. Hier fand die Weltausstellung 1873 statt, für die Ringstraßenarchitekt Hasenauer eine imposante Glas- und Eisenrotunde entwarf, konstruiert von dem englischen Schiffsbauer John Scott-Russel, die lange Zeit Messehalle war und 1937 abbrannte.

Einige Grünflächen des Praters sind für **Sportanlagen** genutzt worden. Hinter dem Messegelände liegen die *Trabrennbahn* (1913), das 50 000 Zuschauer fassende *Ernst-Happel-Stadion* (1931), das *Radstadion* (1952), das *Stadionbad* (1931, 1959). In der Freudenau hinter dem Ende der Hauptallee entstand 1860 die *Galopprennbahn* mit einer 2800 m langen Grasbahn um einen *Golfplatz*.

*Hundertwassers Fata Morgana entpuppt sich als praktische Wohnsiedlung – wenngleich mit stets reichlich Besucherandrang*

### ... bis zum Ende der Hauptallee

Das schöne Prater-Restaurant **Lusthaus** (Tel. 01/728 95 65, www.lusthaus-wien.at, Mi geschl.) beendet die Hauptallee charmant: Kaiser Josephs Lusthaus für jedermann. Es ist ein zweistöckiger **Pavillon** auf Podest, mit acht Ecken und acht Säulen, rundumlaufendem Balkon und Zeltdach. Des Kaisers treuer Architekt Canevale baute ihn 1783 anstelle eines heruntergekommenen Jagdschlösschens, und wenn er zur Erinnerung daran auch den *Grünen Salon* mit Diana-Darstellungen und Jagdhorn-Dekor schmücken ließ (erhalten), hatte Kaiser Joseph II. doch mit dem Waidwerk so wenig im Sinn, dass er sein Lusthaus sogleich als Gaststätte freigab. Mag man in der Schnitzler-Zeit hier vielleicht wirklich parlierende *Morbidezza* zur Schau getragen haben – in der Fernseh-Zeit wird sie jedenfalls eifrig nachgestellt.

### **111** Hundertwasserhaus

*Gemeindearchitektur mit Fantasie, kreatives Bauen und Komfort.*

3., Ecke Löwengasse / Kegelgasse
www.hundertwasserhaus.at
Tram 1 (Hetzgasse)

In einem Quartier der verdienstvollen, aber gesichtslosen Gemeindebauten, gelegentlich untermischt mit Gründerzeit-Ostentation, wirkt diese knallbunte Burg wie eine schiere Fata Morgana. »Ein Haus im Harlekinskleid« (Manfred Sack), das gegen das Lineal protestiert: Mauern in Rutschbahn- und Wellenschwüngen, durchbrochen von seligem Fensterdurcheinander, bebändert oder gesprenkelt mit Keramikmosaiken, durchsetzt mit Loggien, Erkern, venezianischen Balkönchen, geziert mit Zwiebeltürmen, Dickmadame-Säulen, Gipslöwen und Bäumen auf allen Terrassen. Die 50 Wohnungen sind individuell, aber nicht exzentrisch, die Mieter glücklich (wie sie sagen), die Mieten (mittlerweile) teuer. Die pittoreske Öko-Architektur ist ein Gemeindebau, 1983–85 für umgerechnet 5,7

Mio € unter der engagierten Bauleitung des Malers Friedensreich Hundertwasser (1928–2000) errichtet und als Pilotobjekt eines »menschenwürdigen Wohnens der Zukunft« aufgefasst. Heute wirkt das experimentelle Glanzlicht des traditionsreichen Wiener Kommunalbaus auf Reisebusse wie ein bengalisches Feuer.

Gegenüber im **Hundertwasser Village** (Kegelgasse 37–39, Tel. 1/710 41 16, www.hundertwasser-village.com, tgl. 9–19 Uhr) wird das farbenfröhliche Unregelwerk aus Ziegeln, Holz, Glas, Keramik und welligen Fußböden auch als Innenarchitektur erlebbar. Zusammen mit dem Eigner des Anwesens, Klaus Kalke, schuf Hundertwasser ein eindrucksvolles Ensemble mit Cafés, Galerien und Souvenirshops.

Ebenfalls Hundertwasserarchitektur ist übrigens das **KunstHaus Wien** (3., Untere Weißgerberstr. 13, Tel. 01/712 04 91, www.kunsthauswien.at, tgl. 10–19 Uhr, Führungen So 10 Uhr), mit ihm gewidmeter Ausstellung.

## **112** Palais Rasumofsky

*Einer der prachtvollsten klassizistischen Bauten Wiens mit großer Musik- und Kunstvergangenheit.*

3., Rasumofskygasse 23–25
U-Bahn Rochusgasse (U3); Bus 4A

Beethoven widmete seine ›Pastorale‹ und mehrere Streichquartette dem russischen Gesandten in Wien, Andreas Graf Rasumovsky (1752–1836), seinem Mäzen, der seit 1807 in diesem Palais lebte, sich mit Künstlern, Kunstwerken, einem privaten Kammerorchester umgab. Bei einem der glanzvollen Wiener-Kongress-Feste brannte die ganze Pracht ab, doch der Bau wurde wieder hergestellt. Erhalten blieb auch der musische *Genius loci* unter dem Nachbesitzer Johann Fürst Liechtenstein, der wiederum die Biedermeiermaler um sich versammelte.

Das Palais, Meisterwerk des belgischen Architekten Louis von Montoyer, 1806–07 erbaut, vereint strengen französischen Klassizismus mit dekorativen Schmuckformen des Empire: hochrepräsentativ die **Fassade** mit ihrem mächtigen Säulenvorbau, der kreisrunde, kassettierte **Kuppelsaal**, der **Große Saal** mit seinen korinthischen Säulen.

Ein Hauptwerk der Moderne von einem Außenseiter steht in der Parkgasse 18: der kompromisslos karge Kubus des **Wittgenstein-Hauses** (Tel. 01/713 31 64, www.haus-wittgenstein.at, Mo–Do 10–12, 15–16.30 Uhr), das der Philosoph Ludwig Wittgenstein nahezu im Alleingang für seine Schwester Margarethe Stonborough-Wittgenstein baute (heute Kulturabteilung der Bulgarischen Botschaft).

## **113** Rochuskirche

*Barocke Dominante der Geschäftsstraße, die einst Fernhandelsweg nach Ungarn war.*

3., Landstraßer Hauptstraße, bei Nr. 56
Tel. 01/712 10 15 33
www.oratorium.at
U-Bahn Rochusgasse (U3);
Bus 4A, 74A

Im Zuge der gegenreformatorischen ›Klosteroffensive‹ in der ersten Hälfte des 17. Jh. erbauten die Beschuhten Augustiner in der Vorstadt Landstraße anstelle eines zerstörten Gotteshauses 1642 ihre neue Klosterkirche St. Rochus und Sebastian als einfachen Saalraum mit flachen Seitenkapellen und schmalerem Langchor. Die Bauleidenschaft nach der zweiten Türkenbelagerung gab auch ihr Opulenz: Stadtbaumeister Anton Ospel blendete ihr eine hochbarock-frühklassizistische **Doppelturmfassade** mit Pilastern sowie kombiniertem Segment- und Dreiecksgiebel vor, reich mit *Heiligenfiguren* von Anton Eberl bevölkert: Oben Augustinus und Augustinereremiten, in der Mitte Ulrich und Rosalie, unten die Patrone Sebastian und Rochus. Vorwiegend hochbarocke **Ausstattung** mit qualitätvoller *Kanzel* (1695) und *Hochaltarblatt* ›Vertreibung der Pest‹ (1690) von Paul Strudel. In der Rochuskirche heirateten im Jahr 1837 der Autor Adalbert Stifter und die Modistin Amalie Mohaupt.

## **114** Sünnhof

*Preisgekröntes Durchhaus-Schmuckstück.*

3., Ungargasse 3 (zwischen Landstraßer Hauptstr. 28 und Ungargasse 13)
U-Bahn Landstraße (U3); Bus 74A

An einem handtuchschmalen Hof zwei lang gestreckte Biedermeier-Zeilen reinsten Wassers, beidseitig Schänken, Boutiquen, ein Hotel, ein Kaffeehaus, alles leise berieselt mit Walzermusik – dies köstliche Durchhaus liegt zwischen den Stirnhäusern der oben genannten Straßen. Es besteht aus einer Aneinanderreihung von 59 dreigeschossigen Achsen zum Hof – so etwas nannte man früher verächtlich ›Zinskaserne‹, heute löst die einheitliche Biedermeier-Noblesse Entzücken aus. Das Ensemble entstand 1837 aus einem Baukern des 18. Jh. 1845 wurde die Passage ausgebaut; Peter Gerl und Joseph Dallberg waren die Architekten, Rudolf Sünn der Auftraggeber. 1983 vorbildlich restauriert, erhielt der Sünnhof ein Jahr später den ›Europa-Nostra-Preis‹. Die gediegene Idylle birgt das Vier-Sterne-Hotel ›Biedermeier‹ [s. S. 180].

In der Landstraßer Hauptstraße wohnten Berühmtheiten wie *Beethoven* (Nr. 26), *Balzac* und *Stifter* (Nr. 31), *Marie von Ebner-Eschenbach* (Nr. 74), *Kolo Moser* (Nr. 138); in der Ungargasse *Johannes Brahms* (Nr. 2), *Beethoven* (Nr. 5) und *Ingeborg Bachmann* (Nr. 26), die sie in ›Malina‹ verewigt hat.

## 115 Elisabethinenkirche mit Spital

*Elegante Spätbarockkirche mit auffallender Fassade; sehenswerte Klosterapotheke.*

3., Landstraßer Hauptstraße 4a
U-Bahn Landstraße (U3); Bus 74A

Am Beginn der Straße fesselt eine barocke **Schaufront** mit reicher Gliederung und schwungvollen schmiedeeisernen Fensterkörben. Was wie eine Palaisfassade anmuten mag, ist die Längsfront der Elisabethinenkirche, die mit dem Klostergebäude (Spital) verschmolzen ist. Der Eingang des Gotteshauses mit Kirchturm markiert die Verbindungsstelle.

Die krankenpflegenden Elisabethinen sind seit 1710 hier, 1782 erhielten sie als *Reliquien* Haupt und Gebeine der hl. Elisabeth, die noch heute in der Schwesternkapelle des Klosters aufbewahrt werden. Ihre **Kirche** (Mo–Sa 9.30–10-30 Uhr sowie Besichtigung nach Vereinbarung, Tel. 01/71 12 60) baute 1711 Matthias Gerl und erneuerte 1749 Franz Anton Pilgram. Er entwarf auch den feinen barocken *Hochaltaraufbau*, für den Q. J. Cimbal das meisterliche *Bild* ›Aufnahme der hl. Elisabeth in den Himmel‹ und Ignaz J. Bendl die *Statuen* von Franziskus, Joseph, Anna und Antonius schuf.

*Erinnerung an die Rote Armee – Befreiungsdenkmal am Schwarzenbergplatz*

Ausgesprochen sehenswert ist auch die barocke **Klosterapotheke**, die nach wie vor in Betrieb ist.

## 116 Schwarzenbergplatz

*Großzügige Platzanlage, ursprünglich zur Rahmung des Reiterdenkmals, dann weit darüber hinausgewachsen.*

U-Bahn Karlsplatz (U1, U2, U4);
Bus 4A; Tram 2, D, 71

Als hätten sie sich nach Metternichs berühmtem Diktum gerichtet: »Am Rennweg fängt der Orient an«, setzten die Sowjets 1945 ihr Raum greifendes **Befreiungsdenkmal** just an den Beginn des Rennwegs: auf den Schwarzenbergplatz. Inzwischen hat man sich längst an den 20 m himmelwärts erhobenen Rotgardisten gewöhnt, auch wenn er den Blick zum Schwarzenberg-Palais stört und außerdem über das weiter vorne platzierte **Reiterstandbild** des Feldmarschalls

Karl Philipp Fürst Schwarzenberg triumphiert, der in der Völkerschlacht bei Leipzig 1813 (auch mit russischen Truppen) den militärischen Hauptschlag gegen Napoleon führte.

Überdies charmieren zwischen den beiden Geschichtssymbolen die Fontänen des **Hochstrahlbrunnens**, die ihrerseits astronomische Symbole für Monate, Monatstage, Tagesstunden und Jahrestage sind. Antonio Gabrielli schuf den Brunnen anlässlich der Eröffnung der ersten Wiener Hochquellwasserleitung im Jahr 1837.

## 117 Palais Schwarzenberg

*Gartenpalais der Meistergarde des Hochbarock.*

3., Schwarzenbergplatz 9
und Rennweg 2
www.palais-schwarzenberg.com
wg. Renovierung bis 2010 geschl.
U-Bahn Karlsplatz (U1, U2, U4);
Bus 4A; Tram 2, D, 71

Der den Schwarzenbergplatz im Süden in erhöhter Lage abschließende Bau gehörte zum Kranz der Gartenpalais am Glacis. Lukas von Hildebrandt begann dieses Frühwerk 1697 im Auftrag des Ministers Leopolds I., Fürst Mansfeld-Fondi, und vollendete den Rohbau 1704. Fürst Adam Franz Schwarzenberg übernahm ihn 1716 und beauftragte Johann Bernhard Fischer von Erlach mit der Fertigstellung, die sein Sohn Joseph Emanuel nach dessen Tod im Jahr 1723 fortsetzte.

Die von Nebengebäuden flankierte, zur Stadt orientierte **Hoffront** des lang gestreckten Palais mit dem zentralen *Arkadenvorbau* und der darüberliegenden Krone der *Saalkuppel*, dazu das belebende Vor- und Zurücktreten der Fassadenteile bietet sich als geistvoller Wurf Hildebrandts dar, bei dem der plastischer empfindende Fischer nur den Mittelteil stärker akzentuierte. Bei der **Gartenfront** unternahm er einschneidende Eingriffe, indem er den Mittelteil halbrund vorwölbte und durch Rundbogenfenster noch betonte. Orangerie und Reitschule beiderseits der Gartenfront baute Andrea Altomonte 1751 dazu.

Das Innere wurde nach schweren Kriegsschäden wieder hergestellt. So sind von Daniel Grans *Fresken* im **Kuppelsaal** nur wenige Teile in den Lünetten erhalten, indes jene im **Marmorsaal** mit seiner

*Elegant präsentiert sich das Schwarzenbergpalais zum Hof hin mit Arkadenmittelrisalit und darüber aufragender Saalkuppel*

*Einladung zur Walzerseligkeit – der barocke Marmorsaal des Schwarzenbergpalais scheint wie gemacht für rauschende Feste*

prächtigen Barockgalerie unversehrt blieben (1725). Der schöne **Terrassenpark**, später verändert, geht auf Jean Trehet zurück. Da das Palais weiterhin im Besitz der Fürstenfamilie ist und heute teilweise zum **Hotel Palais Schwarzenberg** gehört, können Inneres wie Park nur sehr bedingt besichtigt werden. Sowohl Bar als auch Terrassenrestaurant sind aber allgemein zugänglich.

## **118** Französische Botschaft

*Jugendstil-Charme aus Paris.*

4., Schwarzenbergplatz 12/
Technikerstraße 2
www.ambafrance-at.org
U-Bahn Karlsplatz (U1, U2, U4);
Bus 4A; Tram D, 71

Auch dieses **Palais** am Schwarzenbergplatz fällt aus dem Rahmen der Ringstraße, obendrein auch aus dem des österreichischen Jugendstils. Die Eleganz seiner Rundbogen an Fenstern und Balkon sowie der hohen Giebelschwünge unterm Mansarddach, geschmückt mit vergoldeten *Reliefs*, die ›Austria‹ und ›France‹ in pflanzenhaften Frauengestalten verkörpern – das ist Jugendstil von

unverkennbar Pariser Art. Baumeister war der Chefarchitekt des französischen Außenministeriums, Georges-Paul Chédanne, 1906–09. Das superbe *Stiegenhaus* ist nicht regulär zu besichtigen, falls man in der Botschaft etwas zu erledigen hat, lohnt sich jedoch ein Blick.

## **119** Palais Hoyos

*Frühes Otto-Wagner-Werk.*

3., Rennweg 3
U-Bahn Karlsplatz (U1, U2, U4);
Bus 4A; Tram D, 71

Metternichs »Orient« fing viel weiter hinten an, der beginnende Rennweg, an dem er selbst wohnte (Nr. 27), gehörte den Noblen und heute den Botschaften. Das spätere Palais Hoyos baute Otto Wagner 1890/91 als Wohnhaus für sich selbst, als er noch dem Historismus anhing. Die **Fassade** wirkt originell durch ungewöhnliche Fenstergliederung, zwei tiefe Loggien, das vorkragende Dachgesims und zauberhaft durch den zarten und reichen Reliefschmuck.

Auch **Nr. 1** (völlig verändert) und **Nr. 5**, wo Gustav Mahler 1898–1909 wohnte, stammen von Wagner.

## 120 Gardekirche Zum Hl. Kreuz

*Pacassis sakrales Hauptwerk mit spätem Rokoko-Interieur.*

3., Rennweg 5a
Tel. 01/712 31 58
U-Bahn Karlsplatz (U1, U2, U4);
Bus 4A; Tram D, 71

Mit sakralem Rokoko ist Wien nicht gerade reichlich gesegnet. Auch dieser 1763 vollendete Bau Pacassis, des Lieblingsarchitekten Maria Theresias, wurde schon sechs Jahre später, dem Zeitgeist gemäß, von Peter Mollner außen klassizistisch verändert.

Das reizvolle **Innere** blieb unversehrt: ein damals schon ›unmodern‹ gewordener Zentralraum mit flacher Rippenkuppel, Laterne und Ochsenaugenfenstern, dessen elegante Stuckdekoration durch jene breit gezogenen und astartig geschlungenen Rocaillen auffällt, wie sie auch für Schönbrunn kennzeichnend sind. Innerhalb der **Ausstattung** des 18. Jh. ist Peter Strudels Hochaltargemälde ›Christus am Kreuz‹ (1712) und eine Ribera zugeschriebene ›Trauernde Maria‹ am rechten Seitenaltar (2. Viertel 17. Jh.) von Bedeutung.

Als Gotteshaus des Kaiserspitals gestiftet, kam die Kirche nach Aufhebung des Spitals 1782 an die polnische Leibgarde und ist seit dem Jahr 1897 Polnische Nationalkirche, betreut vom Resurrektionsorden.

## 121 Salesianerinnenkirche Mariae Himmelfahrt

*Durch Kuppel Akzent des Stadtbildes.*

3., Rennweg 10
tel. 01/798 71 26
Mo–Sa 7–7.45, So 9–13.30 und 17–17.30 Uhr
U-Bahn Karlsplatz (U1, U2, U4);
Bus 4A; Tram D, 71

Als Witwensitz für sich selbst und Erziehungsinstitut für Adlige stiftete Kaiserin Amalia Wilhelmine, Gemahlin Josephs I., den aus Mecheln berufenen Salesianerinnen 1716 Kloster und Kirche. Baumeister des großen, um zwei Ehrenhöfe gruppierten Komplexes war Felice d'Allio; an der **Fassade** wirkte 1717–30 Josef Emanuel Fischer von Erlach mit. Der eindrucksvoll aufragenden Kirchenfront mit figurenbesetztem Dreiecksgiebel vor der ausladenden Kuppel entspricht innen ein längsovaler **Zentralraum** von harmonischer Wirkung und einheitlicher Ausstattung aus der Erbauungszeit. Das *Kuppelfresko* von Giovanni Antonio Pellegrini ist dem Thema Mariae Himmelfahrt, das *Hochaltargemälde* Antonio Beduzzis der Heimsuchung Mariens gewidmet. Unter dem Hochaltaraufbau von Antonio Bellucci liegt das *Grab* der Gründerin.

## 122 Belvedere

*Barockschlossanlage, unvergleichlich in Situation, Architektur, Kunstreichtum. Glanzleistung Lukas von Hildebrandts.*

3., Rennweg 6 (unterer Eingang), Prinz-Eugen-Straße 27 (oberer Eingang)
Tel. 01/79 55 70 (Bandansage),
Tel. 01/79 55 71 34 (Besucherservice)
www.belvedere.at
U-Bahn Karlsplatz (U1, U2, U4);
Bus 4A; Tram D, 71

Ein Franzose, der Österreich zur Großmacht führte, ein Staatsmann ohne Machtgelüste, ein Schlachtenlenker mit

*Beeindruckend großzügig ließ Prinz Eugen das Obere Belvedere gestalten, hier empfing und unterhielt er seine Gäste*

unerhörtem Kunstverstand, zur Idolgestalt in der Kunst verklärt, in Wirklichkeit klein, unansehnlich, verschlossen – das war Prinz Eugen von Savoyen.

Der ›Heimliche Kaiser‹ ließ sich auf anmutig steigendem Terrain hinter dem Glacisgürtel die **Sommerschlossanlage** Belvedere bauen, nicht kaiserlich-würdevoll, sondern fürstlich-verschwenderisch: Wohnschloss unten, Repräsentationsschloss oben, dazwischen Park mit Orangerie, Menagerie, Wirtschaftsgebäuden.

Das *Untere Belvedere*, Wohnschloss für den Prinzen, hatte er schon 1714–16 errichtet. Der lang gestreckte, eingeschossige Baukörper wendet seine Schauseite dem Garten zu, indes sich seine Seitenflügel mit Eingangstor um einen polygonalen Ehrenhof schließen. Nur der Mittelteil steigt zu zweigeschossiger Höhe auf, noch durch architektonische und plastische Gliederung hervorgehoben. Unkonventionell, wie die Räume treppenlos in den Garten übergehen. Westlich anschließend die *Orangerie*.

Unwiderstehlicher **Blickpunkt**, festlich auf Fernwirkung angelegt, ist das *Obere Belvedere*. Den Luxusbau, der allein der Repräsentation, dem Fest und den Kunstschätzen diente, vollendete Hildebrandt

1723. Er hatte einen ebenfalls lang gestreckten Bau mit oktogonalem Mittelpavillon und vier ebensolchen Eckpavillons geschaffen, überwölbt von bewegten, eingekerbten Dachformen. Hofmannsthal nennt das Schloss ein »fürstliches Prunk- und Lustgezelt«, das an Kara Mustaphas Feldzelt erinnere. Bewundernswert, wie die *Gartenfront* ohne Schwere über den Terrassen steht, »in flacher Wellenbewegung gedehnt«, deutlich auch vertikal gegliedert und durch gestochen durchgebildete Einzelformen reliefiert, indes die *Hoffront* niedriger, weicher gestaltet und durch Torhalle und Giebel weiter geöffnet, sich im Wasserbassin spiegelt.

Der **Park** (Tel. 01/798 41 20, April–Okt. 6 Uhr bis etwa Sonnenuntergang) schon 1700 begonnen, wurde dem Versailler Gartenarchitekten Dominique Girard anvertraut, der auch Nymphenburg und Schleißheim anlegte. Höchst geschickt fing er die Höhenunterschiede des Terrassengartens durch Querachsen auf.

Dem unteren Schloss legte er einen Heckengarten italienischer Herkunft vor, dem oberen Rasen in französischen Geometrien mit *Kaskaden, Treppen, Wasserspielen.* Die einst zahlreicheren *Skulpturen* gehorchten ursprünglich einem strengen Programm. Unten: Vier Elemente, Mitte: Parnass, oben: Olymp. Geblieben sind die *Acht Musen* und vor allem des Prinzen Symbolfiguren *Herkules* und *Apoll* im unteren Parterre, die *Zwölf Monatsputten* bei den Treppen, die prachtvollen *Sphingen* und *Rossebändiger* vor der Hofseite.

Übrigens nahe liegend, sich da oben auf dem Olymp zu fühlen: Der Blick auf die voller Grazie auf schmalem Raum dennoch weit atmend ausgebreitete Anlage und auf die zauberhafte Silhouette der nahen Stadt wäre der Unsterblichen durchaus würdig. Bel vedere!

Die Nichte und Erbin des unverheirateten Prinzen Eugen zog Turin vor und verschleuderte den größten Teil des Anwesens. Der Hof installierte hier zunächst eine Bildergalerie, später bezog Thronfolger Franz Ferdinand im Oberen Belvedere seine Residenz, dann Kanzler Schuschnigg seine Dienstwohnung. Im Kustodentrakt östlich des Ehrenhofs wohnte Anton Bruckner (1824–1896) in seinen letzten Lebensjahren. Einmal erlebte das Obere Belvedere in unserer Zeit nochmals große politische Repräsentation: Am 15. Mai 1955 wurde im Marmorsaal der **Österreichische Staatsvertrag** unterzeichnet.

Heute ist die ganze Anlage der **Kunst Österreichs** gewidmet: Meisterwerke vom Mittelalter bis zur Gegenwart im *Oberen Belvedere* und *Prunkstall*, Prunkräume des Barock im *Unteren Belvedere*, Zeitgenössisches in der *Orangerie*.

##  **123 Unteres Belvedere**

*Ein barockes Gesamtkunstwerk: Prunkräume aus Marmor, Gold und edlen Malereien.*

3., Rennweg 6a
Tel. 01/79 55 70
www.belvedere.at
Do–Di 10–18, Mi 10–21 Uhr
U-Bahn Karlsplatz (U1, U2, U4);
Bus 4A; Tram D, 71

Die Untere Belvedere mit den prunkvollen Wohn- und Repräsentationsräumen des Prinzen Eugen sollte für den Kunst-

freund Entree oder Resümee eines Wien-Besuchs sein, denn hier wird ebenso detailreich wie konzentriert überschaubar, was die Stadt so verschwenderisch, aber oft nur durch Fleiß und Feldstecher erreichbar ausbreitet: Österreichisches und Europäisches des Wiener Barock.

Durch das initialengeschmückte Mitteltor und einen Ehrenhof gelangt man zunächst in den zweigeschossigen **Marmorsaal**: Seine ganze Pracht farbigen Marmors und goldener Ornamente, gemalter Scheinarchitekturen (Gaetano Fanti) und Stuckreliefs feiert den Hausherrn als Türkensieger, wie er im *Deckenfresko* Hut und Schwert entgegennimmt, gleich Apoll auf Wolken ruhend (Martino Altomonte, 1714). Berückende Reliefs von Georg Raphael Donner sind im ehemaligen **Schlafgemach** zu bewundern, das Altomonte und Fanti ausgestalteten.

Der **Groteskensaal** mit seinen launischen Groteskenmalereien von Jonas Drentwett widmet sich dem Prinzen in seinen Funktionen als Kriegsherr und Förderer der Kunst, umgesetzt in mythologischen Darstellungen etwa der ›Schmie-

*Wenngleich das Untere Belvedere als Wohnschloss konzipiert wurde, hat es Räume wie das nicht eben bescheidene Goldkabinett*

## **124** Orangerie

*Einst Wintergarten und Bilddepot für die Kaiserlichen Sammlungen, heute Ambiente für Wechselausstellungen.*

3., Rennweg 6a
Tel. 01/79 55 70
www.belvedere.at
Do–Di 10–18, Mi 10–21 Uhr
U-Bahn Karlsplatz (U1, U2, U4);
Bus 4A; Tram D, 71

de des Vulkans‹ oder der ›Drei Grazien‹. Einen Verweis auf den Kreislauf der Natur bietet das Deckenfresko mit Motiven der vier Jahreszeiten und der vier Elemente.

Die anschließende **Marmorgalerie** mit Stuckdekorationen von Santino Bussi und lebensgroßen mythologischen Nischenfiguren von Domenico Parodi ist durch zwei Spiegel ins scheinbar Unendliche vergrößert.

Am Ende wartet ein Paukenschlag des Hochbarock: Das **Goldkabinett** mit seinem Rausch an Golddekoration stammt aus dem Stadtpalais des Prinzen Eugen und wurde 1770 hierher transferiert. Die feinen Goldgrundmalereien zeigen Personifikationen der Erdteile, Jahreszeiten und Elemente sowie naturgetreue Pflanzendarstellungen.

Darüber hinaus ist das Untere Belvedere gemeinsam mit der Orangerie Schauplatz fulminanter Wechselausstellungen.

Ihren Namen verdankt die 1719 fertig gestellte Orangerie ihrem ursprünglichen Zweck als Wintergarten für Orangenbäume. Eine Fußbodenheizung sorgte für zusätzliche Wärme, Südfassade und Dach ließen sich entfernen, sodass ein offener Zitrushain entstand. Ab 1776 rückten Kunstwerke an die Stelle der südlichen Flora: Zunächst das Bilddepot für die Kaiserlichen Sammlungen, nach 1918 ein Teil der Modernen Galerie, 1953–2007 war hier das Museum mittelalterlicher Kunst untergebracht.

Nun verwandelte die Architektin Susanne Zottl den Bau in ein Ausstellungs-

*Geradezu königliche Pracht kennzeichnet auch die Marmorgalerie im Unteren Belvedere*

zentrum mit moderner Licht-, Klima- und Sicherheitstechnik. Herzstück ist eine fensterlose Halle namens ›White Cube‹, in der Wechselausstellungen mit Kunstwerken aller Epochen gezeigt werden. Die südseitigen Fenster geben den Blick auf den Kammergarten frei.

Im ehem. *Prunkstall* des Prinzen Eugen hinter der Orangerie sind im **Schatzhaus Mittelalter** (tgl. 10–12 Uhr) Meisterwerke der Tafelmalerei und Bildhauerei prominenter Künstler wie Friedrich Pacher oder Hans Klocker sowie gotische Flügelaltäre, darunter der um 1400 entstandene Obervellacher Altar zu bewundern.

# 125 Oberes Belvedere

*Heimstatt der bedeutendsten Sammlung österreichischer Kunst vom Mittelalter bis zur Gegenwart mit Hauptwerken Gustav Klimts.*

3., Prinz-Eugen-Straße 27
Tel. 01/79 55 70
www.belvedere.at
tgl. 10–18 Uhr
U-Bahn Taubstummengasse (U1);
Tram D, 71

Um Licht, Luft und Festgäste hereinfluten zu lassen, öffnete Hildebrandt das Schloss in seiner Mitte durch die Raumeinheit von Sala terrena und Treppenhaus weit zu Ehrenhof und Garten. Die **Sala terrena**, deren Gewölbe vier kraftvolle *Atlanten* von Mattielli tragen, und das zuerst ein-, dann zweiläufige **Treppenhaus** leuchten in anmutigen weißen *Stuckdekorationen* von Santino Bussi, die thematisch auf die Fürstentugenden anspielen. Im ausgemalten **Gartensaal** rechts ist mit Carlo Carlones *Apollo-Aurora-Fresko* ›Sieg des Lichts über die Finsternis‹ Prinz Eugen als Lichtbringer gemeint.

Herz des Schlosses ist der farbenprächtige, durch elegante Doppelpilaster gegliederte **Marmorsaal** im Hauptgeschoss: Hier wird im *Deckengemälde* in der ›Allegorie des Ruhms‹, gleichfalls Carlo Carlone, der Kriegssieger Eugen verklärt – ein Thema, das sich noch in zwei weiteren Ostsälen in *Deckenbildern* von Giacomo del Pò fortsetzt. Nur in der **Kapelle** im Südostturm darf man sicher sein, dass mit ›Gottvater‹ in der Kuppel (Carlone) und ›Christi Auferstehung‹ im Altarbild (Solimena) die Allegorisierung ein Ende hat. Im **Goldkabinett** im Nordwestturm entstand Canalettos berühmter Blick auf Wien von 1760!

Heute beherbergt das Schloss die bedeutendste Sammlung österrreichischer Kunst, beginnend mit einer großartigen **Mittelaltersammlung**, die seit ihrer Neuaufstellung 2007 im Westflügel präsentiert werden kann. Exemplarisch wird hier die besondere österreichische Kunstleistung der Gotik vorgeführt. Frühen Meisterwerken der gotischen Skulptur widmet sich der Carlone Saal mit Höhepunkten wie der ausdrucksstarken *Sonntagberger Madonna* aus der Zeit um 1300. Grazie und Gefühlstiefe offenbart sich auch in den Skulpturen des in Österreich lange dominierenden Weichen Stils, den *Schönen Madonnen* oder den Heiligenfiguren des steirischen Meisters von Großlobming (um 1415). Handfester Realismus setzt sich Mitte des 15. Jh. durch. Conrad Laibs *Kreuzigungstafel* (1449) zeigt passionsspielähnliche ›Kreuzigungen im Gedräng‹, der detailreich geschnitzte *Znaimer Altar* um 1427 noch drastischeres Figurengeknäuel. Des Tirolers Michael Pacher kühne Meisterwerke setzen 20 Jahre später die Renaissance-Raumperspektive in Szene; schwerblütig-ahnungsvolle Physiognomien und das Spiel der Gesten schlagen einen neuen Ton an (›Papst Sixtus nimmt Abschied vom hl. Laurentius‹, um 1470, oder ›Vermählung Mariens‹, um 1499). Weitere Werke des Mittelalters sind im Prunkstall des Unteren Belvedere zu sehen.

Der Passauer Maler Roland Frueauf d. Ä. siedelt seine monumentalen Salzburger Tafeln der *Christus-Passion* in der Voralpenlandschaft an (1490/94), der Meister des *Krainburger Altars* reißt hinter großer Figurenbewegung eine niederländische ›Weltlandschaft‹ auf (um 1510): Solche Anfänge der Landschaftsmalerei kulminieren in der farbigen, märchenhaft-drastischen Erzählweise der ›Donauschule‹ (1490–1540), die Österreichs großer Beitrag zur Kunst der Dürerzeit ist.

Die fulminante **Barocksammlung** ist im Ostflügel des Oberen Belvedere zu sehen. Die Künstler, die hier präsentiert werden, vielfach geadelt, nahmen teil am aristokratischen Leben: Die erste Generation kulminiert in den Freskanten Rottmayr und Martino Altomonte, hervorbenswert sind Rottmayrs Gemälde ›Susanna und die beiden Alten‹ oder ›Tarquinius und Lukretia‹ (1690/92) sowie sein *Freskenmodell* für Breslau (1703). Daniel Grans und Paul Trogers Freskenentwürfe und Altarblätter, so Trogers wundervoller ›Christus am Ölberg‹ (um 1750), veranschaulichen die ›Klassik‹ der zweiten Generation, fortgesetzt bei vielen anderen Künstlern, u.a. etwa in Krackers ein-

*Eine Schatztruhe der Jahrhunderte erwartet Besucher des Obere Belvedere*

*Ewig lockt das Weib, jedenfalls Klimts ›Judith und das Haupt des Holofernes‹ im Belvedere*

drucksvollem *Apostel Andreas*, indes der ›Kremser Schmidt‹ (Martin Johann Schmidt) dem bürgerlichen Andachtsbild huldigt und in seinen mythologischen Szenen schmelzende Rokoko-Liebenswürdigkeit verbreitet, wie in ›*Venus in der Schmiede des Vulkan*‹ (1771). Betörend sind die Originalfiguren von Georg Raphael Donners *Providentia-Brunnen* vom Neuen Markt, die an Emphase und klassischer Schönlinigkeit ihresgleichen suchen und deren warme, fleischliche Suggestion beim Bleiguss weit eher hervortritt als bei den Bronzekopien am Neuen Markt. Höhepunkte des ausgehenden Barock sind die Gemälde, Skizzen, Entwürfe des genialen Franz Anton Maulpertsch. Da lässt sich kaum beantworten, was packender ist: die visionäre Kraft von Altarblättern wie ›*Kreuzaufrichtung*‹ (1757), ›*Hl. Narcissus*‹ (1754), gar des todesahnungsvollen ›*Selbstbildnisses*‹ (um 1767) oder die kühnen Kompositionen und glühende Farbigkeit der Ölskizzen? Berühmt sind auch Franz Xaver

Messerschmidts *Charakterköpfe*, eine ebenso beklemmende wie artistische Typologie grimassierender, hyperrealistischer Physiognomien, die das Ende des barocken Repräsentationsbildes markiert (nach 1770).

Die **Kunst des 19./20. Jh.** ist in der Beletage und im zweiten Stock des Oberen Belvedere zu sehen. Den Anschluss zum Barock bilden Klassizisten wie Füger, Krafft oder Koch. Bei den Romantikern wie Führich, Kupelwieser, Schnorr von Carolsfeld oder Scheffer von Leonhardshoff sei erinnert, dass die ›Nazarener‹ ihre religiöse Erneuerung der Malerei zwar in Rom ins Werk setzten, ihre Opposition gegen die Akademie aber von Wien ihren Ausgang nahm. Die biedermeierliche Flucht ins Private – welch einen augenbeglückenden Realitätssinn für das Alltägliche hat sie in der Malerei hervorgebracht! Waldmüllers reiches Werk ist hier breit vertreten, seine Landschaften voll Licht, Duft und Melancholie, seine rührenden Kinder, seine ungeschönten Porträts (›*Frau Aloisia Eltz*‹, 1834). Meisterhafte Bildnisse gibt es auch von Amerling, feine Veduten von Rudolf von Alt (›*Stephansdom vom Stock-im-Eisen-Platz*‹, 1832), eindrucksvolle Landschaften von Friedrich Gauermann, Friedrich Loos, Thomas Ender – um nur einige zu nennen. Dazwischen finden sich Schwinds märchenhaft-spätromantische Szenerien, u. a. die berühmten Bilder ›*Rübezahl*‹ (1851) oder ›*Kaiser Max an der Martinswand*‹ (1840). Repräsentanten eines pathetischen Historismus sind Canon, Defregger, Karger u. a., die jedoch gegen Makart verblassen. Er übte nach seiner Berufung nach Wien (1869) einen wahren Schönheitsterror aus, der sich um Wirklichkeit nicht scherte: Die Geschichte war ihm nur Vorwand für Ästhetisierung (›*Einzug Karls V. in Antwerpen*‹), so in den großen Ausstattungsbildern, so noch im freilich virtuosen Genrebild. Knapp vor 1900 macht die *Secession* Schluss mit dem Eklektizismus. Das »Experiment Weltuntergang« beginnt: Dieser Zeit ist mit dem Œuvre von **Gustav Klimt**, **Oskar Kokoschka und Egon Schiele** ein Schwerpunkt gewidmet. Während Klimt in viel bestaunten Ikonen wie ›*Judith*‹ (1901) ›*Fritza Riedler*‹ (1906) oder ›*Der Kuss*‹ (1908) noch hocherotisch und preziös ornamentiert, radikalisieren Schiele und Kokoschka zur aggressiven Ausdruckskunst (›*Tod und Mädchen*‹, 1915, ›*Stilleben mit totem Hammel*‹, 1909). Ebenso kompromisslos zeigt sich Richard Gerstl, der im Alter von nur 25 Jahren Selbstmord beging (›Selbstporträt‹, 1908).

Das **20. und 21. Jh.** sind u. a. vertreten durch Herbert Boeckl, Albin Egger-Lienz, Anton Kolig, Carl Moll, Koloman Moser, Max Oppenheimer oder Oskar Laske, dessen bruegelhaft kribbelndes ›Narrenschiff‹ ein eindrucksvolles Zeitbild von 1923 darstellt. Die Kunstentwicklung bis in die 1960er-Jahre, die auf diesen Traditionen aufbaute, aber weit zum Internationalen geöffnet war, belegen vor allem Werke der ›Wiener Schule des Phantastischen Realismus‹.

Der unter Maria Theresias Patronat 1754 entstandene **Botanische Garten der Universität Wien** (Tel. 01/427 75 41 00, tgl. 9 Uhr bis Sonnenuntergang) bildet mit seiner vielfältigen Gliederung in ›natürliche‹ Pflanzenensembles einen reizvollen Kontrast zu den ›künstlichen‹ Symmetrien des Belvedereparks, neben dem er sich hinzieht. Der Eintritt ist frei, anders als zum **Alpengarten** (Tel. 01/798 31 49, Zugang im obersten Teil des Belvedereparks sowie unten über Rennweg und Mechelgasse, März–Anf. Aug. tgl. 9 Uhr bis Sonnenuntergang), 1803 von Erzherzog Johann gegründet. Rund 4000 Pflanzenarten sind hier versammelt, vor allem Frühjahrsblüher, dazu eine interessante Bonsai-Sammlung.

*Das Heeresgeschichtliche Museum zeigt das Auto, in dem das Thronfolgerpaar im Juni 1914 in Sarajewo ermordet wurde, vorn Franz Ferdinands blutiger Uniformrock*

## 126 20er Haus

*Ein ideales Ausstellungsgebäude im vorübergehenden ›Ruhestand‹.*

3., Schweizergarten
www.belvedere.at
bis 2010 wg. Sanierung geschl.
U-Bahn Südtiroler Platz (U1);
Tram 18, D, O

Der luftige **Stahl-Glas-Pavillon** ist mit dem Namenszug des Architekten auf einem Schild signiert wie ein Bild. Karl Schwanzer (Hauptwerk: BMW-Gebäude in München) hat es 1958 aufs Weltausstellungsgelände in Brüssel gestellt und 1962 hierher verfrachtet. Bis 2010 wird das Ausstellungsgebaude grundlegend renoviert, nach seiner Wiedereröffnung soll es Kunst von 1945 bis zur Gegenwart aus der Sammlung des Belvedere sowie das Wotruba-Archiv zeigen.

## 127 Heeresgeschichtliches Museum

*Sarajewo-Auto, Schlachtenbilder, Haubitzen und andere Kriegserinnerungsstücke aus drei Jahrhunderten.*

3., Arsenalstraße, Objekt 1
Tel. 01/79 56 10
www.hgm.or.at
tgl. 9–17 Uhr
U-Bahn Südtiroler Platz (U1),
Schlachthausgasse (U3);
S-Bahn Südbahnhof (S1, S2, S3);
Bus 13A, 69A; Tram D, O, 18

Geschockt von den Revolutionsaufständen 1848, bei denen u. a. das Zeughaus

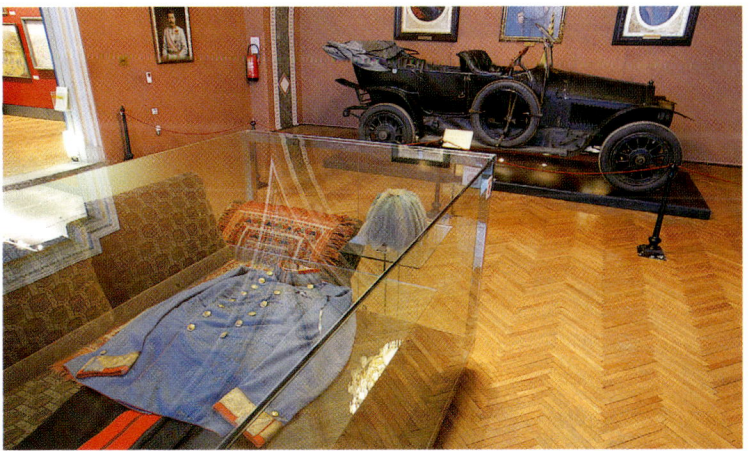

gestürmt wurde, ließ sich Kaiser Franz Joseph I. von seinen späteren Ringstraßenarchitekten sogleich hier auf der Anhöhe einen gegen die Stadt befestigten Riesenkomplex mit Kommandantur, Kasernen, Waffenfabriken und Museum bauen: das Arsenal (dessen Gebäude heute zivilen Zwecken dienen). Das **Museum** war ohne Zweifel ein Beschönigungselement: Außen ähnelt es einem maurisch-byzantinisch-gotischen Fantasiepalast, und in seinen Sälen sind die Kriege ästhetisch aufbereitet. Von Hansen und Förster 1850–56 erbaut, sollte es vor allem ein Helden-Pantheon sein. So prangt in kalter Feierlichkeit die *Feldherrenhalle* im Erdgeschoss mit 52 lebensgroßen Marmorstatuen österreichischer Heerführer sowie die darüberliegende überkuppelte *Ruhmeshalle* mit den Fresken siegreicher Schlachten (Karl Blaas).

Die **Schausammlungen** im Obergeschoss beginnen im 17. Jh., als die Türkeneinfälle ein stehendes Heer erzwangen, und reichen bis zur Niederlage von Königgrätz 1866, die zur Auflösung des Deutschen Bundes führte. Im Mittelpunkt stehen Prinz Eugen, Maria Theresias Feldmarschälle, Napoleon-Besieger Erzherzog Carl oder der Armeebefehlshaber im revolutionierenden Italien, Radetzky.

Unter den Schlachtengemälden, Heldenporträts, Uniformpuppen, Trophäen gibt es Prunkstücke wie ein *türkisches Zelt*, den *Olmützer Pokal* als freiwillige Kriegssteuer, einen erbeuteten französischen *Luftballon* von 1796, auch stille ›Rand‹-Zeugnisse wie Wallensteins blutbeschmierte *Schlachtorder* für Pappenheim oder Napoleons *Elba-Mantel*, doch ein Verzweiflungsbild wie Ottenfelds *Königgrätz-Gemälde* ist die Ausnahme.

Nach Königgrätz währte 48 Jahre lang Friede. So ist der **Franz-Josephs-Saal** im Untergeschoss hauptsächlich eine Uniform-Modenschau. Das schrille Friedensende aber markiert der offene *Personenwagen*, in dem 1914 das Thronfolgerpaar in Sarajewo ermordet wurde, und Franz Ferdinands blutiger *Uniformrock*. Ebenfalls im Untergeschoss: der **Marinesaal** mit historischen *Schiffsmodellen* sowie der **Artilleriesaal**, in dem die bullige 38-cm-Haubitze von 1916 das martialischste Stück ist. In den **Hallenbauten**, die das Eingangsgebäude flankieren, sind weitere *Geschützsammlungen* untergebracht. Viele Kanonenrohre sind spielerisch verziert. Als der Thronfolger Franz Ferdinand dem Architekten Otto Wagner vorwarf, er

sei zu schmucklos, gab dieser erbittert zurück, es genüge vollauf, dass hierzulande die Kanonen geschmückt seien. Ungnade war ihm gewiss.

## 128 St. Marxer Friedhof

*Gut erhaltene Biedermeier-Tristesse mit Mozarts Grab.*

3., Leberstraße 6–8
Tel. 01/400 04 23 84
April, Okt. tgl. 7–17, Mai, Sept. tgl. 7–18,
Juni–Aug. tgl. 7–19 Uhr, Nov.–März
tgl. 7 Uhr bis Einbruch der Dunkelheit
S-Bahn Simmering/Aspang-
bahn (S7); Bus 74A

Fort mit Legenden: Mozarts Beisetzung war keine Ausnahme. Nach der Einsegnungszeremonie im Dom kam sein Sarg in ein Schachtgrab für etwa sechs Personen, wie zu josephinischer Zeit Usus. Grabgeleit und Grabpflege waren damals unüblich, Einzelgräber und Gedenksteine eher selten. Seine vermutliche Grabstätte ziert seit 1895 ein Trauerengel.

Als Joseph II. 1783 Beisetzungen innerhalb des Linienwalls verbot, entstanden fünf Kommunalfriedhöfe, die nach Eröffnung des Zentralfriedhofs 1874 aufgelassen wurden. Dieser ist 1937 instand gesetzt und zugänglich gemacht worden. Den Gottesacker von still verwilderter Melancholie teilt *Mozart* u. a. mit dem Bildhauer *Donner*, dem Maler *Daffinger*, dem Architekten *Kornhäusel*, dem Komponisten *Diabelli*.

## 129 Ehem. Zentralsparkasse

*Ein durchdachtes, durchformtes, funktionierendes Architektur-Skulptur-Gemälde.*

10., Favoritenstraße 118
U-Bahn Taubstummengasse (U1);
Bus 557, 566, 666

Die Wölbungen, Wülste und Waben der vorgehängten **Stahlfassade** lassen ein bisschen an Barock und sehr stark an Autokarosserie denken und sind inmitten der Rasterhörigkeit der Favoritener Fußgängerzone ein Labsal. Das *Portal* ist eine begehbare Plastik, das *Dach* eine Felsenformation, das **Innere** ein farbiger Raumfluss aus weich geformtem Beton, verschlungenen Rohren, Metallnetzwerk, einer Blutbahnenlandschaft gleich. Eine

*Pilgerziel für Musikfreunde – die Grabstätte Mozarts auf dem St. Marxer Friedhof*

*Riesenhand* ist zugleich Verkleidung, Skulptur, ›Bauhütten‹-Symbol.

Der Grazer Günther Domenig hat den eminent organischen Bau aus Beton, Stahl und Blech 1975–79 für die progressiven Ideen stets aufgeschlossene Zentralsparkasse geschaffen. Heute haben in dem ›Haus mit dem Knick‹ ein Medienhaus sowie die Domeniggalerie für zeitgenössische Kunst (Tel. 01/718 05 85, www.domeniggalerie.at) ihren Sitz.

## 130 Bestattungsmuseum

*Gruseln gilt nicht! Hier ist der Tod kurzweilig.*

4., Goldeggasse 19
Tel. 01/50 19 50
www.bestattungwien.at
Mo–Fr 12–15 Uhr, Besichtigung nur mit Führung nach telef. Vereinbarung
U-Bahn Südtiroler Platz (U1);
Tram 18, D, O

Zweieinhalbtausend Gulden hat im 19. Jh. eine Bestattung gekostet, denn eine ›Schöne Leich‹ musste sein: allerlei

Reiter in allerhand Galalivréen auf Rappen mit Trauerschabracken (bei Kindern auf Schimmeln), dazu Sargträger in Monturen nach spanischem Hofstil, prunkvolle Bahrtücher und Baldachine, endlose Zeremonien und Utensilien für die Hausaufbahrung. Die ›Entreprise des Pompes Funèbres‹ stand bereit. Dieses private Leichenbestattungsunternehmen hat die Gemeinde Wien 1907 gekauft. Seit 1967 kann man in der Städtischen Bestattung ein höchst modernes Museum besichtigen, das barocken Leichenpomp und skurrile Bestattungsbräuche Stück für Stück und, sei's gesagt, amüsant vorführt: einen militärischen *Trauerzug* von 1855 als musikuntermaltes Papiertheater, den von Joseph II. verordneten *Mehrweg-Klappsarg*, die *Alarmvorrichtung* für Scheintote, das *Messer* für den Herzstich an Scheintot-Ängstlichen (auf dem Nestroy bestand), die Unsitte des *Leichenporträts*, bei dem der Tote angezogen auf den Lehnstuhl gezerrt und geknipst wurde (noch bis 1891 Usus), andere Wunderlichkeiten mehr, die einst alltäglich, besser: alltödlich waren.

## 131 Schuberts Sterbewohnung

*Erinnerungsstücke an Schuberts letzte Wochen: ein melancholisches Puzzle.*

4., Kettenbrückengasse 6, 2. Stock
Tel. 01/581 67 30
www.wienmuseum.at
Fr–So, Fei 14–18 Uhr
U-Bahn Kettenbrückengasse (U4);
Bus 59A

Franz Schubert (1797–1828) zog zum älteren Bruder Ferdinand, weil der Arzt seiner fortschreitenden Krankheit die bessere Vorstadtluft empfahl. Der Bruder, Schulmann und Musikus, gewährte ihm in dem soeben fertig gestellten Biedermeierhaus auf der Wieden reduzierte Miete und seine sowie der Stiefschwester Josepha Fürsorge. Hier lebte er vom 1. September bis 19. November 1828. »Hier, hier ist mein Ende.« Das Typhusfieber, das er sich zuzog, zehrte seinen syphilitisch geschwächten Körper schnell auf.

Da hängen die **Porträts** letzter Gefährten: der Musiker Franz Lachner; der Lehrer Simon Sechter, bei dem er sich noch kurz vor dem Tod zum ›strengen Satz‹ anmeldete; die Sänger Ludwig Tietze und

Baron Schönstein, Pioniere seiner Lieder; die Dichter Ludwig Rellstab, Johann Gabriel Seidl, Heinrich Heine, deren Verse er vertonte. Da sieht man die **Erstausgabe** der ›Winterreise‹, deren erste Hälfte Haslinger im März 1828 herausbrachte, seine letzten Lieder ›Hirt auf dem Felsen‹ und ›Taubenpost‹, die Ankündigung der Totenmesse für ihn in St. Ulrich …

Schubert starb mit 31 Jahren, hatte die letzten Tage im Delirium unaufhörlich gesungen, in hellen Stunden den zweiten Teil der ›Winterreise‹ korrigiert, von dessen 24 Liedern 16 in Moll stehen.

## **132** Naschmarkt

*Gaumenfreuden und Genusslehre für Anfänger und Fortgeschrittene, dazu Soziologiestudium, 1. Semester.*

Tel. 01/54 63 40 54 30 (Marktamt)
U-Bahn Kettenbrückengasse (U4)

Das Gedankenleben der Wiener sei ausschließlich von Problemen der Viktualien

*Süß, salzig oder sauer – der Naschmarkt hält für jede Gemütslage das Passende bereit*

beherrscht, so der maliziöse Karl Kraus. Aber am Naschmarkt muss es so sein! Der verlockende Name kommt nicht von ›naschen‹, sondern von ›Aschen‹ = Eimer. Als Milchmarkt also begann um 1775 am damals noch nicht überwölbten Wienfluss, was bald **Obst- und Gemüsemarkt**, heute Spezialitätenmarkt obendrein ist. Das Gaumengefälle verläuft von Ost nach West. In Secessionsnähe ist noch alles ›vom Feinsten‹: Früchte, Meeresgetier und Publikum. In der Mitte besinnt sich der Markt mit Knoblauch- und Hammelfettdüften samt den dazugehörigen Sprachen auf Österreichs Vielvölkervergangenheit, die wieder Gastarbeitergegenwart ist. Und am Ende zerrinnt er zum billigen Abglanz seiner selbst, umschlichen von Strizzis und Dealern.

Am Samstagvormittag residiert der **Bauernmarkt** mit Rustikalem von Rauchfleisch bis Ruster Wein im mittleren Teil, und daneben der **Flohmarkt** (Sa 6.30–18 Uhr) mit Krimskrams von zuweilen verwegenster Skurrilität. Allzeit umsonst zu haben ist hier aber der Volksmund mit seinem witzigen, groben, doppelbödigen, seinem unsterblichen *Wiener Schmäh*.

## **133** Otto-Wagner-Häuser

*Jugendstil-Fassaden-Poesie.*

4., Linke Wienzeile 38 und 40
U-Bahn Kettenbrückengasse (U4)

Wer den Blick von den Naschmarkt-Begehrlichkeiten emporschweifen lässt, sieht hier einen wahren Goldregen, dort einen luftigen Blumenvorhang zwei Fassaden überziehen: berühmte Miethäuser Otto Wagners von 1898, die so auffallend ausfielen, weil man eine Zeit lang plante, die Linke Wienzeile zum Luxusboulevard nach Schönbrunn auszubauen. Das goldene Pflanzendekor (mit Frauenmedaillons von Kolo Moser) mit Blüten bemalten Fliesen, die das **Majolikahaus** (Nr. 40) verkleiden, zieren im poetischen Secessionsstil rational durchkonstruierte, innen funktional gestaltete Häuser, wie sie Wagners moderner Konzeption und den damals neuen Baumaterialien, vor allem Eisen und Aluminium, entsprachen. Interessant ist die architektonische Ecklösung zur Köstlergasse hin. Im Innern sind vor allem die Geländer und Aufzugstüren in den *Treppenhäusern* sehenswert.

*Jugendstil-Poesie in Gold: Stuckornamentik und Frauenporträts in Wandmedaillons von Kolo Moser an der Hausfassade in der Linken Wienzeile Nr. 38*

## **134** Theater an der Wien

*Wiege zweier unvergänglicher Opern und Hunderter von Operetten, heute internationale Musicalspielbühne.*

4., Linke Wienzeile 6/Millöckergasse
Tel. 01/58 83 02 00
www.theater-wien.at
U-Bahn Kettenbrückengasse (U4)

30. September 1791: Uraufführung von Mozarts ›Zauberflöte‹ durch ihren Librettisten und ersten Papageno, den genialen Spektakelmacher Emanuel Schikaneder, im ›Freihaustheater‹, der Vorläuferin dieser Bühne. 1801: Direktor Schikaneder eröffnet das von Franz Jäger erbaute Theater an der Wien, auf dessen klassizistischem **Papagenotor** (Millöckergasse) er in der reizenden Gruppe ›Papageno mit seinen Kindern‹ zu Lebzeiten bereits verewigt ist – eine der wenigen übrig gebliebenen Reminiszenzen des oft restaurierten Hauses an seine Anfänge.

Weitere Marksteine des Ruhms: 1805 Uraufführung von Beethovens ›Fidelio‹, 1810 von Kleists ›Käthchen‹, 1818 von Grillparzers ›Ahnfrau‹, 1833 von Nestroys ›Lumpazivagabundus‹. Nestroy, Wenzel Scholz und Therese Krones genießen Komödiantentriumphe. Mit Offenbach beginnt hier 1864 der Wiener Siegeszug der Operette. ›Die Fledermaus‹ (1874) und die meisten anderen Operetten von Strauß (Sohn), Millöcker, Zeller und Heuberger werden auf diesen Brettern aus

*Im Theater an der Wien locken fesche Inszenierungen, draußen vor der Tür flotte Flitzer*

der Taufe gehoben. Lehár, Fall, Kálmán, Abraham sind die Fixsterne der zweiten Operettenblüte Wiens, die das Publikum 1900–35 in Atem hält. Nach dem Krieg gewährte das Haus der zerbombten Oper zehn Jahr lang Asyl, und seit etlichen Jahren hat es durch Renner des Musical-Genres einen neuen Höhepunkt der Beliebtheit erklommen.

## 135 Mariahilfer Straße

*Quirlig belebte Plastiktütenmeile.*

U-Bahn Neubaugasse, Zieglergasse, Westbahnhof (U3); Bus 2A; Tram 52, 58

Der fromme Name täuscht: Die tosende, verkehrsdurchflutete, 4 km lange Hauptgeschäftsstraße lässt längst nicht mehr an Windmühlen, Weinberge und Wallfahrer denken, die vor drei, vier Jahrhunderten ihr Gesicht bestimmten. Hauptausfallweg nach Westen, mit dem frequentierten Westbahnhof in der Mitte und Schönbrunn am Ende, bildet sie bis zum Gürtel die Grenze zwischen dem 6. Bezirk Mariahilf und dem 7. Bezirk Neubau, der den Spottnamen ›Brillantengrund‹ bekam, als sich am Ende des 18. Jh. dort die Textilindustrie und damit der Neureichtum entwickelte.

Vorstadterinnerungen wecken inmitten des Konglomerats aus modernen Großkaufhäusern und Bauten des vorigen Jahrhunderts nur noch die Taufpatin,

die Mariahilfer Kirche, mit dem edlen **Haydn-Denkmal** von Heinrich Natter davor (1887), das **Geburtshaus Ferdinand Raimunds** und, in der Nähe, die Haydn-Gedenkstätte [Nr. 137]. Ob die Gänseliesl und ihre Tiere, die schon kreuz und quer durch Wien gewandert sind, sich ausgerechnet am Anfang der Plastiktütenmeile wohl fühlen? **Gänsemädchenbrunnen** von Anton Paul Wagner, 1866, bei der Rahlstiege.

Ein Augentrost der Straße ist der spielerisch geformte *Barockhelm* (1772) der **Stiftskirche zum Hl. Kreuz**. Zwar hat der ungestüme Verkehr ihre Vorhalle ganz einfach zum Gehsteig degradiert, doch die *Barockfassade* (1739) mit Nischenplastiken ist so sehenswert geblieben wie ihr enger, vorwiegend klassizistisch ausgestatteter *Innenraum*, dessen Kanzel, Orgel, Bilder des beginnenden 19. Jh. mit den Seitenaltar-Skulpturen des 18. Jh. harmonieren. Blickfang an **Haus Nr. 78–80** ist das 210 m² große *Glasmosaik* (1996) des Künstlers Christian Ludwig Attersee an der Fassade.

Im nahen Esterházypark hat man in einem unsprengbaren Flakturm aus dem Zweiten Weltkrieg ein **Haus des Meeres** (Fritz-Grünbaum-Platz 1, Tel. 01/587 14 17, www.haus-des-meeres.at, Fr–Mi 9–18, Do 9–21 Uhr), den sog. *Aqua Terra Zoo*, eingerichtet: Terrarien und Aquarien mit 3500 Prachtexemplaren mittelmeerischer und tropischer Meeresfauna, vom Schwarzspitzen-Hai bis zur Grünen Mamba.

## **136** Mariahilfer Kirche

*Glanzvolle spätbarocke Wallfahrts-
kirche mit viel verehrtem Gnadenbild,
das dem Bezirk den Namen gab.*

6., Mariahilfer Straße, zwischen
Nr. 55 und 57
U-Bahn Neubaugasse (U3);
Bus 2A, 13A; Tram 52, 58

Die Befreiung Wiens von den Türken
schrieb man der Fürbitte jenes Madon-
nenbilds zu, das die Barnabiten in einer
Holzkapelle auf dem damals hier liegenden Friedhof aufgestellt hatten. So reich-
te die kleine, 1689 gebaute Steinkirche für
den Wallfahrerandrang bald nicht mehr
aus. Hildebrandts Bauführer, Franz Jänckl,
erweiterte sie 1715–26 zum einschiffigen
Langhausbau mit Querschiff. Für großzügige Ausstattung sorgte u. a. Maria Theresia höchstpersönlich, die hier Marias
Hilfe gegen den Preußenkönig erflehte.
›Maria Hülf‹ heißt auch die Kartuschen-
Inschrift über dem Portal der vertikal be-
tonten, reich mit Statuen besetzten
**Zweiturmfassade**. Im **Inneren** bildet das
*Gnadenbild* eines byzantinischen Ma-
donnentypus, von unbekannter Hand
auf dem Umweg über ein Passauer Ma-
riahilf-Bild von einem Cranach-Bild abge-
leitet, den strahlenumgebenen Mittelpunkt des spätbarocken *Hochaltars* (Jakob Mösl). Die opulenten, zwischen Rokoko und Klassizismus angesiedelten
*Deckenfresken* mit Marienszenen in virtuosen Scheinarchitekturen stammen
von den Troger-Schülern Johann Hauzin-
ger und Franz Xaver Strattmann, 1760.
Eindrucksvoll die beiden Altarbilder der
*Querschiffaltäre*: links ›Der hl. Alexander
Sauli in der Glorie‹ von Paul Troger (1760),
rechts ›Verkündigung der Geburt Mariens‹ von Rottmayr (1700). Qualitätvolle
*Plastiken* von Johann Georg Dorfmeister:
Kreuzaltar, Paulusaltar, Tabernakelaufbau
(nach 1770). Zauberhafte *Rokoko-Orgel*
von Leitner und Hencke.

## **137** Haydnhaus

*Wohn- und Sterbehaus Haydns.*

6., Haydngasse 19
Tel. 01/596 13 07
www.wienmuseum.at
Mi/Do 10–13, 14–18, Fr–So, Fei 10–13 Uhr
U-Bahn Zieglergasse (U3); Bus 57A

Dr. Joseph Haydn (1732–1809), Ehrendok-
tor der Universität Oxford, bezog nach
seiner zweiten Englandreise 1797 als ge-
feierter 65-jähriger Komponist dieses
Haus, das er hatte aufstocken lassen, um
im Erdgeschoss seinen Kopierer und Diener Johann Elßler, Vater der berühmten
Tänzerin Fanny Elßler, unterzubringen.
Seine gassenseitige **Wohnung** im 1. Stock
ist so originalgetreu wie möglich wieder
hergestellt worden und illustriert mit *Bil-
dern, Handschriften, Noten* den Aufstieg
des Rohrauer Wagnermeistersohns, Sän-
gerknabens, Primgeigers zum hochge-
schätzten Kapellmeister der mächtigen
Fürsten Esterházy, denen er in den Residenzen Eisenstadt, Esterház oder Wien
sein Leben lang diente.
›Ungeschöntestes‹ unter zahllosen
Porträts Haydns: Anton Grassis *Porzellan-
büste* (1799) und die *Zeichnung* des englischen Hofmalers Dance (1794) – ein kulti-
vierter Bürger unleugbar bäuerlicher
Herkunft. Dokumentiert in Fülle auch die
Freunde von Gluck bis Beethoven, mit
Mozart als dem geliebtesten. Vieles aus
dem *Œuvre*, ob der Jugendstreich der
komischen Oper ›Krummer Teufel‹, komponiert für Hanswurst Kurz-Bernardon,
ob die ›Volkshymne‹, ob die in diesem
Haus entstandene Oratorien ›Die
Schöpfung‹ und ›Die Jahreszeiten‹ oder
die ›Schöpfungsmesse‹ für die Fürstin
Esterházy. Ein *Aquarell* hält die Festauf-
führung der ›Schöpfung‹ 1808 in der Alten
Universität fest: die Fürstin, Fürst Lobkowitz, Beethoven, Salieri, Haydn im Bild –
letzte Ehrung vor dem Tod im Jahre 1809.
Als glühendem Verehrer Haydns ist
hier auch **Johannes Brahms** (1833–1897),
der von 1862 bis zu seinem Tod 1897 in
Wien lebte, ein Gedenkraum mit wenigen Stücken eingerichtet.

## **138** Kaiserliches Hofmobiliendepot

*Wie die Habsburger wohnten:
ein Muss für Möbelliebhaber und
Biedermeierfreunde.*

7., Andreasgasse 7
Tel. 01/524 33 57
www.hofmobiliendepot.at
Di–So 10–18 Uhr
U-Bahn Zieglergasse (U3);
Bus 13A, 14A

Im ehem. k. k. Hofmobiliendepot verbirgt
sich eine die größte Möbelsammlung der
Welt, von Barock bis Historismus, qualita-
tiv hochkarätig und überreich bestückt.

*Mehr als 240 000 Objekte verwaltet das Kaiserliche Hofmobiliendepot, darunter auch die wertvollen Stühle, auf denen Maria Theresias engste Berater Platz zu nehmen pflegten*

Maria Theresia gründete 1750 das ›Hofmobiliendepot‹, das alle Möbel aus kaiserlichem Besitz verwaltete und 1899 in diesem Haus untergebracht wurde. Heute unterstehen dem Bundesmobiliendepot 240 000 Objekte in Schlössern, Museen, Ministerien, Ämtern zur Pflege und Verteilung. Aus seinem enormen Bestand präsentiert es überdies in seinen Schauräumen rund 5000 exemplarische Stücke, mit Teppichen, Tapeten, Lüstern, Uhren zu Wohnensembles arrangiert.

Gediegenes Barock, flirrendes Rokoko, gedämpftes Louis-seize mischen sich bei den Meublements der theresianischen Zeit, und im **Prinz-Eugen-Zimmer** aus Schlosshof im Marchfeld kommen noch indische Baumwolldrucke hinzu. Reformkaiser Josephs **Rollschreibtisch** hingegen atmet klassizistische Nüchternheit. Man entdeckt einen *Aufsatzkasten* mit dem Gärtnergerät des Kaisers Franz (jeder Habsburger musste einen Handwerksberuf erlernen) und seinen persönlichen Ohrenfauteuil. Das **Doppelbett** des Feldmarschalls Radetzky gibt sich neobarock-beschwingt, bombastisch-beklemmend hingegen der **Privatthron** des Kaisers für Familiensitzungen, bei denen die Familienmitglieder knien mussten. Reizvoll nebeneinander gestellt sind

›echte‹ und historistische Stile, so das noble Barock Maria Theresias und das ostentative Neobarock Franz Ferdinands, ebenso das Rokoko und seine ›aufgemascherlte‹ Zweitauflage in der Makartzeit.

Beeindruckend sind die **Biedermeierkojen** genannten Salons und Zimmer, in denen den Spitzenstücken österreichischer Tischlerkunst das entsprechende Kunsthandwerk assistiert.

Anlässlich einer Generalsanierung des Museums kam ein *Sonderausstellungsraum* neu dazu. Das Hofmobiliendepot präsentiert sich nun auf vier Ebenen, sowie mit Museumsshop und Café.

## 139 Spittelberg

*Saniertes Vorstadt-Wien: Legeres Wohn- und Vorzeigviertel.*

7., zwischen Burg- und
Siebensterngasse
U-Bahn Volkstheater (U2, U3);
Bus 48A; Tram 49

Von der erhöhten einstigen **Vorstadt** Spittelberg ballerten alle Belagerer in die Stadt, ob Matthias Corvinus, Kara Mustapha, Napoleon. Von einem Bürgerspital kam der Siedlung der Name zu, in der sich »Hungarn und Crobaten«, Hofbedienstete, Handwerker, Künstler und im 18. Jh. zunehmend Beiselbesitzer, Zuhälter- und Dirnenvolk niederließen. Für die Architektur bedeutet das nüchtern: kleinteiliges Parzellengefüge. Die Gründerzeit konnte da nicht groß prunken: doch moderner Denkmalschutz machte sich für die historische und baukünstlerische Substanz stark.

So ist der Spittelberg ein **kunterbuntes Stadtgefilde** geworden, mit bilderbuchrestaurierten Häusern, alten Wienern, jungen Globetrottern, Nobel-, Normal- und Alternativ-Wirtshäusern, feinen Boutiquen, progressiven Galerien, Esoterik-Shops und Kunstmärkten.

In den parallelen Querstraßen zwischen Burg- und Siebensterngasse – der Stifts-, Spittelberg-, Gutenberg- und Kirchberggasse – häufen sich die Fassa-

*Stimmungsvolles Ambiente, lauschige Weinstuben und feine Restaurants – der Spittelberg hat sich zur Ausgehmeile gemausert*

den aus Barock, Régence, Rokoko, Biedermeier, meist von trefflicher, zuweilen auch von naiver Art, viele geziert mit schönen Portalen und Nischenfiguren; und einige verbergen köstliche *Pawlatschenhöfe*. So zum Beispiel das Barockhaus **Stiftsgasse 8**, in dem der Biedermeier-Maler Friedrich von Amerling (1803–1887) geboren wurde. Recht kauzig schaut in der **Burggasse 13** ein barockes Gasthaus her: Es serviert Altwiener Küche und heißt nestroy-bissig ›Zu ebener Erde und erster Stock‹ (Tel. 01/523 62 54, www.zu-ebener-erde-und-erster-stock. at), was den Unterschied zwischen Suppe und Braten markiert. An den berüchtigten ›Weißen Löwen‹ in der **Gutenberggasse 13**, in den Kaiser Joseph II. angeblich inkognito hinein- und hochbogig wieder hinausgeriet, erinnert nur noch das Hauszeichen und ein Spruch im Flurgewölbe. Das heutige Lokal heißt gemütlich ›Zur Witwe Bolte‹ (Tel. 01/523 14 50, www.witwebolte.at) und serviert Leckeres aus Bio-Produkten. Stilkunde einiger Fassaden **Spittelberggasse**: *Nr. 9* Klassizismus (Malerei 18. Jh.), *Nrn. 11, 15, 18* Régence, *Nr. 19* Rokoko, *Nr. 20* Barock (hl. Josef), *Nr. 22* Barock (hl. Christophorus), *Nr. 26* Art déco von 1920.

## 140 Ulrichskirche

*Vorstadt-Wien, zweiter Teil, mit bilderreicher Kirche.*

7., St.-Ulrichs-Platz
Tel. 01/523 12 46 10
www.stulrich.com
U-Bahn Volkstheater (U2, U3);
Bus 48A; Tram 49

Wenige Schritte vom Spittelberg setzt sich das stimmungsvolle Ambiente rund um die Ulrichskirche fort. Im hellen, weiträumigen **Inneren** des 1721 von Josef Reymund neu errichteten Baus gibt es u. a. drei herrliche *Bilder* großer Barockmeister zu bewundern: Paul Trogers ›St. Ulrich auf dem Lechfeld‹ (Hochaltar), Maulpertschs ›Martyrium des Judas Thaddäus‹ (vorne links) und Franz Xaver Palkos ›Hl. Nepomuk‹ (vorne rechts), dazu ein ›kleiner Maulpertsch‹ im Chor rechts. In dieser Kirche wurde Gluck getraut, Strauß Sohn getauft und für Schubert die Sterbemesse zelebriert.

Die **Dreifaltigkeitssäule** vor dem Chor zur Burggasse hat eine ländlich-böhmische Aura (1713), und das barocke Bürgerhaus ›Zu den 12 Himmelszeichen‹ (Nr. 2) kann sich eines feinen *Laubenhofs* rühmen.

*Nobel residiert das Österreichische Justizministerium im bedeutenden Barockpalais Trautson*

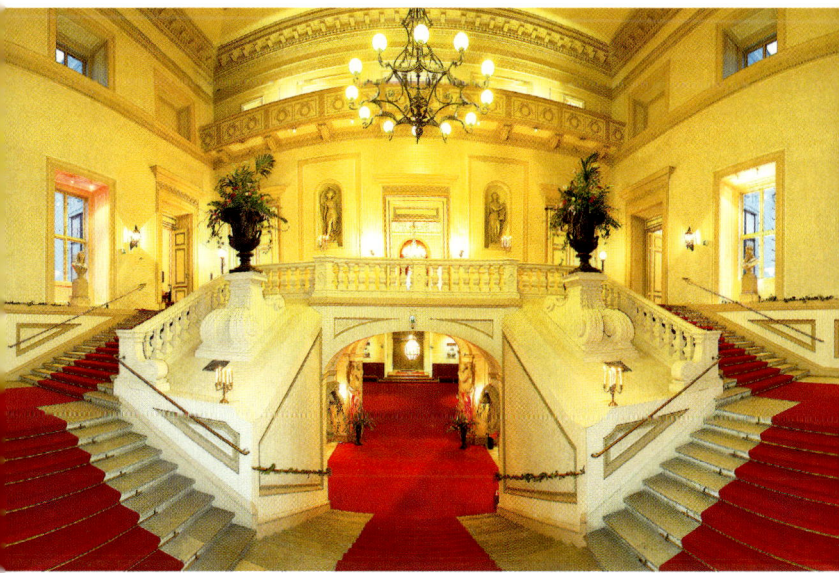

*Stilvoll empfängt das Foyer des Palais Auersperg Konzertbesucher und Privatgäste*

## 141 Palais Trautson

### Justizministerium

*Gartenpalast von kühler Vollkommenheit.*

7., Museumstraße 7
U-Bahn Volkstheater (U2, U3);
Bus 48A; Tram 49

Leopold Donat Graf Trautson, Obersthofmeister der Kaiser Joseph I. und Karl VI., beauftragte 1710 Fischer von Erlach mit dem Bau dieses Gartenpalais am Rande des Glacis, das 1716 vollendet war.

Der mächtige, kubische, damals frei stehende Palast, mehr Schloss als Landsitz, schlägt mit seiner **Hauptfassade** ein *Maestoso* an: Aus seinen elf Achsen tritt sehr entschieden eine dreiachsige Mitte heraus, glanzvoll geformt durch ein dreibogiges *Portal* mit figurenbekrönten Doppelsäulen, durch Pilastergliederung und Dreiecksgiebel. Sehr hoch wirkt die Attika über den Seiten, kraftvoll das rustizierte Erdgeschoss, und die rundprofilierten Fensterverdachungen des Hauptgeschosses tragen über dem Portal Liegefiguren. Alles atmet gespannte Eleganz und gelassene Grandezza. Die groß gearteten Proportionen setzen sich im *Inneren* fort, das heute als Ministerium der Schaulust leider unzugänglich ist. Das **Mechitaristenkloster** (Neustiftgasse 4, Tel. 01/523 64 17, Besichtigung nach Voranmeldung), von Kornhäusel im Jahr 1837 gebaut, beherbergt kostbare *Sammlungen* armenischer Handschriften, Münzen, Volks- und Sakralkunst, dazu *Bibliothek* und *Druckerei*. Zum Kloster gehört die heute armenisch-katholische Neorenaissancekirche *Maria Schutz* von Camillo Sitte, 1873.

## 142 Palais Auersperg

*Bälle, Konzerte, Barockgarten.*

8., Auerspergstraße 1
Tel. 01/401 07
www.auersperg.com
U-Bahn Volkstheater (U2, U3);
Bus 2A, 48A; Tram 1, 2, D, 46, 49

Von wechselnden Besitzern gebaut und umgebaut, so den Reichsgrafen Weltz, dem Marchese Rofrano, den Fürsten Auersperg u. a., kann das Palais doch nach wie vor als ›liebenswürdig‹ gelten. Die Entwürfe von 1710 schreibt man vage Hildebrandt, die Pläne für den ersten Umbau 1720 ebenso unsicher Fischer von Erlach zu – jedenfalls wurde der Bau bis ins späte 19. Jh. verändert. Dominant bleibt in der **Fassade** eine Mischung aus Barock und Klassizismus, die im polygonalen Mittelteil mit Säulenvorbau kulminiert, und das **Innere** präsentiert sich figuren- und ornamentreich in denselben Stilen.

Das Palais mit seinen elf Prunkräumen und Sälen dient heute als exquisiter Rahmen für Firmenfeiern, auch für Konzerte, etwa des Residenzorchesters, im *Rosenkavaliersaal*, soll doch ein Mitglied der Familie Rofrano Hofmannsthals ›Rosenkavalier‹-Vorbild gewesen sein. Historisch bedeutsamer: Hier war 1945 der Sitz der österreichischen Widerstandsbewegung O5 gegen den Faschismus [s. a. S. 21].

## 143 Alte Backstube

*»Barock und Kaiserschmarrn« – um es mit Hans Weigel zu sagen.*

8., Lange Gasse 34
Tel. 01/406 11 01
www.backstube.at
Di–Fr 11–24, Sa/So 12–24 Uhr, im Sommer verkürzte Öffnungszeiten, Mitte Juli–Mitte Aug. geschl.
U-Bahn Rathaus (U2); Bus 13A

Schon die feine **Barockfassade** des niedrigen Hauses mit ihrer Dreifaltigkeitsskulptur überm Portal stoppt den Schritt. Innen findet der Gast eine kleine **Schau** von alten *Backöfen* und *Backutensilien*, dazu *Dokumente* vom ›Eindingungsbuch‹ eines bayerischen Bäckergesellen bis zur *Reichsbrotkarte* – denn das Haus war von 1701–1963 Backhaus. Jetzt ist es nach mehreren Umbauten ein Café-Restaurant und Museum in der Schmuckschatulle, recht touristisch zwar, aber allemal einen Besuch wert.

## 144 Altlerchenfelder Kirche

*Stimmungsvolles sakrales Hauptwerk des Romantischen Historismus mit bedeutenden Nazarener-Fresken.*

7., Lerchenfelder Straße 111
Tel. 01/523 32 10
www.pfarrealtlerchenfeld.at
U-Bahn Rathaus (U2); Bus 13A

Die Baugeschichte ist aufschlussreich: Der Hof wünschte die Altlerchenfelder Kirche ›Zu den sieben Zufluchten‹ im italienischen Renaissancestil, doch als Hofbaurat Sprenger 1848 mit den Grundmauern bereits fertig war, setzte sich der während der Märzrevolution gegründete progressive ›Architektenverein‹ mit seinem Plädoyer für eine ›nationale‹ Architektur in mittelalterlichen deutschen For-

men durch. Der Schweizer Baumeister Johann Georg Müller und nach dessen Tod Franz Sitte errichteten bis 1849 unter Beibehaltung der Grundmauern einen (westorientierten) Backsteinbau mit **Zweiturmfassade** und oktogonalem *Vierungsturm*: eine romantische Synthese sowohl italienisch-deutscher als auch romanisch-gotischer Elemente.

Dem Anspruch des Gesamtkunstwerks entsprachen die Bauplastik außen sowie die Freskierung des gesamten **Innenraums** (1858–60). Die Schar der Wiener Nazarener breitete nach Entwürfen ihres Lehrers Führich einen imponierenden *Freskenzyklus* vom Ersten Schöpfungstag bis zum Jüngsten Gericht auf allen Wänden aus. Hervorgehoben seien Kupelwiesers ›Jüngstes Gericht‹ und der ›Engelsturz‹ an den Eingangsseiten, seine ›Acht Seligkeiten‹ in der Kuppel sowie von Engerths ›Triumph Gottes‹ in der Apsis.

## 145 Theater in der Josefstadt

*Bedeutende Bühne psychologischen Kammerspiels seit Reinhardt.*

8., Josefstädter Straße 26
Tel. 01/42 70 03 00
www.josefstadt.org
U-Bahn Rathaus (U2); Bus 13A; Tram 2

›Die Josefstadt‹ begann 1788 als **buntscheckiges Vorstadttheater**. Nach dem klassizistischen Umbau durch Kornhäusl (1822) eröffnete Beethoven sie persönlich mit der ›Weihe des Hauses‹. In die Theatergeschichte schrieben sie vor allem die Schauspieler-Auftritte Nestroys und Raimunds ein, der seinen ›Verschwender‹ 1834 hier uraufführte, oder 1913 der Durchbruch von Molnárs ›Liliom‹ mit Jarno und der Niese.

Die subtile Darstellungskunst, eine Zigarette anzuzünden und dabei einen Seelen-Augenblick zu instrumentieren – war der Ruhm ›der Josefstadt‹ in der Ära Max Reinhardts 1924–38, befestigt durch Schauspieler wie die Thimigs, Attila Hörbiger, Kortner, Moser, Jaray, Gründgens. Auch äußerlich hatte der Regiezauberer den damals abgewirtschafteten Musentempel mit Hilfe des Hoffmann-Schülers Carl Witzmann und eines Finanziers mit dem Theaternamen Camillo Castiglioni zu einem reizvollen Theater mit venezianischem Touch verwandelt.

*Untreu und lieb-reich – ›Völkertafel‹ (um 1725) im Österreichischen Museum für Volkskunde*

## 146 Piaristenkirche Maria Treu

*Bedeutende Spätbarockkirche mit großem Maulpertsch-Freskenzyklus.*

8., Jodok-Fink-Platz
Tel. 01/405 04 25
www.mariatreu.at
U-Bahn Rathaus (U2); Bus 13A

Als die Josefstadt um 1700 als Vorstadt angelegt wurde, ließ sich auch der Piaristenorden mit einem Kloster hier nieder und begann seine Schultätigkeit. Der langwierige Kirchenbau währte bis ins Jahr 1753; die Pläne stammten wahrscheinlich von Johann Lukas Hildebrandt und wurden wohl von dem unter seinem Einfluss stehenden Prager Kilian Ignaz Dientzenhofer verändert, die Ausführung oblag am Schluss Matthias Gerl. Den schönen, von *Kloster* und *Gymnasium* flankierten Platz mit der *Immaculata-Säule* in der Mitte (Jakob Philipp Prokop, 1713) dominiert die charaktervolleinfache, im Mittelteil ausgebauchte **Zweiturmfassade** der Kirche.

Schwingende Kurvaturen und schwebendes Licht machen die Suggestion des noblen **Inneren** aus. Der fast kreisförmig ovale Kuppelraum wölbt sich in zwei breiten Seitenkapellen aus und in vier Diagonalkapellen ein, in der Längsachse zum Chor wie zur Orgelempore verlängert: ein reizvoll-komplizierter Grundriss. Die **Deckenfresken** von Maulpertsch, Frühwerk des 28-Jährigen (1752/ 53), sind – trotz Beschädigung – ein Himmel an Couleurs und Temperament der figurenreichen Komposition. In der Mitte Szenen der Paradiesgeschichte bis zur ›Krönung Mariens‹, überm Chor ›Himmelfahrt Mariens‹ und ›Evangelisten‹, über den Seitenkapellen ›Jakob wälzt den Stein vom Brunnen‹ (mit Signatur ›A. M.‹ auf dem Hund des Kirchenherrn) und ›Der gute Hirte‹, über der Orgel ›Engelsturz‹. Das eindrucksvolle Altarblatt ›Christus am Kreuz‹ ist ein Alterswerk von Maulpertsch (1772).

Vor dem Hauptaltarblatt das *Gnadenbild* ›Maria Treu‹ (1721), in der Schmerzenskapelle *Vesperbild* ›St. Maria de Malta‹ (1. Hälfte 15. Jh.). Auf der klangvollen *Orgel* des Hirschbergers Carl Buckow (1858) spielten Liszt und Hindemith. Als der junge Bruckner hier seine Prüfung ablegte, sagte der Orgellehrer: »Er hätte *uns* prüfen sollen!«

## 147 Österreichisches Museum für Volkskunde

*Volkskunst von Votivbild bis Bauernstube im Gartenpalais Schönborn.*

8., Laudongasse 15–19
Tel. 01/406 89 05
www.volkskundemuseum.at
Di–So, Fei 10–17
U-Bahn Rathaus (U2); Bus 13A;
Tram 5, 33, 43, 44

Die Löwen zu Seiten des Schönborn-Wappens schauen nur gespielt bärbeißig drein. Mit Figuren, Vasen, Girlanden und Schmiedeeisenbalkon sind sie Teil des

*Schlank ragen die Zwillingstürme der Votiv-kirche in den blauen Himmel, hier von der Reichratsstraße aus gesehen*

Donauländer des 16.–21. Jh., wobei Verbindungen zu den Bayern, Schwaben und Franken einbezogen sind.

Im Mittelpunkt steht das *Bäuerliche Wohnen* mit verschiedenen Hofformen, Haustypen und vollständig eingerichteten Stuben, in denen sich Schränke, Kästen, Truhen (vor allem des 17./18. Jh.) mit Öfen, Keramik, Küchen- und Kellergerät vereinen. Offenbaren die geschnitzten und bemalten *Masken*, deren Ausdruck von Dämonie bis Heiterkeit reicht, die frappierende künstlerische Kraft von Volkserzeugnissen, so die *Krippen* ihre Detailfreude, die *Lebkuchenmodeln* ihre Ornamentfantasie, die *Votivbilder* ihr Kombinationsvermögen von traditioneller Ikonografie mit naivem Bildeinfall. *Trachten* und *Trachtenschmuck, Musikinstrumente, Schlitten, Puppentheater* und *Kinderspielzeug, Zunft-* und *Hauszeichen, Bildstöcke* – kein Sachgebiet, das nicht reich belegt wäre.

## **148** Votivkirche

*Wichtiger Sakralbau des Historismus.*

9., Rooseveltplatz
Tel. 01/406 11 92
www.votivkirche.at
Di–Sa 9–13, 16–18.30, So 9–13.30 Uhr
U-Bahn Schottentor (U2);
Tram 1, 37, 38, 40, 41, 42, 44, D

Wenn auch Imitation der französischen Kathedralgotik des 13. Jh., hat die harmonische **Fassade** der Votivkirche ›Zum göttlichen Heiland‹ mit den filigranen Türmen ihre durchaus eigene Anmut. Doch das aufwendige Erstlingswerk Heinrich Ferstels ist schwer mit Symbolismus beladen: Gestiftet wurde das Gotteshaus zum Dank für das Misslingen des Attentats von 1853 auf den jungen Kaiser Franz Joseph. Die Spendensammlung hatte sein Bruder, Erzherzog Ferdinand Maximilian, initiiert. Den Grundstein holte man 1856 vom Ölberg in Jerusalem, die Weihe fand erst 1879 am Tag der Silberhochzeit des Kaiserpaares statt.

Nichts Geringeres als ein sakrales Pantheon der Monarchie war mit der Kirche beabsichtigt. So dominieren an den reichen *Figurenportalen* die österreichischen Landesheiligen und kaiserlichen Namenspatrone, und die Gemälde, Fenster, Skulpturen im **Inneren** der dreischiffigen Basilika sind thematisch vor allem auf die nationale Kirchengeschichte ab-

heiteren, dekorativen Lebens, das sich auf der Mittelpartie der lang gezogenen **Fassade** entfaltet. Lukas von Hildebrandt hatte das *Gartenpalais* für Reichsvizekanzler Friedrich Carl Graf Schönborn 1708–14 noch üppiger angelegt. Doch Isidor Canevale hatte es 1760 klassizierend verkargt, und unter den wechselnden Nachmietern der Grafenfamilie ging viel von der festlichen Attitüde verloren, die **Vestibül** und **Prunktreppe** bis heute bezeugen.

›Schlossherr‹ seit 1917 ist das Volkskundemuseum, das die Wiener Ethnografen Michael Haberlandt und Wilhelm Hein im Jahr 1895 gründeten und das sich heute eines immensen Bestandes rühmen kann. Der Schwerpunkt der **Sammlung** liegt auf der Volkskunst der Alpen- und

gestimmt. Das wertvollste Kunstwerk aber ist alt: Die *Marmortumba des Grafen Niklas Salm*, Verteidiger Wiens bei der ersten Türkenbelagerung 1529, mit seiner knienden Gestalt auf dem Deckel und zwölf Flachreliefs seiner Taten an den Seiten gilt als Werk Loy Herings von 1530 (linke Seitenkapelle vor dem Querschiff).

Das **Museum** (Di–Fr 16–18, Sa 10–13 Uhr) im ehem. Hoforatorium zeigt als herausragendstes Exponat den ›Antwerpener Passionsaltar‹ aus der 2. Hälfte des 15. Jh., dessen dramatisch bewegte Schnitzfiguren noch ihre originale farbige Fassung aufweisen.

## 149 Narrenturm

*Ein Albtraum mit dem gemütlichen Spitznamen ›Kaiser Josephs Gugelhupf‹.*

9., Spitalgasse 2 (Zugang über Van-Swieten-Gasse)
Tel. 01/40 68 67 22
www.narrenturm.at
Mi 15–18, Do 8–11 Uhr, jeden 1. Sa im Monat 10–13 Uhr
Tram 5, 33, 43, 44 (Lange Gasse)

Der ursprüngliche Kern des von Joseph II. 1784 gegründeten **Alten Allgemeinen Krankenhauses**, das sich heute mit drei Baukomplexen im Alsergrund ausbreitet, liegt an Alserstraße und Spitalgasse. Die verdienstvolle Gründung, die damals als fortschrittlichste Europas galt, entwickelte sich bald zum Zentrum der ›Wiener Medizinischen Schule‹.

In einem der vielen Höfe erinnert der mächtige Rundbau der ehem. Geisteskranken-Station noch an jene Anfänge: der sog. **Narrenturm**, in dessen 139 Zellen rund 250 Kranke verwahrt wurden – gegen die vorherige Zurschaustellung der ›Narren‹ hinter Gittern am Hohen Markt damals ein Fortschritt, heute der schiere Alptraum. Die Form des Gebäudes trug ihm den Namen ›Kaiser Josephs Gugelhupf‹ ein. Seit 1971 sind hier die Sammlungen des **Pathologisch-Anatomischen Bundesmuseums** mit ihren 42 000 Zeugnissen menschlicher wie tierischer Krankheiten und Missbildungen untergebracht und deren interessanteste Präparate und Nachbildungen ausgestellt: eine medizinisch-nüchtern präsentierte Horrorshow.

## 150 Josephinum

*In alten Mauern zeigt das Medizinhistorische Museum den zergliederten Menschen.*

9., Währinger Straße 25
Tel. 01/427 76 34 01
Mo–Fr 9–15 Uhr, jeden 1. Sa im Monat 10–14 Uhr
Tram 37, 38, 40, 41, 42 (Schwarzspanierstraße bzw. Sensengasse)

Stehende und liegende Muskelmänner und -frauen und endlos hinter Glas gereiht Glied um Glied unseres Körpers in fleischrosa Wachs, durchzogen von farbigen Blutbahnen, Lymphgefäßen, Ner-

*Medizinisches Interesse und halbängstliche Schau(er)lust werden im Josephinum befriedigt*

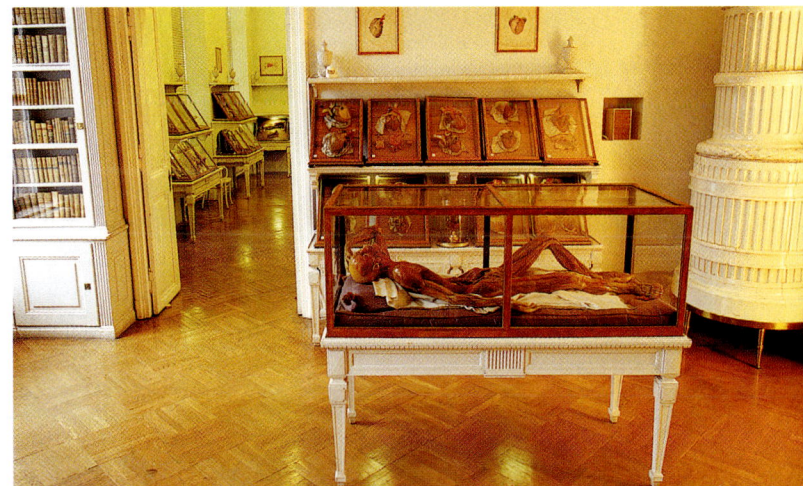

venästen aus feinen Messingdrähten – auf den ersten Blick ist diese berühmte *Wachspräparatesammlung* des **Museums der Medizinischen Universität Wien** erschreckend surrealistisch, auf den zweiten ein stocknüchterner, akribischer Rechenschaftsbericht der menschlichen Anatomie: Adonis und Venus seziert.

Im Krieg sah Joseph II. die Missstände des Militärsanitätswesens. 1785 gründete er die ›Medizinisch-chirurgische Militärakademie‹, die durch bessere Ausbildung Abhilfe schaffen sollte. In Florenz lernte er zur selben Zeit die beiden Anatome Felice Fontana und Paolo Mascagni kennen, die unter Künstler-Assistenz anatomische Wachspräparate als Studienobjekte herstellten, denn sezierte Leichen konnten damals noch nicht präpariert werden. Er gab ihnen die Herstellung eben dieser immensen Sammlung für seine Josephs-Akademie in Auftrag. Unverändert ist sie hier zu sehen in ihrer frappanten Mischung aus Modellier-Kunst und exaktem Naturalismus – nur wenige der Modelle sind heute wissenschaftlich überholt.

Eine andere Abteilung des Museums gibt Einblick in die imponierenden **medizinischen Leistungen Wiens**, u. a. van Swietens Gründung der 1. Wiener Medizinischen Schule (1749), Auenbruggers Erfindung der Brustkorb-Perkussion, Semmelweis' Einführung der Desinfektion, Billroths erste Magenresektion, Wagner-Jaureggs Malariaimpfung, Landsteiners Blutgruppen-Entdeckung, Eiselsbergs und Schönbauers Begründung der Neurochirurgie, Neuerungen in der Röntgenologie durch Holzknecht, in der Psychopathologie durch Freud und Adler, in der Laryngologie durch Chiari, in der Gerichtsmedizin durch Haberda, in der Unfallchirurgie durch Böhler.

## 151 Sigmund-Freud-Museum

 *Bürgerheim, doch auch Geburtsstätte der modernen Seelenkunde.*

9., Berggasse 19
Tel. 01/319 15 96
www.freud-museum.at
tgl. 9–17 Uhr
Bus 40A; Tram 37, 38, 40, 41, 42

Nein, die viel berufene Couch ist nicht da, sie steht in London. Aber das **Wartezimmer** mit *Plüschmöbeln, Bücherschrank*

und *Teilen* seiner sachkundigen archäologischen *Sammlung* in einer Vitrine sind originalbestückt. Im engen Vorraum rühren karge Reliquien: Hut, Spazierstock, Handkoffer. Das übrige, *Fotos* und *Dokumente* in Fülle, fordert eher sprödе Entzifferungsarbeit. Was den Andrang andächtiger Intellektueller aus aller Welt nicht hindert. Von der Berggasse 19 ging eine **geistige Revolution** von Weltwirkung aus, durchaus vom Geist Wiens geprägt: Die Zerstörung des selbstgewissen *Ich*.

Sigmund Freud (1856–1939) wohnte und ordinierte 1891–1938 in diesem gediegenen Wiener Bürgerhaus. Hier scharte er die ›Psychologische Mittwochsgesellschaft‹ um sich, aus der die ›Wiener Psychoanalytische Vereinigung‹ hervorging, entstanden 1900 der Durchbruch zu seinem Lebenswerk, ›Die Traumdeutung‹, und weitere grundlegende Schriften, erhielt er 1902 die kaiserliche Ernennung zum außerordentlichen Universitätsprofessor (»… als sei die Rolle der Sexualität plötzlich von seiner Majestät amtlich anerkannt …«), arbeitete er 1915–17 die ›Vorlesungen zur Einführung in die Psychoanalyse‹ aus, entwickelte er 1923 die Theorie von der Strukturierung des Psychischen, ›Das Ich und Es‹. Als im März 1938 die Wohnungsdurchsuchungen durch die SA begannen, emigrierte er im Juni mit seiner Frau nach London. Das hier ausgebreitete Mosaik von Leben und Werk Freuds ist zugleich ein Mosaik jener Epoche in Wien.

## 152 Servitenkirche

*Frühbarockkirche mit architekturhistorisch wichtigem Innenraum.*

9, Servitengasse 9
Tel. 01/31 76 19 50
www.rossau.at
U-Bahn Rossauer Lände (U4);
Tram D

Die hohe **Zweiturmfassade** lässt in ihrer Vorstadt-Einfachheit nichts ahnen von der Schönheit des gerundeten, golddurchwärmten **Innenraums**, den sie birgt. Zur Zeit der ›Klosteroffensive‹ mit ihren eilig errichteten, schematischen Saalräumen entstand hier 1656–77 (unter den Architektenfamilien Carlone und Canevale) der erste Ovalraum des Wiener Barock, zum Kreuz erweitert in der Längsachse bis zum Mönchschor, in der Querachse durch zwei Kapellen, denen

*Kopffutter wird dem Besucher des Sigmund-Freud-Museums in der Berggasse geboten, wo der Begründer der Psychoanalyse sein bahnbrechendes Modell von Ich, Es und Überich entwarf*

sich in der Diagonale vier Altarnischen zugesellen. Karls- und Peterskirche erhielten dadurch ihr Vorbild! Dass der karge Stadel des 1640 in Wien gegründeten Servitenordens (›Diener Mariens‹) zu einem damals so ungewöhnlichen Bau kam, war der Stiftung des Fürsten Ottavio Piccolomini zu danken, dem Vertrauten Wallensteins und späteren Hauptakteur seiner Ermordung.

Eine Kirche der vortrefflichen **Stuckfiguren**! In den Turmkapellen an der Eingangshalle hat sich Johann Baptist Bussi 1766 ausgezeichnet durch beseelte Gestaltung des *hl. Nepomuk* (links) und der *hl. Juliana Falconieri*, ›Mutter der Servitinnen‹ (rechts), die eine auf ihre Brust gelegte Hostie wunderbarerweise in ihren Körper aufnahm. Neben dem kunstvollen *Renaissancegitter* ein *Wiesheiland* und ein *hl. Nepomuk*.

Johann Baptist Barbarinos harmonische Komposition des figuralen und ornamentalen *Stucks* im Hauptraum unterstützt dessen einheitliche Wirkung. Das Programm Mariae Verkündigung ist am Kuppelrand um die Uhr zentriert und in – den Messias erwartenden – herrlich modellierten Propheten und Sibyllen über den Altarbögen sowie den *Stuckmedaillons* der Evangelisten und Kirchenlehrer in der Decke paraphrasiert. Die *Fresken*, wohl von Carpoforo Tencala, sind leider ›über‹-restauriert.

Unter den durchweg qualitätvollen Altären hervorhebenswert der **Schmerzensaltar** nach Entwurf des Melker Meisters Antonio Beduzzi mit eindrucksvoller *Pietà* (um 1470) und die *Grabstätte des Fürsten Ottavio Piccolomini*, der sich aber ein Grabmal verbeten hatte (Stuck deshalb mit Kriegsmotiven als Hinweis). Die *Kanzelfiguren* der Evangelisten und der Drei Göttlichen Tugenden schuf der große Barockmeister Nikolaus Moll 1739. Viel besucht ist die (durch die Antoniuskapelle in der Mitte rechts zugängliche) *Wallfahrtskapelle* zum Servitenheiligen Peregrin (kanonisiert 1726), Patron der Fuß- und Krebsleidenden, mit qualitätvollen *Kuppelfresken* von Josef A. Mölk und einem originellen Schrein mit *Wachsplastik* des Heiligen (Holzoriginal im Kreuzgang).

## 153 Liechtenstein Museum

*Majestätischer Barockpalast mit weltberühmter Kunstsammlung, aus dem Exil zurück.*

9., Fürstengasse 1
Tel. 01/31 95 76 72 52
www.liechtensteinmuseum.at
Fr–Di 10–17 Uhr
Bus 40A; Tram D

Das neueste Prachtmuseum Wiens ist barockalt. Es wurde um 1700 als Gartenpalais der kunstpassionierten Fürsten Liechtenstein parallel zu ihrem Herrenviertelpalast gebaut und geriet zu einem wahren Gesamtkunstwerk aus Gartenareal, Architektur, Deckenfresken, Dekor, Gemälden und Plastiken. Die Kunstsammlung war schon seit 1807 öffentlich zugänglich. Als der Fürst 1938 aus politischen Gründen seinen Sitz nach Vaduz verlegte, wurde sie in Etappen dorthin geschleust. 2004 kehrte sie triumphal ins prächtig restaurierte Palais zurück.

Römische Grandezza atmet der ganze Bau: die Fassade mit ihren Rundbogento-

*Die Decke des 600 m² großen fulminanten Herkulessaals malte Padre Andrea Pozzo 1704 aus*

*Bauherr Fürst J. A. Andreas I. von Liechtenstein plante sein Gartenpalais als Musentempel*

ren, die hohen, lichten Hallen, grandiosen Treppenläufe, von Freskenhimmeln überwölbten Säle. Fischer von Erlach, Rossi, Martinelli seien als Baumeister, Rottmayer und Pozzo als Freskanten hervorgehoben. Und allenthalben die Farbenpracht der Gemälde! Allen voran Rubens mit dem furiosen Decius-Mus-Zyklus (1616, mit van Dyck zusammen), seinen prangenden Faunen und Frauen, seinen zauberhaften Kindern. Nicht minder erlesen Porträts von Van Dyck, Hals

*Das Liechtenstein Museum zeigt barocke Architektur, Malerei, Skulptur und Kunsthandwerk*

*Jugendstil-Eleganz und Funktionalität vereint die Strudlhofstiege in Wiens 9. Bezirk*

oder Solimena, der den bedeutenden Fürsten Joseph Wenzel von Liechtenstein als hochfahrenen Jüngling zeigt. Italien ist mit wundervollen Heiligenbildern von Trecento bis Renaissance, die Niederländer sind mit durchweg qualitätvollen Landschaften, Stilleben, Genreszenen vertreten. Und in allen Sälen und Kabinetten Meisterwerke der Skulptur von Adriaen de Fries, Mantegna, Sansovino, Giambologna, Susini u.a. Dazu das reizvollste Kunsthandwerk. Ein Haus der Superlative, die sich dem hohen Kunstverstand der Sammler verdankt.

Wem die Augen übergehen, kann sie im weitläufigen, teilweise barock gestalteten **Park** ausruhen lassen.

## **154** Strudlhofstiege

*Eine Treppe, die in die Literatur einging.*

9., Strudlhofgasse
Bus 47A

Berühmt wurde sie durch den österreichischen Schriftsteller Heimito von Doderer (1896–1966). In seinem Roman ›Die Strudlhofstiege‹ von 1951 dient das Bauwerk als ruhender Pol, der die Zeiten überdauert und die Personen und Ereignisse miteinander verknüpft, während um die Strudlhofstiege herum ein Gesellschaftspanorama Wiens um die Zeit des Ersten Weltkriegs entsteht.

Doch verdient ihre anmutig-zeremoniöse **Jugendstilschönheit** ohnedies Ruhm. Johann Theodor Jäger schuf die rampen- und lampenreiche Anlage im Jahr 1910, um damit die Liechtensteinstraße mit der viel höher gelegenen Währinger Straße zu verbinden. Doch ihre Absätze und Knicke vertuschen die Steilheit. Im oberen Teil der Gasse, nach der sie benannt ist, lag der ›Strudelhof‹ des Barockmalers Peter von Strudel, in dem erst die Kunstakademie, später ein Waisenhaus eingerichtet war.

## 155 Schubert-Geburtshaus

 *Schubert und seine Zeit, durch Reliquien beschworen.*

9., Nussdorfer Straße 54
Tel. 01/317 36 01
www.wienmuseum.at
Di–So, Fei 10–13 und 14–18 Uhr
Tram 37, 38 (Canisiusgasse)

Das bescheidene zweigeschossige Haus ›Zum roten Krebs‹ ist so wiederhergestellt worden, wie es zu Franz Schuberts Geburt ausgesehen hat: Wiener Vorstadt 1797. Unten der **Schulraum** des Vaters, Lehrer aus Mähren, oben die *Ein-Zimmer-und-Küche-Wohnung*, in der die Mutter 13 Kinder gebar und fünf überlebende aufzog. Die heutigen Museumsräume sind zusätzlich geschaffen worden. 1801 erwarb die Familie das nahe Haus in der Säulengasse 3.

Um das wenige **Mobiliar** – den Flügel des Halbbruders, den Sekretär des Bruders u. a. – scharen sich reiche **Bild- und Fotozeugnisse**. Die Lichtentaler Kirche, in der Schubert getauft wurde und mit 17 Jahren seine erste Messe dirigierte. Die Qualifikationen als Lehramtsgehilfe. Die Jugendliebe Therese Grob, die der Mittellose nicht heiraten konnte. All seine Wohnungen in Wien, all die Freunde, Künstler und kunstnärrischen Beamten, die sich zu jenen als ›Schubertiaden‹ berühmt gewordenen Hauskonzerten nur mit Schubert-Musik um ihn scharten, auch zusammen Landpartien und Gesellschaftsspiele unternahmen: Kupelwiesers und Schwinds Blätter schildern es hier anschaulich. Wilhelm August Rieder schuf das bekannteste Porträt seiner barock-sinnlichen, warmherzigen Erscheinung, das oft als Vorlage für spätere Schubert-Bildnisse diente.

Und die **Noten**: Sein erstes Lied, ›Gretchen am Spinnrad‹, 1814, mit dem das moderne deutsche Lied begann, die Erstausgabe des ›Erlkönig‹, 1821, die ›Unvollendete‹, 1822, deren Partitur erst 1865 gefunden wurde, die Erstausgabe der ›Deutschen Tänze und Ecossaisen‹, 1825, die ›Winterreise‹ als Faksimile des Autografs und vieles mehr.

Im selben Haus befinden sich auch die **Adalbert-Stifter-Gedenkräume**. Hier erinnern *Manuskript-Faksimiles* und *Erstausgaben* sowie *Gemälde* und *Zeichnungen* Stifters an den Dichter und Maler, der 1826–50 in Wien lebte.

*Im Geburtshaus Schuberts kann man jetzt auch seiner Musik lauschen*

# Die Außenbezirke –
# Experimentierfeld der Architektur

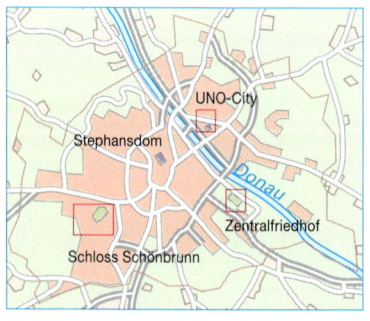

Das Terrain zwischen Gürtel und Donau ist im weiten Oval umlagert von den übrigen Bezirken (10.–23. Bezirk). Die innige Symbiose von Wien und der ›schönen blauen Donau‹ ist dennoch eine *Walzerillusion*. Denn die Zähmung des im Mittelalter noch verwilderten Flusses ließ Amputate zurück: den Donaukanal, die in Beton gebettete Donau, den Arm der Alten Donau. Ein renaturiertes **Erholungsgebiet** und die **UNO-City** geben dem Fluss in jüngerer Zeit wieder Anziehungskraft. Die westlichen Bezirke im Süden und Norden – Meidling, Hietzing, Währing, Döbling – sind schöne bis hochelegante Wohngebiete dörflichen Ursprungs, was nicht hinderte, dass sich dazwischen auch dicht besiedelte Arbeiterviertel wie Ottakring oder Favoriten ausdehnten. Die Architektur fand hier seit je Platz zum Experimentieren, ob bei Barockschlossanlage, Werkbundsiedlung oder Gemeindebau des ›Roten Wien‹ – und nicht nur die Villen, auch die Kirchen berühmter Architekten der Moderne sind hier exzentrische Gebilde.

## 156 Zentralfriedhof

*Größter Friedhof der Stadt mit einzigartigem Ehrengräberfeld der Berühmten Wiens.*

11., Simmeringer Hauptstraße 232–244
Tel. 01/76 04 10
Mai–Aug. tgl. 7–19, Sept.–Okt. und
März/April 7–18, Nov.–Febr. 8–17 Uhr
Tram 6, 71 (zu Tor 1, 2 und 3); Bus 171
(zu Tor 3); S-Bahn S7 (zu Tor 11)

Nicht nur Fremde, auch die vergänglichkeitssüchtigen Wiener besuchen gern ihre prominenten Verblichenen, und die liegen hier an der Allee hinter Tor 2 so dicht beieinander, als umfasse der 1874 eröffnete Zentralfriedhof nicht 2,4 km² und berge nicht rund 3 Mio. Tote. Ein ›Ton‹ aus Familiarität und Feierlichkeit, Melancholie und Schönheitslust, bestimmt den Hain der **Ehrengräber** [A]. Namen von Franz Schubert bis Arnold Schönberg, Johann Nestroy bis Arthur Schnitzler, Hans Makart bis Fritz Wotruba, Therese Krones bis Curd Jürgens sind hier zu lesen, dazu die von reizenden Trauergenien strotzende Grabmalskunst des 19. Jh. zu bewundern, manchmal zu belächeln: etwa die bombastische Baldachinarchitektur für den *Bürgermeister*

*Prix*, der Tragödin *Charlotte Wolter* iphigenienhaftes Ganzfigurenporträt, die eher sinnliche als sinnende Musikmuse bei *Strauß Sohn*, das Jugendstil-Liebespaar bei *Hugo Wolf*, die eigene Plastik auf Bildhauer *Wotrubas* Grab … Nur wenige der hier Begrabenen, wie beispielsweise *Beethoven, Schubert, Therese Krones*, sind nachträglich hierher überführt worden.

Hinter der Rondellanlage der Ehrengräber und der **Gruft der Bundespräsidenten** [B] der 2. Republik erhebt sich die wuchtige **Dr. Karl-Lueger-Gedächtniskirche** [C], die Otto-Wagner-Mitarbeiter Max Hegele als secessionistischen Zentralbau 1907–10 schuf. Pharaonengräber ebenso wie der Petersdom standen seiner Bauidee Pate, doch die Verwirklichung geriet zum erdrückenden Klassizismus mit appliziertem Jugendstil. In der Hauptgruft der von der halben Secessionisten-Garde ausgestatteten Kirche liegt der beliebte Bürgermeister Dr. Karl Lueger (1844–1910).

Links der Kirche *Mahnmale* für die Opfer des Blutbads zwischen Konservativen und Sozialisten von 1927 [D], des Faschismus [E], der Februarkämpfe von 1934 [F], die *Ehrengräber der Sozialdemokraten* [G], das *Mahnmal für die Märzgefallenen*

*Besucher aus aller Welt erweisen den Ehrengräbern von Beethoven und Mozart ihre Reverenz*

von 1848 [**H**]. Tor 1 und 3 bzw. 5 führen zu zwei israelitischen Abteilungen.

Jenseits der Straße gegenüber Tor 2 steht das **Krematorium** (1921–23), ein expressionistischer Bau von Clemens Holzmeister. Daneben die Riesenanlage des Renaissanceschlosses *Neugebäude* (www.schlossneugebaeude.at, Führungen März–

Okt. vierzehntägig sonntags, Anmeldung Tel. 0664/574 52 10). 1573 von Kaiser Maximilian II. erbaut, 1775 von Maria Theresia verändert, wurde es Ende des 20. Jh. saniert und steht seit 2002 für so beliebte Kulturveranstaltungen wie ›Sommer im Schloss‹, einen Weihnachts- und Ostermarkt zur Verfügung.

## Zentralfriedhof

Tor 1

**A** Ehrengräber
**B** Gruft der Bundespräsidenten
**C** Dr.-Karl-Lueger-Gedächtniskirche
**D** Mahnmal für die Opfer von 1927
**E** Mahnmal für die Opfer des Faschismus
**F** Mahnmal für die Opfer von 1934
**G** Ehrengräber der Sozialdemokraten
**H** Mahnmal für die Märzgefallenen von 1848

Alter
israelit.
Friedhof

0        500 m

Tor 2
(Haupteingang)

Tor 3
Tor 4

Tor 5

Tor 11

A
B

F

G

Evang.
Friedhof

H

Neuer
israelit.
Friedhof

C

D E

## Schöner Schauer in alle Ewigkeit

Der Tod könnte gar nicht besser aufgehoben sein als in Wien. Die **Wiener** und der **Tod** – eine Liebe, die nicht rostet. Von den Dichtern der Fin-desiècle-Ära als Todessehnsucht nuancenreich angestimmt, von Dr. Freud nüchtern als Todestrieb erkannt. Beim Heurigen besingen die Einheimischen den Tod launig-larmoyant, auf dem Friedhof schwärmen sie von der ›schönen Leich‹, einem ›Begräbnis Erster Klasse‹ mit vielen Trauergästen, viel Musik, vielen Reden – und einem feucht-fröhlichen Ende beim Leichenschmaus in einem der nahe gelegenen Gasthäuser. Wenn auch der Wiener nicht immer von Todessehnen geplagt ist, so genießt er doch stets den **schönen Schauer**, der damit zusammenhängt. Und wo sonst fährt man mit der Linie 71 samt Kind und Kegel los, um den sonntäglichen **Familienspaziergang** auf dem Zentralfriedhof abzuhalten? Maroni und Würstel inbegriffen.

# 157 Friedhof der Namenlosen

*Eindringliches Memento mori im Abseits.*

11., Alberner Hafen
Bus 6A

Das kleine Gräberfeld liegt verloren in einer von Lagerhallen und Gleisen verdorbenen Auenlandschaft, versteckt hinterm Hochwasserdamm, wo Donaukanal und Donau nah zusammen fließen. Wasserleichen wurden hier angeschwemmt, Selbstmörder, Unfallopfer, einst mehr als heute, denn die Verbauung hat die Strömung verändert. In den Jahren 1845–1940 wurden sie hier begraben (vorher außerhalb des Damms).

Die 102 Gräber mit schlichten schmiedeeisernen Kruzifixen sind nicht alle namenlos. Manche Toten konnten identifiziert werden; man liest, dass sie meist jung starben. Der einzige Stein gehört einem der Gasthauswirte ›von nebenan‹. Der frühere Friedhofswärter pflegt die Gräber bis heute. Eine Sehenswürdigkeit? Gewiss. Die andere Seite der *schönen blauen Donau*.

*Im 12 m hohen gotischen Bildstock harrt seit Jahrhunderten die ›Spinnerin am Kreuz‹ aus*

# 158 Spinnerin am Kreuz

*Sagenumwobenes frühes Denkmal.*

10., Triester Straße, bei Nr. 52
Bus 15A, 65A; Tram 65

Der außergewöhnliche, 12 m hohe gotische **Tabernakelpfeiler** mit Baldachin und Skulpturen wurde 1452 von Dombaumeister Hans Puchsbaum anstelle einer älteren Säule errichtet und ist seither vielfach restauriert worden. Die ursprüngliche Säule war ein Denkmal an die Teilung Österreichs in Donau- und Alpenländer im Jahre 1379. Ihr Name, erst im 19. Jh. entstanden, geht auf eine reich variierte Sage zurück, wonach eine Penelope des Mittelalters hier jahrzehntelang spinnend der Rückkehr ihres Geliebten aus dem Heiligen Land geharrt habe.

Daneben stand viele Jahrhunderte, bis 1868, der Galgen!

# 159 Schmelzer Pfarrkirche

*Avantgarde in Ottakring – ›Zum Heiligen Geist‹ ist die erste mitteleuropäische Eisenbetonkirche.*

16., Herbststraße 82
Bus 48A; Tram 9

Wagner-Schüler Josef Plečniks architektonisches Plädoyer für ein bescheideneres Christentum gerade im Arbeiterbezirk Ottakring kam nicht an. »Heumagazin« verspotteten die Leute mit Thronfolger Franz Ferdinand diesen revolutionären Kirchenbau von 1911–13. Hinter der schroffen Tempelfront tut sich ein blockhafter **Innenraum** mit stützenlosen Emporen auf (daher Eisenkonstruktion), beherrscht vom *Altarwandmosaik* der ›Sieben Gaben des hl. Geistes‹ von Ferdinand Andri und dem goldschimmern-den *Hauptaltar* von Otto Holub.

Noch eindrucksvoller wirkt die **Krypta** mit ihren ›Felsenwänden‹ aus Ziegelbruchstücken in Betonmasse, in die Grotten für das Heilige Grab, den Bethlehem-Stall und den Ölberg eingelassen sind. Auch hier gibt es meisterliche Jugendstilwerke zu bewundern, u. a. das *Taufbecken* von Andri.

## 160 Technisches Museum

*Geschichte der Naturwissenschaften und der Technik auf 22 000 m² Ausstellungsfläche.*

14., Mariahilfer Straße 212
Tel. 01/899 98 60 00
www.tmw.at
Mo–Fr 9–18, Sa/So/Fei 10–18 Uhr
Bus 10A, 57A; Tram 10, 52, 58

›K. k. Fabriksproduktenkabinett‹ hieß die *Mustersammlung von Manufakturerzeug-*

*nissen*, die Kaiser Franz I. zur Geschmacksbildung und Industrie-Anregung schon 1807 gründete. Ähnliche, der Technik gewidmete ›Kabinette‹ ließen auch seine Nachfolger einrichten. Weniger Fortschrittsgeist legte Franz Ferdinand an den Tag, als er den prämierten modernen Entwurf Otto Wagners für einen Museumsbau prompt konterkarierte. So fand denn die Sammlung 1918 in einem konservativen Riesengehäuse mit glasgedeckter hoher Mittelhalle und umlaufenden Galerien (Hanns Schneider, 1909–13) ihre Heimstatt.

Mit seinem alten, angestaubten Namen hat das Technische Museum heute nichts mehr gemein, seit seiner Generalsanierung 1999 befindet es sich auf dem neuesten Stand und wurde so zu einem der beliebtesten Museen Wiens.

Die **Dauerausstellung** gliedert sich in sechs **Themenbereiche**, Filme, Computerterminals und Experimente ergänzen die Ausstellungsstücke. Zunächst werden in **Natur und Erkenntnis** Geschichte und Stand der Naturwissenschaften erforscht, Physik als Grundlagenwissenschenschaft wird anschaulich gemacht und Astronomie spannend präsentiert.

*Aufbruch in die Moderne – das Technische Museum zeigt seine handwerklich-industrielle Seite*

*Verträumt liegen Gloriette und Neptunbrunnen im Schlosspark von Schönbrunn*

Sodann geht es um die **Schwerindustrie**, der eine Schlüsselrolle in der Technik- und Industriegeschichte zukommt. Ein originalgetreues Kohlebergwerk und ein Hochofen zählen zu den Prunkstücken der Ausstellung.

Chronologisch ist die Abteilung zum Thema **Energie** geordnet, die Exponate illustrieren die einzelnen Epochen: vorindustrielle Zeit, Industrialisierung bis zum Beginn des 20. Jh. und schließlich die Gegenwart mit modernen Kraftwerken. Die Funktion der Dampfmaschine wird hier ebenso erläutert wie jene des Motors.

**Musikinstrumente**, insbesondere der Klavier- und Orgelbau sind Thema einer weiteren Ausstellung, die auch elektronische Instrumente und Musikautomaten, die ältesten aus dem 17. Jh., umfasst. Im Bereich **Verkehr** werden Fortbewegungsmittel aller Art gezeigt, vom Hofsalonwagen der Kaiserin Elisabeth über den Mercedes Silberpfeil bis hin zu allerlei skurrilen Fluggeräten.

Die Vergangenheit mit der Zukunft verbindet schließlich die Abteilung **medien.welten**. Hier wird die Geschichte der Kommunikation von der Postkutsche bis zum Internet und die Entwicklung der Datenverarbeitung vom Rechenschieber zum Computer nachgezeichnet.

**161** ## Schloss Schönbrunn

*Sommerresidenz der Habsburger und epochenweise Zentrum von Regierungsgeschäften wie Familienleben.*

13., Schönbrunner Schlossstraße 13
www.schoenbrunn.at
U-Bahn Schönbrunn oder
Hietzing (U4); Bus 10A; Tram 10, 58

Der **Ehrenhof** ist dem Eintretenden eine Umarmung. Niedrige Kavalierstrakte umfangen ihn rings, steigern sich in der Front zum breit gelagerten, dreigeschossigen **Schlossbau**, der ihm seitlich zwei vorspringende Gebäudestufen, in der Mitte eine Freitreppe entgegenschickt. Der Schlossdurchgang öffnet sich zum farbig gestalteten **Gartenparterre**, das ein Neptunsbrunnen begrenzt und das zugleich höher leitet zum fernen »Diadem« der Gloriette. Grüne Wände säumen die Achse und ausstrahlende Diagonalen. Götter und Nymphen halten Gesimse, Baumnischen, Brunnen besetzt. Doppeladler setzen zum Flug an übers prangende ›Schönbrunner Gelb‹. Eine Anlage von seltener Liebenswürdigkeit, Liebenswürde. Das Herrscherliche wirkt nicht demonstrativ, das Großartige nicht pompös. Das Festliche hat Maß und Anmut.

Das Jagdgebiet zwischen Wienfluss und ansteigenden Wienerwaldbergen, das eine Quelle, der ›Schöne Brunnen‹, taufte, kam Mitte des 16. Jh. in Habsburger-Besitz. Ein bürgerlicher Herrensitz an dieser Stelle wurde kaiserliches Jagdschloss, eines von vielen. Nach dessen Zerstörung durch die Türken hatte Kaiser Leopold I. auf dem Terrain für seinen Sohn Joseph I. Größeres im Sinn. Freilich nicht das hochfliegende ›Über-Versailles‹ mit dem Schloss auf der Anhöhe und gigantischen Terrassenbauten, das Fischer von Erlach zunächst plante. Nach seinem stark zurechtgestutzten zweiten Entwurf in den heutigen Umrissen begann er 1696 zu bauen. Joseph I. bewohnte bis zu seinem Tod 1711 den Mitteltrakt, danach wurde die Anlage nur noch in großen Zügen fertig gestellt und – links liegen gelassen.

Erst Maria Theresia machte Schönbrunn zum strahlenden Mittelpunkt ihrer Residenzen. Ihr junger Favorit unter den Architekten, Nikolaus Pacassi, griff 1744–49 ändernd und vollendend ein, lockerte die strenge Würde des Fischer-Schlosses im spätbarocken, rokokonahen Geist zur fließenden Bewegtheit auf. Er ersetzte die Prunkauffahrt zum Hauptsaal im Obergeschoss durch eine **Freitreppe** und schuf eine **Durchfahrtshalle** zwischen Ehrenhof und Garten – womit er freilich Fischers gesteigerte Schlossmitte nivellierte –, verwandelte den quer gestellten Hauptsaal in zwei längs gerichtete, fluktuierende **Galerien**, fügte für den überquellenden Hofstaat ein Mezzaningeschoss ein. In die neuen Räume – Wendepunkt der Stile – zog das Rokoko ein, und Maria Theresia bekam ihr **Schlosstheater**. 20 Jahre später beauftragte sie den jungen, schon zum Frühklassizismus neigenden Architekten Johann Ferdinand Hetzendorf von Hohenberg mit der Parkausschmückung, die in der **Gloriette** kulminierte. Spätere Fassadenveränderungen fielen optisch kaum ins Gewicht.

Immer nachhaltiger etablierte sich die Hofhaltung in Schönbrunn. Joseph II. feierte seine beiden Vermählungen hier. Napoleon logierte sich 1805 und 1809 hier ein und kannte keine Gnade für den deutschen Freiheitsschwärmer, dem das Attentat im Ehrenhof auf ihn misslang. Napoleons und Marie Louises Sohn Napoleon II. starb 1832 mit 21 Jahren in Schönbrunn. Franz Joseph war in seinen letzten Lebensjahren nur noch hier zu Hause. Sein Großneffe, Kaiser Karl, unterzeichnete im Blauen Salon die Abdankungsurkunde. Heute lädt die Republik zu Staatsempfängen in die Große Galerie.

*Zu den Räumen, die in Schönbrunn zu besichtigen sind, gehört auch das eheliche Schlafgemach von Kaiser Franz Joseph I. und Kaiserin Elisabeth*

## 162 Ehrenhof mit Schlosstheater

Eindringlinge in der Schönbrunner Adler-Familie der Spezies Habsburg sind die französischen Kaiseradler auf den *Eingangsobelisken*. Napoleon brachte sie mit. Und Franz I. ließ sie gelassen droben, weil sie »niemandem schaden und gar viel erzählen«. Die *Brunnen*, die dem großen **Ehrenhof** konzentrische Symmetrie geben, figurieren allegorisch Donau, Inn und Enns (rechts, Franz Anton Zauner) sowie die Vereinigung der Königreiche Galizien und Lodomerien mit Siebenbürgen (links, Johann Baptist Hagenauer), beide 1776.

Das Schönbrunner **Schlosstheater** (Tel. 01/711 55) rechts des Eingangstors ist das einzige noch bestehende Barocktheater Wiens. 1747 gebaut, 1767 im Rokokostil ausgestattet, war es ein Hätschelkind Maria Theresias, die hier selbst spielte – eine barocke Regentenpassion. Joseph II. beauftragte Mozart mit einer Kurzoper (›Der Schauspieldirektor‹), die er zusammen mit einem Salieri-Stück hier aufführen ließ. Heute hat u. a. das *Max-Reinhardt-Seminar* (Infos und Karten Tel. 711 55 28 01, www.maxreinhardtseminar.at) hier seine Übungsbühne. Im Sommer gibt sich das Musik Theater Schönbrunn (www.musik-theater-schoenbrunn.at) die Ehre.

## 163 Schauräume

Tel. 01/81 11 32 39
Führungen (Imperial Tour mit 22 Räumen oder Grand Tour mit 40 Räumen, auf den Eintrittskarten sind feste Einlasszeiten vermerkt) Juli–Aug. tgl. 8.30–18, April–Juni, Sept./Okt. 8.30–17, Nov.–März 8.30–16.30 Uhr

Von den insgesamt 1441 Räumen des Schlosses Schönbrunn sind 40 **Repräsentations-** und **Wohnräume** zu besichtigen. Ihre Dekorationen schufen erste Rokoko-Künstler wie Nikolaus Pacassi, Albert Bolla, Isidor Canevale, Thaddäus Adam Karner.

Doch darf man vom Rokoko Schönbrunns, überhaupt Wiens, nicht schäumende Pracht und schwelgerische Verspieltheit erwarten. Distinguierte Eleganz ist ihr Kennzeichen. Das gilt für die astartig gezogene und geschlungene Stuckornamentik in Gold auf Weiß wie für die imperial gestimmten Fresken, das gilt nicht minder für die kaiserliche Wohnkultur, die sich weit eher zurückhaltend und pragmatisch als luxuriös zeigt. Bei **Franz Joseph I.** ist die Bescheidenheit ins Extrem getrieben: Stehpult, Soldatenbett, spießiges Nachtkästchen kontrastieren mit Matschs feierlichem Gemälde seiner ›Huldigung durch die Fürsten‹, 1908.

In **Maria Theresias Gemächern**, später von Elisabeth bewohnt, hängen bekannte *Porträts* der Familienmitglieder von van Meytens und Amerling und die feinen *Kinderpastelle* des dem Hof verbundenen Genfer Bohemien Jean-Etienne Liotard. Die geschmackvollen **Rosa-Zimmer** sind benannt nach den eingelassenen Spätrokoko-*Landschaftsbildern* des Kammermalers Joseph Rosa. Rokoko-modische *Chinoiserien* entzücken im **Rund-** und im **Ovalkabinett**, das erstgenannte war das Geheimkabinett mit Geheimtreppe für Konferenzen Maria Theresias mit Staatskanzler Kaunitz.

Die durch Arkaden verbundene **Kleine** und **Große Galerie**, jene zum Park, diese zum Ehrenhof gerichtet, bilden den brillant-festlichen Mittelpunkt des Schlosses. Guglielmis *Deckenfresken* allegorisieren in der Kleinen Galerie das milde Regiment Maria Theresias, in der Großen die Kronländer und ihre Reichtümer, den Ruhm der Heere und die Segnungen des Friedens. Bollas nobler Goldstuck verwendet Motive aus Musik und Heraldik. Im **Zeremoniensaal** fesselt u. a. die detailversessene Monumental-›Reportage‹ der ›Hochzeit Josephs II. mit Isabella von Parma‹ aus der Meytens-Schule. Die beiden Privatgemächer der Regentin, das **Vieux-Laque-Zimmer** und das **Millionenzimmer** sind ausnahmsweise höchst luxuriöse Demonstrationen des so beliebten Rokoko-Orientalismus: Jenes ist mit fernöstlichen *Lacktafeln* mit Goldmalerei verkleidet, dieses mit einer *Wandtäfelung* aus erlesenen exotischen Hölzern ausgelegt, in die 260 persisch-indische *Miniaturen* in Deckfarbenmalerei mit Goldauflage eingefügt sind. Der Name ›Millionenzimmer‹ spielt auf die gewaltigen Kosten an.

*Die Große Galerie, rund 40 m lang und 10 m breit, ist einer der prächtigsten erhaltenen Rokoko-Festsäle. Unter dem Deckenfresko von Guglielmi kam es 1961 zum historischen Treffen von John F. Kennedy und Nikita Chruschtschow. Auch heute finden hier Staatsempfänge und Konzerte statt* ▷

# **164** Bergl-Zimmer

Schloss Schönbrunn, Osttrakt,
Erdgeschoss

Diese leider nur selten zugänglichen Räume des Schlosses Schönbrunn links vom Foyer sind auf Wunsch Maria Theresias als Übergang zwischen Schloss und Park konzipiert. Johann Bergl aus Böhmen schuf hier durch seine reizvollen illusionistischen *Wandmalereien* romantischer Landschaften mit exotischen Elementen eine Art Gartenappartement (1769–77). In Vitrinen wird die *Schlossgeschichte* dokumentiert.

# **165** Schlosskapelle

Schloss Schönbrunn, im Ehrenhof
links neben der Freitreppe
Tel. 06 64/515 52 36
www.schlosskapelle.at
Besichtigung nach tel. Anmeldung

Die Ende des 17. Jh. erbaute Kapelle versammelt Werke großer Wiener Spätbarockkünstler. Die **Deckenfresken** im Tonnengewölbe (›Apotheose Maria Magdalenas‹) malte Daniel Gran 1744. Der **Hochaltar** stammt von Donner-Schüler Franz Kohl, dessen Altarblatt (›Vermählung Marias‹) von Paul Troger, das Relief der Pietà an der Tabernakeltür von Donner. Die Bleigussplastiken an den Seiten (*Mater Dolorosa* und *hl. Johannes*) sind weitere Arbeiten des Künstlers Kohl.

# **166** Wagenburg

*Herrschaftliche Prunk- und Gebrauchtwagen von 1690 bis 1918.*

Schloss Schönbrunn, Eingang
vom Ehrenhof rechts
Tel. 01/525 24 40 25
April–Okt. tgl. 9–18 Uhr,
Nov.–März Di–So 10–16 Uhr,
Führungen So 11 Uhr
U-Bahn Schönbrunn (U4), Hietzing (U4)

So distinguiert die Schlossräume den Prunk zurückhalten, so triumphal breiten ihn die barocken *Staatskarossen* aus. Acht Schimmel in unglaublich kostbaren Galageschirren zogen das güldene, 4000 kg schwere, von dem Maler Wagenschön (!) fein bemalte Wunderwerk, in dem Franz Stephan von Lothringen 1745 zur Kaiserkrönung in Frankfurt einzog (Maria Theresia wurde *nicht* gekrönt). Die *Karussellwagen* und *-schlitten*, in denen die Gemahlin in der Reitschule und im Burghof durch ihre Künste brillierte, entwarfen berühmte Künstler wie der Barockbildhauer Balthasar Moll. Das Neobarock hundert Jahre später gerierte sich noch einige Zoll neopathetischer, zu sehen an dem schwarzen *Trauerwagen*, der für das Begräbnis Kaiserin Zitas 1989 nochmals angespannt worden ist. Ein historischer *Schlitten* jener Zeit ziert sich martialisch-symbolisch mit knochenwürgenden Leoparden und Greifenklauen.

Dazwischen fuhr man klassizistisch streng oder schnittig – sogar zur Krönung. Die Biedermeier-*Reisesänfte* sorgte *sans gêne* für ein Klo. Auch die beiden verwehten Nostalgie-Gestalten Napoleon-Sohn, vertreten durch seinen feingliedrigen *Kinderwagen*, und Sisi, geehrt mit einem eigenen Themenschwerpunkt, dürfen hier nicht fehlen. Das Publikum zeigt sich angeregt wie in einer Autoschau.

# **167** Schlosspark

*Weitläufiger Spätbarockpark, seit 1996 Weltkulturerbe der UNESCO.*

13., Eingänge Schönbrunner Schlossstraße, Grünbergstraße,
Hietzinger Tor und Hohenbergstraße
(direkter Zugang zur Gloriette)
Tel. 01/8775 08 70
www.bundesgaerten.at
April–Okt. tgl. 6 Uhr bis Einbruch der Dunkelheit, Nov.–März ab 6.30 Uhr
U-Bahn Schönbrunn oder Hietzinger Zoo (U4)

*Im Achtspänner zur Kaiserkrönung – der Wagen, in dem Franz Stephan von Lothringen 1764 vorfuhr, ist in der Wagenburg zu bestaunen*

Schnurgerade Wände aus gestutzten und geschnittenen Bäumen und Taxushecken, die in der Hauptachse die Geometrien des Blumenparterres zwischen sich nehmen, setzen die Schlossarchitektur als Gartenarchitektur nach französischer Art fort, wobei die Gliederung in viele Komplexe eher österreichischen Neigungen entspricht. Den von Jean Trehet 1705 nach Fischer-Entwurf angelegten **Park** erweiterten Adriaen van Steckhoven und Hetzendorf von Hohenberg 1765–80 zu heutiger Gestalt, die auch freie Natur zuließ. Hetzendorf gab ihm die Fülle architektonischer Akzente, viele davon im Geiste des romantischen ›poetischen Gartens‹. Bereits im Jahr 1779 wurde der Park öffentlich gemacht.

Die das **Blumenparterre** flankierenden 32 *Steinstatuen* mythologischer Gestalten stammen von der Hand verschiedener Bildhauer (namentlich Wilhelm Beyers und Hagenauers) und waren damals noch auf den ganzen Park verteilt.

Wie eine Barockbühne mit bewegtem Figurenaufbau steht der **Neptunbrunnen** im Hintergrund des Gartenparterres: Thetis fleht Neptun an, ihren Sohn Achill auf See zu schützen. Rosse, Tritonen, Nymphen umgeben die Szene (Entwurf Hetzendorf, Figuren Zauner, 1780). Serpentinenwege führen von hier zum

Scheitel der Anhöhe, dem die **Gloriette** (April–Juni, Sept. tgl. 9–18, Juli, Aug. tgl. 9–19, Okt. tgl. 9–17 Uhr) als graziöse Krone aufgesetzt ist. Die offene Halle mit dreibogigem Triumphtor und vierbogigen Flügeln ist ein Denkmal an den Sieg über Preußenkönig Friedrich bei Kolin, 1757, darum die pompösen Trophäenfiguren und Siegessymbole allenthalben. Architektonisch aber bildet das Meisterwerk Hetzendorfs (1775) ein auf Fernwirkung angelegtes ›Echo‹ des Schlosses. Wundervoller Rundblick vom Dach auf Wien! Links Pavillon der **Kleinen Gloriette**, einst Frühstückssalon des Hofs, rechts **Tiroler Garten**, den Erzherzog Johann um 1800 anlegen ließ.

In den Zentren der beiden Diagonalachsen entsteigen wohlgeformte Nymphen den Becken der beiden **Najadenbrunnen** (Figuren von Hagenauer). Auf der linken Seite nicht weit davon spendet Quellnymphe Egeria aus einem Krug das Wasser des **Schönen Brunnens** (Figur

Wilhelm Beyer). Am Ende der Diagonalachse steigt eine bizarre Kaskadenanlage mit Felsen, Flussgöttern und einem von Schildkröten getragenen **Obelisk** empor (Hetzendorf, 1777), und an der Querachse rechts davon gerät man zur **Römischen Ruine** (Hetzendorf, 1778), einem verfallenen, wie verwunschen wirkenden Palast, in dessen Schilfwildnis ein steinernes Götterpaar still verharrt, Moldau und Elbe verkörpernd.

Die Querachse führt hinüber auf die rechte Seite zum **Tiergarten** (www.zoovienna.at, April–Aug. tgl. 9–18.30, März, Okt. – Ende der Sommerzeit tgl. 9–17.30, Nov.– Jan. tgl. 9–16.30, Febr. tgl. 9–17 Uhr), der vom Hietzinger Tor direkt zu erreichen ist. Die ›Menagerie‹ war das Hätschelkind Franz' I., der ihr 1752 durch Jadot de Ville-Issey eine kreisförmige Anlage bauen ließ, um mit Gemahlin Maria Theresia vom Frühstückspavillon aus die Raubtierkäfige ringsum zu beobachten. Damit ist

der Tierpark Schönbrunn der älteste aller Zoos (!), zwar im Kern erhalten, aber auf 12 ha erweitert und teilweise mit Freigehegen, Polarium, Regenwald und Mexikohaus neu gestaltet.

Östlich davon liegt der 1848 angelegte **Botanische Garten**, nahebei das **Wüstenhaus** (Mai–Sept. tgl. 9–18, Okt.–April tgl. 9–17 Uhr) sowie das dreiteilige, unterschiedlich klimatisierte **Palmenhaus** (Mai–Sept. tgl. 9.30–18, Okt.–April tgl. 9.30–17 Uhr). Dessen Eisen-Glas-Konstruktion ohne Mauerteile von F. Segenschmid gehörte 1882 zu den bewunderten Ingenieurleistungen des 19. Jh. Sensationell wirkte damals auch die durch eigens ausgeschickte Expeditionen hier zusammengebrachte exotische Flora. Weitere Attraktionen sind der nahe *Japanische Garten* und der *Irrgarten*.

## 168 Stadtbahn-Hofpavillon

*Otto Wagners Haltestellen-Prunkstück mit Dekorationen von Joseph Maria Olbrich.*

13., Schönbrunner Schlossstraße, östlich der Kennedybrücke
Tel. 01/877 15 71
www.wienmuseum.at
So 10.30–12.30 Uhr
U-Bahn Hietzing (U4); Tram 10, 58, 60

Ein bisschen sakral und überaus feudal, ein wenig barock und ausbündig secessionistisch ist der weiß-gold-grüne **Kaiserpavillon** (1894–98) der Stadtbahn geraten, der auf viereckigem Unterbau mit luftigem, zierlichem *Eisenportalvorbau* eine prangende, okulibefensterte *Kuppel*

**Oben:** *Blick vom 1705/06 angelegten Park auf die Hofseite von Schloss Schönbrunn, seit 1996 UNESCO-Weltkulturerbe*
**Unten:** *Possierliche Wasserspiele der etwas anderen Art sieht man im Tiergarten*

trägt. Er war allein als Haltestelle für den Hof bestimmt, entsprechend nobel war sein zentraler Wartesalon mit Seidenbespannung und allerhand Komfort ausgestattet. Aber Kaiser Franz Joseph I. nutzte Stadtbahn und mithin die hiesige Station nur zwei Mal, 1899 und 1902. Nun ist der sorgsam renovierte Pavillon für die Öffentlichkeit zu besichtigen.

## 169 Hietzinger Pfarrkirche

*Gotische Dorfkirche mit feiner barocker Ausstattung.*

13., Am Platz 1
Tel. 01/877 73 49 40
www.pfarre-maria-hietzing.at
U-Bahn Hietzing (U4); Bus 56B;
Tram 58

Das alte Dorf Hietzing wurde durch den Bau des nahen Schloss Schönbrunn Sommersitz des Adels, dann *Cottage* der Großbürger. Aber rund um die gotische Spitzturmkirche ist noch dörfliche Aura spürbar, auch wenn die gedrehte **Marienensäule** eine höfisch-feine *Immaculata* trägt (1730) und die innen barockisierte **Kirche Mariae Geburt** sich mit *Altären* Steindls und *Gemälden* Rottmayrs durch ranghohe Wiener Kunst auszeichnet. Die Lieblingskirche Maria Theresias wurde seit der ersten Türkenbelagerung 1529 ein viel besuchter Wallfahrtsort durch ihr *Marien-Gnadenbild* (15. Jh.), das vier von Türken bedrohten Männern Rettung gebracht haben soll und dessen Silberblech-Kleid des 19. Jh. eine Rarität ist.

## 170 Haus Primavesi

*Monumentale Prunkvilla des ›Quadratl-Hoffmann‹.*

13., Gloriettegasse 14–16
U-Bahn Hietzing (U4); Tram 60, 61

Josef Hoffmann, Erbauer des Palais Stoclet in Brüssel, der den Jugendstil in harten Rechteckformen handhabe (daher sein wenig respektvoller Spitzname ›Quadratl-Hoffmann‹), schuf diesen auch Villa Skywa genannten **Gartenpalast** für den Großindustriellen Robert Primavesi in seiner beginnenden neoklassischen Phase 1913–15: ein massiger Bau mit wulstigen Pilastern und Dreiecksgiebeln an den Ecken, besetzt mit Figuralplastik von Anton Hanak. Er ist heute in Privatbesitz und nur von außen zu begutachten.

## 171 Friedhof Hietzing

*Friedhof der klingenden Namen.*

13., Maxingstraße 15
Tel. 01/877 31 07
Mai–Aug. tgl. 7–19, Sept./Okt. und März/April tgl. 7–18, Nov.–Febr. tgl. 8–17 Uhr
U-Bahn Hietzing (U4); Bus 56B;
Tram 58

In der gepflegten, unmittelbar an den Schönbrunner Park anschließenden Anlage mit Grabsteinen und Mausoleen aus Empire, Biedermeier, Historismus, Jugendstil sind viele **Berühmte** begraben: die Tänzerin *Fanny Elßler*, der Dichter *Franz Grillparzer*, die Schauspielerin *Katharina Schratt*, die Maler *Gustav Klimt* und *Kolo Moser*, der Architekt *Otto Wagner*, der Komponist *Alban Berg*, Bundeskanzler *Engelbert Dollfuß* oder Fußballspieler und Architekt *Gerhard Hanappi*, der das später nach ihm benannte Weststadion plante, und viele andere. An den Eingangsportalen befindet sich ein Gräberplan.

## 172 St. Petrus in Ketten

*Die letzten Rokoko-Fresken Wiens in frühklassizistischem Ambiente.*

23., Kalksburger Kirchenplatz
Tel 01/888 51 61
S-Bahn Liesing (S1, S2); Bus 253, 254

Der weite Weg an die äußerste Stadtgrenze lohnt sich für Liebhaber des Ausgefallenen. Immerhin stellt diese 1793–1801, also an einer großen Bruchzone der Stilgeschichte von Johann Zobel errichtete Pfarr- und Wallfahrtskirche ein besonderes Kuriosum dar, denn es wurden Stiltendenzen verschiedener Zeiten parallel angewendet und wirken dabei zu einem durchaus ›homogenen‹ Raumbild zusammen. So haben **Grundriss** und **Raumtypus** des Zentralbaus typisch barocken Zuschnitt, vermittelt die **Wandgliederung** mit granitgrauem Kunststein bereits eine klassizistisch kühle Strenge, während die schwungvollen **Deckenfresken** des Allgäuers Josef Anton Keller von 1799 noch gänzlich den Geist des späten Rokoko atmen (›Erschaffung der Welt‹, ›Letztes Abendmahl‹). Vor allem im lichten Hauptkuppelbild mit dem ›Jüngsten Gericht‹ zog der routinierte Meister nochmals alle Register seines barocken Illusionismus.

*Mit kubischen Grundformen plante Fritz Wotruba seine Dreifaltigkeitskirche in Mauer*

## 173 Wotruba-Kirche

*Außergewöhnlicher Kirchenbau eines bedeutenden Wiener Bildhauers der Moderne.*

23., Mauer, Georgsgasse/Rysergasse
Tel. 01/888 61 47
www.georgenberg.at
Sa 14–20, So/Fei 9–17 Uhr
S-Bahn Liesing (S1, S2); Bus 60A

Dolmenhaft archaisch liegt die Kirche ›Zur Heiligsten Dreifaltigkeit‹ auf dem St. Georgenberg: eine ins Monumentale gesteigerte Wotruba-Plastik aus 152 asymmetrisch aufgetürmten glatten Betonblöcken mit eingefügten Glasflächen. Fritz Wotruba (1907–1975), der nach seinem Schweizer Exil als Akademieprofessor in Wien ein Pionier der Internationalen Moderne war, hat die schon bei den alten Ägyptern wirksame Vorstellung, Skulptur in Architektur zu verwandeln, in diesem Bau einzigartig verwirklicht. Sein Modell führte Fritz Gerhard Mayr 1976 aus. Als »scheinbares Chaos zur harmonischen Einheit« (Wotruba) geführt, bietet das dynamische Raum-Körper-Gebilde wie eine Skulptur von jedem Standpunkt andere Perspektiven. Durchblicke, Licht- und Schattenwirkungen, außen wie innen – die Kirche zeichnet sich durch eine in hohem Maße zur Meditation auffordernde Sakralarchitektur aus. Dazu passen der schlichte Marmorblock des *Altars* und das herbe *Wotruba-Kreuz*.

## 174 Hermesvilla

*Sisis lustlos bewohnte Lustgartenvilla.*

13., Zugang über Lainzer Tor
Tel. 01/804 13 24
www.wienmuseum.at
April–Okt. Di–So, Fei 10–18 Uhr,
Nov.–März Fr–So, Fei 10–16.30 Uhr
Tram 60, 62 bis Speising, dann Bus 60B

Als Franz Joseph 1882–86 die **Hermesvilla** als Jagdhaus für sein Lieblingsrevier bauen ließ, wünschte er, die rastlose Elisabeth durch ein auf sie zugeschnittenes *Buen Retiro* fester an Wien zu binden. Vergebens. Die Gemahlin fühlte sich in der schwülen Opulenz der Interieurs nicht wohl. Sogar Makarts ›Sommernachtstraum‹-Fresko – ihr Lieblingsmotiv – in ihrem so einem exaltierten Bett beherrschten *Schlafzimmer* hatte wenig Erfolg. Nur das ›pompejanisch‹ ausgemalte *Turnzimmer* fand Gnade. Diese Feudalvilla des Ringstraßenarchitekten Carl von Hasenauer, ein Renaissance-Barock-Konglomerat mit Türmen, Mansardelementen, Eisenarkadenloggien, ist durch asymmetrischen Aufbau und farbige Akzente außen betont ›gemütlich‹ gestaltet und innen reich dekoriert mit Vertäfelungen, Reliefs, Tapeten, Wandmalereien von Hans Makart, Rudolf Hermann Eisenmenger, Gustav Klimt, Franz Matsch u. a. Taufpate der Villa war der *Marmor-Hermes* im Garten.

Die Hermesvilla liegt am südöstlichen Rand des **Lainzer Tiergartens**, einem

Stück des Wienerwalds, in dem der Hof schon seit dem Mittelalter Hirsche, Damwild, Mufflons, Wildschweine, gar Wölfe jagte. Um die umliegende Landwirtschaft zu schützen, wurde er 1787 ummauert, sieben Tore gewähren Einlass. Seit 1919 ist er für die Öffentlichkeit zugänglich, seit 1941 steht er unter Naturschutz. Er ist eines der größten *Fledermausbiotope* Europas und hat stellenweise alte Buchen- und Eichenbestände, vor allem am Johannser Kogel. Durch das 2450 ha umfassende Gelände führen 80 km Wanderwege mit einem *Naturlehrpfad* vom Lainzer Tor zur Hermesvilla, zur 18 m hohen *Hubertuswarte* am Kaltenbründlberg, zu *Tiergehegen*, *Rasthäusern* und *Kinderspielplätzen*.

## 175 Werkbundsiedlung

*Mustersiedlung der Klassischen Moderne: Reihenhäuser berühmter Architekten.*

13, Jagdschloss-, Veitinger-, Woinovichgasse
U-Bahn Ober St. Veit (U4), von dort Bus 54B, 55B

Anlässlich der Wiener Werkbundausstellung 1930–32 lud die Gemeinde Wien die einheimische **Architekten-Avantgarde**

sowie ausländische Gäste zum Bau einer Modell-Anlage von 70 Einfamilienhäusern ein, u. a. Josef Frank, Oswald Haerdtl, Josef Hoffmann, Clemens Holzmeister, Ernst Lichtblau, Adolf Loos, dazu die Franzosen André Lurçat und Gabriel Guevrekian, den Holländer Gerrit Rietveld, den ›Wiener‹ Amerikaner Richard Neutra. Ihre verschiedenen Haustypen in Flachbauweise, ebenerdig, zwei-, höchstens dreigeschossig, demonstrierten neue Wohnformen im rationalistischen Geist.

Hervorhebenswerte Beispiele: **Veitingergasse** Nr. 115/117 *Haerdtl*, Nr. 107/109 *Plischke*, Nr. 87–93 *Lurçats* puristische Baublöcke, die der Straße eine schroff fensterlose Front zuwenden, die Bandfenster schauen dabei zum Garten, Nr. 79–85 *Hoffmanns* niedrig gelagerte Reihenhäuser, durch Dachterrassen-Aufgänge vertikal akzentuiert, Nr. 71/73 *Häring*. **Woinovichgasse** Nr. 32 frei stehendes Haus von *Frank* mit durchgehendem Wohnraum (daneben Dokumentationszentrum), Nr. 13–19 elegante Doppelhäuser von *Loos* mit perfekt funktionalem ›Raumplan‹, Nr. 9 und 11 frei stehende Häuser von *Neutra* und *Vetter*, Nr. 14–20 *Rietvelds* schmale, abgetreppte, durch Fensterflächen aufgelockerte Reihenhäuser. **Jagdschlossgasse** Nr. 88/90 *Lichtblau*, Nr. 72/74 *Breuer*.

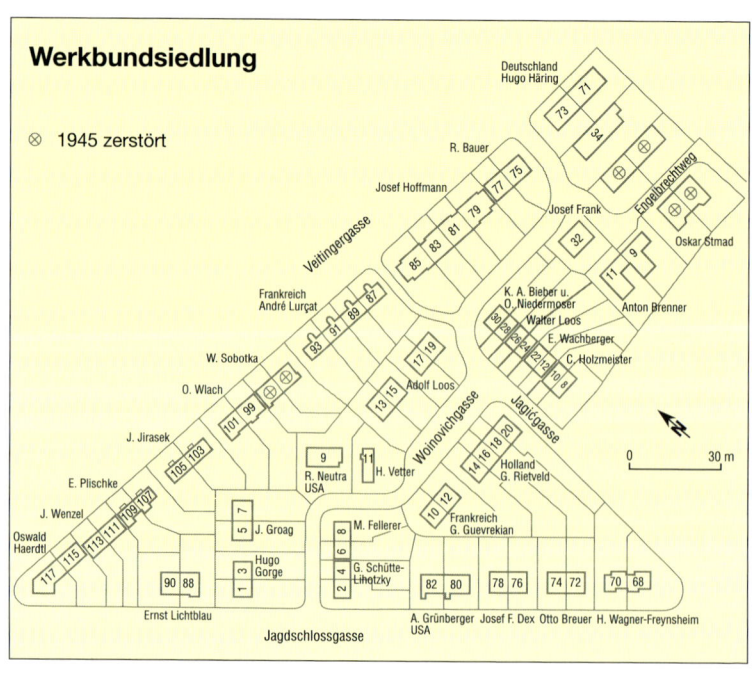

*Die Kirche am Steinhof, sakrales Hauptwerk des Wiener Jugendstils*

## 176 Kirche am Steinhof

*Bedeutendste Jugendstilkirche Wiens.*

14, Baumgartner Höhe 1
Tel. 01/91 06 01 12 04
www.wienkav.at
Sa 16–17 Uhr, Führungen Sa 15 Uhr
U-Bahn Ottakring (U3), dann Bus 48A

Die Lage ist spektakulär: Der orientalisch anmutende Bau der St. Leopold geweihten Kirche am Steinhof thront blockhaft und licht auf einer Höhe über der Heil- und Pflegeanstalt für Nervenkranke. Sie wurde 1905–07 als Teil der von Otto Wagner geplanten ›Niederösterreichischen Landesirrenanstalt‹ errichtet, axial zwischen den damals getrennten Frauen- und Männerpavillons. Der kreuzförmige **Zentralbau** mit grüner *Riesenkuppel* und niedrigen *Glockentürmen* ist mit weißen Marmorplatten verkleidet, angenagelt mit den Wagner-charakteristischen Metallbolzen. Sparsame Zier sind *Kranzfries*, *Portalpfeiler-Engel* (Othmar Schimkowitz) und *Sitzfiguren* der niederösterreichischen Patrone St. Severin und St. Leopold auf den Türmen (Richard Luksch).

Die pure Schönheit entpuppt sich innen als perfekter Funktionalismus. Die Kirche wurde für 900 »ruhige und halbruhige« Patienten gebaut (1916 gab es hier 4000 Kranke!): Zum Altar hin fällt der Fliesenfußboden etwa ab, um ihn leichter reinigen zu können, man rundete die Bänke ab, um Verletzungen zu vermeiden, leitete Weihwasser durch tropfende Jugendstil-Hähne, um Infektionen zu verhindern, baute Ärztezimmer und Notausgänge ein. Der helle **Raum** unter flacher, aufgehängter Kuppel ist ungewöhnlich jugendstilrein. Die realistischen *Glasfenster* – hier weibliche, dort männliche Heilige – stammen von Kolo Moser, den *Hochaltar* unter vergoldetem Baldachin schuf Remigius Geyling, der neben Kolo-Moser-Schüler Leopold Forstner auch für das große *Mosaikbild* des hl. Leopold inmitten Heiliger verantwortlich zeichnete, die *Seitenaltarmosaike* steuerte Rudolf Jettmar bei.

## 177 Otto-Wagner-Villen

*Palladio und Stahlbeton: zweimal Otto Wagner.*

14., Hüttelbergstraße 26 und 28
Tel. 01/914 85 75
www.ernstfuchs-zentrum.com
Führungen Mo–Fr 10–16 Uhr nach tel. Anmeldung und ab 10 Personen
U-Bahn Hüttelbergstraße (U4, auch Tram 49), dann Bus 148 oder 152 bis Camping West

1888 baute Otto Wagner (1841–1918) hier seine eigene **erste Villa** (Nr. 26). Freitreppe, Säulen-Portikus und beidseitige Säulenhallen geben sich neo-palladianisch; für die linke Pergola schuf Adolf Böhme prunkende *Jugendstilglasfenster*. Die üppig geschwellte *Hausgöttin* im Portikus lockt mit Rose, Schlange und Apfel: Sie

*Für sich baute Otto Wagner 1888 eine aparte Mischung aus Villa und lichtem Sommerhaus*

gehört dem heutigen Besitzer, dem Maler Ernst Fuchs, nicht minder berühmt als der Erbauer. Die farbigen Elemente am Haus fügte Fuchs hinzu, auch den bizarren, rätselhaften *Tempelbau* im Garten. Die Villa beherbergt heute das private **Ernst-Fuchs-Museum**, das in edlem Ambiente Werke des Meisters zeigt.

Seine **zweite Villa** setzte Wagner 1912/13 daneben (Nr. 28), sein letztes Werk übrigens. Inzwischen war er ein aufrührerischer Moderner geworden und entwickelte aus dem damaligen Einfamilienhausschema einen asymmetrischen Kubus aus Stahlbeton mit schmal gereihten Fenstern und glatter Fassade, nur ornamental akzentuiert durch Aluminiumnägel, Mosaiken und Kolo-Moser-Fenster.

## 178 Geymüller-Schlössel

*Architektur-Preziose des Spätempire mit Biedermeier-Ausstattung und berühmter Uhrensammlung.*

18., Pötzleinsdorfer Straße 102
Tel. 01/479 31 39
www.mak.at
Mai–Nov. So 11–16 Uhr,
Führungen So 13 Uhr
Tram 41 bis Plötzleinsdorf, dann Bus 41A bis Khevenhüllerstraße

Pötzleinsdorf begann sich zum Nobelvillenort zu entwickeln, als die Bankiers-Brüder Geymüller nach 1808 dies feine **Gartenschlösslein** bauen ließen. Barock

im Grundriss, spielt es *à la mode* außen wie innen so liebenswürdig wie geschmackvoll mit gotischen und orientalischen Elementen (um 1808, Architekt unbekannt). 1946 erwarb es der Sammler Dr. Franz Sobek, Unternehmer aus Mähren, Nazi-Verfolgter, Generaldirektor der Staatsdruckerei, der es 1965 Österreich schenkte.

Dazu gehörte auch die nach wie vor hier untergebrachte **Uhrensammlung Sobek**, rund 200 in den Jahren 1780–1850 in Wien entstandene Stücke des Empire, Biedermeier und Historismus. Zu bestaunen ist hier nicht nur Präzision, die sich höchstens drei Sekunden Ungenauigkeit im Monat leistet, sondern auch Fantasie bei Gehäusen, die als Architekturen, Ruinen, Vasen, Ampeln geformt sind, oder denen Flöten- und Orgeltöne von Haydn entfleuchen.

## 179 Wiener Höhenstraße

*Wienerwaldperspektiven: Wirtshäuser und Wanderwege.*

17.–19., Neuwaldegg bis Leopoldsberg
S-Bahn Hernals (S45); dann Tram 43 und Bus 43B, 243, 443

Der Wienerwald ist ein Alpenausläufer, der Wien im Westen in die Arme nimmt und dadurch zu einer ›grünen Großstadt‹ adelt. Dass er in den 1870er-Jahren nicht ruchlos abgeholzt und für die leeren

Staatskassen umgemünzt wurde, verhinderte der unerschrockene Landtagsabgeordnete Josef Schöffel. Schutzmaßnahmen gegen Zersiedlung, wenn in Notzeiten auch immer wieder übertreten, haben den Wald- und Wiesengürtel dennoch einigermaßen intakt gehalten. Heute bereiten eher die Schadstoffemissionen Kummer.

Im Zuge eines Arbeitsbeschaffungsprogramms entstand 1934–38 die von Neuwaldegg im Westen bis zum Leopoldsberg im Osten verlaufende **Höhenstraße,** durch Zufahrtsstraßen mit den Weindörfern Salmannsdorf, Neustift am Walde, Sievering, Grinzing, Heiligenstadt verbunden. Ein Bus befährt den prachtvollen Aussichtsweg (38A ab Heiligenstadt).

Wer Landpartien vorzieht, kann z. B. von Salmannsdorf aus (Bus 35A) über die Gastwirtschaft **Häuserl am Roan** am Dreimarkstein (454 m) zur Aussichtswarte **Hermannskogel** wandern, zum Hauptgipfel des Kahlengebirges, mit 542 m höchster Punkt des Stadtgebiets. Höhenstraße wie Wanderwege umrunden dann den **Cobenzl** (Latisberg), benannt nach Staatskanzler Philipp Graf Cobenzl, der um 1780 hier ein Schloss und köstliche Gärten anlegte (nicht mehr vorhanden). Viel frequentiert werden die gemütlichen Gastronomiebauten **Am Cobenzl**.

Von hier führt die Himmelstraße zur aussichtsreichen **Bellevuehöhe** (368 m), wo »sich am 24. Juli 1895 dem Dr. Sigm. Freud das Geheimnis des Traumes enthüllte«, wie eine Gedenktafel auf der im wahrsten Sinne des Wortes grünen Wiese rührend altmodisch bekannt gibt.

Der **Kahlenberg** (484 m) eröffnet einen so wundervollen Blick auf die mit zarten Akzenten weit und sanft ausgebreitete Stadt, dass man zusamt dem unabdingbar dazugehörenden Wein gelassen der hier herrschenden historischen Verwirrungen Herr wird. Die eine: Der Berg hieß zuerst wegen der Wildschweine in seinen Eichenwäldern ›Sauberg‹, dann vornehmer ›Leopoldsberg‹, wohingegen sein Nachbar ›Kahlenberg‹ genannt wurde. Als dort 1693 die Leopoldskirche entstand, tauschten beide Berge ihre Namen. Die andere: Beide rühmen sich, Sammelpunkt zu jener Entsatzschlacht gewesen zu sein, die Wien 1683 von den Türken befreite, eingeleitet durch eine Messe des päpstlichen Legaten Marco d'Aviano, bei der Polenkönig Sobieski ministrierte. Inzwischen weiß man zwar, dass das Ereignis auf dem Leopoldsberg stattfand, doch die polnischen Resurrektionisten, die seit 1906 die barocke *Josefskirche* betreuen, nehmen weiterhin den Kahlenberg dafür in Anspruch. Die So-

## Ausg'steckt is – das Heurigendorf Grinzing

Für Wienbesucher sind die einfachen Schankwirtschaften in den Weinbergen am Wiener Stadtrand echte Pilgerziele. Besondere Beliebtheit bei Auswärtigen genießt die bis 1891 selbstständige Weinbauergemeinde Grinzing im Nordwesten der Stadt. Hier reiht sich ein Heuriger an den anderen, die reiche Auswahl an Rebensaft und nahrhaften Schmankerln bereichert zünftige Musikbegleitung und viel Trubel. Dazwischen, etwas versteckt, liegen Oasen weinseliger Gemütlichkeit wie etwa der Heurige von Franz Rauscher oder Hengl-Haselbrunner [s. S. 168]. Interessante Weingartenführungen bietet der Winzer Zum Berger, in der Himmelstraße 19 (Tel. 01/320 58 93, www.zumberger.at, Mo/Di geschl., Mi–Sa ab 15, So ab 12 Uhr).

Bequem erreichbar ist Grinzing mit der Tram 38 und dem Bus 38A, zu-

*Gemütliche Schänken finden sich im allseits beliebten Weindorf Grinzing in jeder Straße*

dem liegt es an der Route der Bummelbahn Vienna Heurigen Express (Tel. 01/479 28 08, www.heurigenexpress.at).

bieski-Kapelle in der Kirche (1930) ist ein polnisches Nationalheiligtum.

Ein Windstoß trug einen Brautschleier vom **Leopoldsberg** (425 m) zu Tal – wo man ihn fand, entstand Stift Klosterneuburg. Er gehörte der Gemahlin des Babenbergerherzogs Leopold III. des Heiligen, der um 1135 hier seinen Regierungssitz hatte. Inmitten der Ruinen der 1529 von den Türken gesprengten Burg steht der schlichte, doch auf Fernwirkung angelegte Zentralbau mit Doppelturmfassade der *Leopoldskirche*, 1679–93 gebaut und Mitte des 18. Jh. ausgestattet.

Der **Rundblick** von diesem letzten Gipfel des Kahlengebirges reicht im Süden bis zu den Voralpen, im Südosten bis zum Leithagebirge, im Nordosten übers Marchfeld bis zu den Kleinen Karpaten. Ein müheloser Wanderweg führt nach Klosterneuburg im Norden, ein steiler, kurvenreicher über die ›Nase‹ nach Kahlenbergdorf und Nussdorf im Süden.

## 180 Eroica-Haus

*Eines von Beethovens Sommerquartieren.*

19., Döblinger Hauptstraße 92
Tel. 01/369 14 24
www.wienmuseum.at
Fr 15–18 Uhr
Tram 37 (Pokornygasse)

Nach Döbling, seit dem 18. Jh. bevorzugte Sommerfrische der Wiener Gesellschaft, zog es auch Ludwig van Beethoven (1770–1827) häufig, wobei er seine Stadtwohnung stets kündigte, um zu sparen. 1803 bezog er sommers Quartier in der Döblinger Hauptstraße 92. Die vier von ihm bewohnten Räume des im 19. Jh. aufgestockten Baus sind als **Gedenkstätte** rekonstruiert und sparsam mit *Mobiliar* jener Epoche, reichlich mit *Fotografien* nach zeitgenössischen Aquarellen und Zeichnungen mit Döblinger Motiven bestückt worden. Im Mittelpunkt stehen die *Erstdrucke* (fotografische Vergrößerungen) der drei Werke, die hier entstanden: die 3. Symphonie ›Eroica‹, deren Widmung für Napoleon der Komponist wieder löschte, als sich der Korse 1804 selbst zum Kaiser proklamierte; die dem Freund und Förderer Ferdinand Graf Waldstein dedizierte ›Waldstein-Sonate‹ sowie das schwierige ›Tripelkonzert für Violine, Violoncello und Klavier‹, das dem Fürsten Franz Joseph Lobkowitz zugeeignet ist.

## 181 Heiligenstädter-Testament-Haus

*Verknüpft mit Beethovens bitterer Selbsterkenntnis seiner beginnenden Taubheit.*

9., Probusgasse 6
Tel. 01/370 54 08
www.wienmuseum.at
Di–So und Fei 10–13 und 14–18 Uhr
Tram 38A (Armbrustergasse)

Am 6. Oktober 1802 hatte Beethoven aus der Kur in Heiligenstadt seinen Brüdern Carl und Johann einen Brief mit Testamentscharakter geschrieben, den er jedoch nicht abschickte. Es handelt sich um das das sog. ›Heiligenstädter Testament‹, ein erschütterndes Dokument der Verzweiflung über Beethovens seit dem 28. Lebensjahr fortschreitende Schwerhörigkeit und die dadurch bedingte Einsamkeit und Misanthropie. Das malerische Häuschen in der Probusgasse, damals Herrengasse, in dem dies angeblich geschah, ist als **Erinnerungsstätte** hergerichtet. Um das Heiligenstädter Testament in Druck und vergrößerter Handschrift sind *Ortsansichten*, Josef Danhausers *Beethoven-Büste* von 1827 und eine *Skizze* der hier komponierten 2. Symphonie arrangiert.

Beethoven-Spuren allenthalben rundum: In der **Grinzinger Straße 64** wohnte er 1808 zugleich mit dem jungen Grillparzer, an der ›Pastorale‹ arbeitend; im schönen Doppelhaus am **Pfarrplatz 2** war er 1817 in Logis und weiter nördlich in **Nussdorf** liegt sein Spazierweg am Schreiberbach, heute *Beethovengang* genannt.

Der **Heiligenstädter Pfarrplatz** mit gekrümmten Häuserfronten, der barocken Jakobskirche, Pfarrhaus, Bäumen, Bänken, Heurigenschänken hat seine kostbare Weindorf-Aura behalten.

## 182 Villa Wertheimstein
### (Bezirksmuseum Döbling)

*Erinnerung an einen Salon des jüdischen Großbürgertums des 19. Jh.*

19., Döblinger Hauptstraße 96
Tel. 01/368 65 46
www.bezirksmuseum.at
Sept.–Juli Sa 15.30–18, So 10–12 Uhr
Tram 37

»Sie träumte reicher und schöner als zahlreiche Menschen«, charakterisierte Hof-

*Im Karl-Marx-Hof ist das ehrgeizige sozial-demokratische Wohnraumprogramm der Ersten Republik beispielhaft verwirklicht*

## **183** Karl-Marx-Hof

*Denkmalgeschützter Gemeindebau.*

19., Heiligenstädter Straße 82–92
U-Bahn Heiligenstadt (U4);
Bus 37A, 38A; Tram D

mannsthal die umschwärmte Mäzenin Josefine von Wertheimstein, die mit ihrer Tochter Franziska in dieser Villa einen berühmten Künstlersalon unterhielt. Bei der Familie Wertheimstein, prototypisch gesellschaftlich aufgestiegen, verkehrten oder wohnten die Dichter Eduard von Bauernfeld, Ferdinand von Saar, der junge Hofmannsthal, die Maler Lenbach und Makart, der Philosoph Franz Brentano, das Wunderkind Feruccio Busoni und viele mehr.

Finanzexperte Leopold von Wertheimstein hatte die **Biedermeiervilla** mit altem Wirtschaftshof (›Nonnenstöckl‹) und großem *Park* 1870 von dem Großindustriellen und Kunstsammler Rudolf Arthaber erworben, den Amerling porträtierte und dem Schwind Fresken ins *Stiegenhaus* malte (erhalten). Franziska Wertheimstein vermachte die Anlage 1907 der Stadt Wien, die sie als **Bezirksmuseum Döbling** eingerichtet hat. Die historischen Räume sind weitgehend authentisch erhalten: Dem Besucher bietet sich ein von stilvoller Eleganz weit entferntes Möbel- und Bilder-Durcheinander. Es gibt außerdem *Gedenkzimmer* für Saar und Bauernfeld, Heimatkunde-Dokumente von Döbling sowie ein Weinbaumuseum.

›Bassenas‹ (Wasserzapfstellen im Hausflur), ›indische Klos‹ (jenseits des Ganges) oder ›Bettgeher‹ (Stundenmieter eines Bettes) kennzeichneten das Wiener Wohnungselend um 1900. In der Zwischenkriegszeit stampfte der vergleichslose Sozialbau des ›**Roten Wien**‹ dann 60 000 Wohnungen aus dem Boden. Drakonische Steuern auf Luxusgüter (sogar auf Dienstmädchen) machten es möglich.

Monumental-Denkmal jener Gemeindebau-Epoche ist der **Karl-Marx-Hof**, 1 km lang, bestehend aus 1325 Kleinwohnungen mit Vorraum, WC, Wohnküche, dazu Ehrenhof, Gartenhöfe, Spielplätze und Kindergärten. Die ziegelrot-ockerfarbene ›Superblock‹-Burg mit vorgeschichteten kubistischen Turmaufbauten scheint Fritz Langs expressionistischen Filmen entlehnt: Wagner-Schüler Karl Ehn hat diesen Aufbruch zur neuen Klassensolidarität 1927–30 optisch mit Pathos inszeniert.

Als 1934 der Bürgerkrieg zwischen christlich-sozialem Dollfuß-Regime und entmachteten Linken tobte, die sich hier verschanzten, wurde der Karl-Marx-Hof beschossen und musste sich nach drei Tagen unter Opfern ergeben.

# 184 Nussdorfer Wehr- und Schleusenanlage

*Eindrucksvolle Anlage Otto Wagners.*

19./20., Brigittenauer Lände 340
U-Bahn Heiligenstadt (U4);
S-Bahn Nussdorf (S40); Tram D

Die Donauregulierung von 1875 machte es notwendig, das am Beginn des Donaukanals gelegene Nussdorf mit seiner Umgebung vor Überschwemmung zu schützen. Also wurde Otto Wagner 1894 beauftragt, hier eine Wehr- und Schleusenanlage zu bauen. Mit dem immensen Kostenaufwand von 9 Mio. Kronen entstand ein technisch kompliziertes, 25 m tief fundiertes Bauwerk von geradezu feierlicher Schönheit. Man sieht ein brückenförmiges **Nadelwehr** über den Kanal (›Schemerlbrücke‹), beidseitig flankiert von herrschaftlichen **Bronzelöwen** auf hohen Pylonen (Rudolf Weyr), am Ufer begleitet von zwei niedrigen **Gebäuden** mit Verwaltung, Beobachtungsstation, Kettenmagazin (heute funktionslos).

# 185 Donaupark mit Donauturm

*Vergnügungen für Bader und Bummler.*

22., zwischen Wagramer Straße und Donauturmstraße
U-Bahn Alte Donau (U1);
S-Bahn Strandbäder (S1, S2, S3);
Bus 20B, 90A, 91A, 92A

Nach der Donauregulierung 1870–75 blieb am jenseitigen Ufer im Nordosten die ›Alte Donau‹ als bogenförmiger, mit dem Fluss nicht mehr verbundener See zurück. Seit der Jahrhundertwende entstand rundum eine vielgestaltige Bade- und Erholungslandschaft. Unter den Strandbädern erfreut sich vor allem das **Gänsehäufel** (www.gaensehaeufel.at, s. S. 177) auf einer Insel großen Zulaufs.

Anlässlich der ›Wiener Internationalen Gartenschau‹ von 1964 wurde zwischen Alter und Neuer Donau der **Donaupark** angelegt, eine kurzweilige Gartenlandschaft mit Spazier- und Radwegen (und Kleinbahn), Sport- und Spielplätzen, Streichelzoo und Sommerbühne, überragt vom 252 m hohen **Donauturm** (Tel. 01/263 35 72, www.donauturm.at, tgl. 10– 24 Uhr), der zwischen 150 und 170 m Höhe in vier Stufen ohne oder mit (Dreh-)Restaurants Fernblicke bis zu den Alpen oder der Ungarischen Tiefebene liefert (Architekt Hannes Lintl).

In der nordwestlichen Ecke der Halbinsel, Am Hubertusdamm 17–19, liegt das auf Initiative des Saudi-Arabischen Königreiches 1979 errichtete **Islamische Zentrum** mit seiner weithin sichtbaren Moschee, die der Öffentlichkeit zugänglich ist. Die lange, schmale Zunge der **Donauinsel** zwischen Donau und Neuer Donau ist eine renaturierte, viel besuchte Freizeitanlage.

*An der ›schönen blauen Donau‹ liegt die türmereiche Donaucity. Das moderne Wohn- und Geschäftsviertel im Nordosten von Wien soll bis 2012 fertiggestellt sein*

*Der weite Bogen der Alten Donau bietet Wasserfreuden nahe den Hochhäusern der Donaucity*

## **186** UNO-City
### Internationales Zentrum Wien

*Internationale und exterritoriale Arbeits- und Kongressstadt.*

22., zwischen Wagramer Straße und Donaupark
United Nations Visitors' Center
Wagramer Str. 5
Tel. 01/260 60 33 28
www.unis.unvienna.org
Führungen Mo–Fr 11 und 14 Uhr (amtlicher Lichtbildausweis erforderlich)
U-Bahn Kaisermühlen-Vienna International Center (U1);
Bus 90A, 91A, 92A

Die 1979 eröffnete UNO-City in Wien, der dritten UNO-Stadt neben New York und Genf, breitet auf einem 180 000 m² Areal von exterritorialem Status sechs konkav geschwungene Bürotürme um ein kreisrundes **Internationales Konferenzzentrum** und ein dreieckiges **Österreichisches Kongresszentrum** aus. Die dominierenden Türme bilden Y-Formen, wodurch 90 Prozent der Räume Tageslicht erhalten. Die Empore in der Konferenzrotunde umfasst den Radius des Prater-Riesenrads (Architekt Johannes Staber, Wien). Die City hat Österreich mehr als 600 Millionen € gekostet und bringt als Jahresmiete einen (1) Schilling, also 7 Cent ein. 4000 Bedienstete sind hier beschäftigt, ein Drittel davon Österreicher. Die Wiener UNO-City ist der Hauptsitz der *Internationalen Atomenergiebehörde* (IAEO) und der *Organisation für Industrielle Entwicklung* (UNIDO) und beherbergt Dienststellen zahlreicher Menschenrechtsorganisationen.

*Zwillingstürme der UNO-City: Donauturm und Moschee des Islamischen Zentrums*

# Wien aktuell A bis Z

## ■ Vor Reiseantritt

**ADAC Info-Service:**
Tel. 018 05/10 11 12, Fax 018 05/30 29 28
(0,14 €/Min.).

Über diese Nummern oder bei den
ADAC-Geschäftsstellen können ADAC-
Mitglieder kostenlos umfangreiches
**Informations-** und **Kartenmaterial**
anfordern.

Über Buchhandel, Internet und die
ADAC Geschäftsstellen sind zudem
der **ADAC Reiseführer** *Österreich*
sowie das ADAC Reisemagazin *Wien*
erhältlich.

**ADAC im Internet:**
www.adac.de
www.adac.de/reisefuehrer

**Wien im Internet:**
www.wien.info

**Österreich im Internet:**
www.austria-tourism.com

**Wiener Tourismusverband,**
Obere Augartenstraße 40,
A-1025 Wien,
Tel. 01/21 11 40, Fax 01/216 84 92

**Wien Hotels und Information,**
Tel. 01/245 55, Fax 01/24 55 56 66,
tgl. 9–19 Uhr,
wienhotel@wien.info

Informationen, Prospektversand, etc.:
*Deutschland*
**Österreich Werbung,** Tel. 018 02/10 18 18,
Fax 018 02/10 18 19 (0,06 € je Anruf)

*Österreich*
**Österreich Werbung,** Hotline:
08 10/210 18 18, www.austria.info

*Schweiz*
**Österreich Werbung,** Tel. 08 42 10 18 18,
Fax 08 42 10 18 19, www.austria.info

## ■ Allgemeine Informationen

### Reisedokumente

Reisepass oder Personalausweis, unter 16
Jahren Kinderausweis bzw. Eintrag im El-
ternpass.

### Kfz-Papiere

Führerschein, Zulassungsbescheinigung
Teil 1 (ehem. Fahrzeugschein) und Internationale Grüne Versicherungskarte.

### Krankenversicherung

Die Europäische Krankenversicherungs-
karte ist in die übliche Versicherungskarte integriert. Sie wird in ganz EU-Europa
anerkannt und garantiert die medizinische Versorgung. Sicherheitshalber empfiehlt sich jedoch der Abschluss einer zu-
sätzlichen Reisekranken- und Rückhol-
versicherung.

◁ *Wien wie es euch gefällt...*
**Oben:** *Nobel im Luxusrestaurant oder volkstümlich im Biergarten – Hauptsache Genuss*
**Mitte:** *Mit dem Fiaker durch die Stadt kut-
schieren, hier etwa am Griensteidl vorbei*
**Unten:** *Skaten in der UNO-City, Shoppen in
der Innenstadt – je nach Laune*

### Hund und Katze

In der EU sind ein gültiger, vom Tierarzt
ausgestellter EU Heimtierausweis sowie
Kennzeichnung durch Mikrochip oder
Tätowierung notwendig. Bis zum Jahr
2011 gelten Übergangsregelungen.

Ab einer Schulterhöhe von 50 cm sind
Hunde an der Leine zu führen.

### Zollbestimmungen

Waren für den persönlichen Bedarf dürfen innerhalb der EU unbegrenzt mitge-
führt werden. Als Richtmengen gelten:
800 Zigaretten, 400 Zigarillos, 200 Zigarren, 1 kg Tabak, 10 l Spirituosen, 20 l Zwi-
schenerzeugnisse, 90 l Wein (davon max.
60 l Schaumwein), 110 l Bier.

Reisende von und durch Drittländer
(Schweiz) dürfen abgabenfrei mitführen:
200 Zigaretten oder 100 Zigarillos oder 50
Zigarren oder 250 g Tabak, 1 l Spirituosen
und 2 l Wein.

### Geld

Die gängigen Kreditkarten werden in
Banken, Hotels und zahlreichen Geschäften akzeptiert. An zahlreichen EC-/Maest-
ro-Geldautomaten kann man rund um
die Uhr Bargeld abheben.

## Tourismusamt

**Touristinformation**, 1., Albertinaplatz 1/Maysedergasse, tgl. 9–19 Uhr

Hier sowie an den Informationsstellen der Wiener Linien kann man für derzeit 18,50 € die Wien-Karte/Vienna Card (www.wienkarte.at) kaufen, von auswärts auch unter Tel. 01/79 84 40 01 48 (mit Kreditkarte). Sie gilt am Ausstellungstag und den drei folgenden Tagen und ermöglicht u. a. 72 Std. lang freie Fahrt mit U-Bahn, Bus und Tram. Dazu kommen weitere Vergünstigungen im Nahverkehr oder beim Eintritt zu vielen Museen und Sehenswürdigkeiten, Theatern und Konzerten, beim Einkaufen, in Cafés, Restaurants oder beim Heurigen...

## Weitere Informationsstellen

**Stadtinformation im Rathaus**, 1., Eingang Rückseite Friedrich-Schmidt-Platz 1, Mo–Fr 8–18 Uhr , Tel. 01/525 50, Fax 01/40 00 71 12

**Verkehrsbüro**, Flughafen Wien, Gepäckausgabe 3 und 4, Tel. 01/700 73 28 28, tgl. 6–23 Uhr

**wienXtra – jugendinfo**, 1., Babenbergerstr. 1, Tel. 01/17 99, Fax 01/585 24 99, Mo–Sa 12–19 Uhr, www.wienxtra.at. Informationsschriften: ›Reiseinfoblatt‹, ›Kultur & Co‹, ›Wien City Spy‹ u. a.

**Jewish Welcome Service**, 1., Stephansplatz 10, Tel. 01/533 27 30, Fax 01/533 40 98, www.jewish-welcome.at, Mo–Fr 9–17 Uhr. Broschüre ›Jüdisches Wien – Erbe und Auftrag‹

## Informationsschriften

In Informationsstellen, Reisebüros und Hotels liegen die Broschüren des Wiener Tourismusverbands aus, etwa ein Stadtplan mit ausführlicher Museumsliste, das monatliche ›Wien-Programm‹, ›Einkaufen, Essen und Trinken‹, ›Familienbroschüre‹ oder der ›Queerquide‹ für Schwule und Lesben. Auf Anfrage und im Internet erhältlich ist die umfassende Schrift ›Wien für Gäste mit besonderen Bedürfnissen‹ u. v. m.

Außerdem informiert die *Stadtzeitung* ›Falter‹ (www.falter.at) über Restaurants, Veranstaltungen und Szenetreffs.

## Notrufnummern

**Notruf:** Tel. 112 (EU-weit, auch mobil: Polizei, Unfallrettung, Feuerwehr)

**Ärztenotdienst:** Tel. 141

**Zahnärztlicher Notdienst:** Tel. 01/512 20 78 (20–1 Uhr, Sa/So/Fei 9–18 Uhr)

**ÖAMTC-Pannenhilfe :** Tel. 120 (rund um die Uhr)

**ADAC Notrufstation Wien:** Tel. 01/251 20 60 (ganzjährig)

**ADAC-Notrufzentrale München:** Tel. 00 49/89/22 22 22 (rund um die Uhr)

**ADAC Ambulanzdienst München:** Tel. 00 49/89/76 76 76 (rund um die Uhr)

*Österreichischer Automobil Motorrad und Touring Club*

**ÖAMTC Schutzbrief-Nothilfe:** Tel. 01/251 20 00, www.oeamtc.at

*Touring Club Schweiz*

**TCS Zentrale Hilfsstelle:** Tel. 00 41/(0)224 17 22 20, www.tcs.ch

## Fundbüros

Alle magistratischen Bezirksämter, Mo–Fr 7–17 Uhr, Tel. 09 00/60 02 00 (für ganz Österreich), http://fundamt.gv.at

**Zentralfundamt Wien**, 18., Bastiengasse 36–38, Tel. 01/40 00 80 91, Mo–Mi, Fr 8–15.30, Do 8–17.30 Uhr

**Fundbüro der Wiener Linien**, 3., Erdbergstr. 222, Tel. 01/790 91 88, Mo–Mi, Fr 8–15, Do 8–17.30 Uhr

**Fundbüro der ÖBB** (Österreichische Bundesbahn), Südbahnhof, Tel. 08 00/22 44 38

## Diplomatische Vertretungen

**Botschaft der Bundesrepublik Deutschland**, 3., Metternichgasse 3, Tel. 01/71 15 40, Fax 01/713 83 66, www.wien.diplo.de

**Botschaft der Schweiz**, 3., Prinz-Eugen-Str. 7, Tel. 01/795 05, Fax 01/795 05 21, www.eda.admin.ch/wien

## Besondere Verkehrsbestimmungen

*Tempolimits* (in km/h): Innerorts 50, außerorts 100, auf Autobahnen 130 (auf den Autobahnen A10, A12, A13 und A14 gilt von 22 bis 5 Uhr ein Tempolimit von 110).

Vorfahrtsberechtigte verlieren durch Anhalten die Vorfahrt. An Schulbussen darf nicht vorbeigefahren werden, wenn die Warnblinkanlage und die gelb-roten Warnleuchten eingeschaltet sind.

Das Tragen einer reflektierenden Warnweste beim Verlassen des Fahrzeuges im Falle einer Panne oder eines Unfalls außerhalb geschlossener Ortschaften ist vorgeschrieben.

Im *eingeschränkten Halteverbot* darf max. 10 Min. gehalten werden, *gelbe Zickzacklinien* bedeuten Halte- und Parkverbot.

Die *Promillegrenze* liegt bei 0,5.

## ▮ Anreise

### Auto

Anreise aus Deutschland und aus der Schweiz entweder über die Westautobahn (A1) oder über die landschaftlich reizvolleren Landstraßen des Donautals. Autobahnvignette besorgen!

Parkplatznöte und zahlreiche Staus machen eine Erkundung Wiens mit dem Auto nicht gerade sinnvoll. Wer dennoch nicht auf das eigene Fahrzeug verzichten will, beachte: In den markierten *Kurzparkzonen* (Stadtzentrum, Mariahilfer Straße, Rathaus, Bahnhof- und Flughafenvorplätze) ist Parken an Werktagen nur mit Parkscheinen für 30 Minuten bis 3 Stunden gestattet. *Parkscheine* sind in Tabak-Trafiken, Tankstellen, am Bahnhof sowie Vorverkaufsstellen der Verkehrsbetriebe erhältlich. Man zeichnet Jahr, Monat, Tag und Uhrzeit auf dem Parkschein an. Generelles *Parkverbot* besteht 15. Nov.–30. März 20–5 Uhr in allen Straßen mit Straßenbahnschienen.

Am besten und schnellsten ist – zumindest in der Inneren Stadt – eine Besichtigung zu Fuß und/oder mit öffentlichen Verkehrsmitteln [s. S. 184].

### Bahn

Ankunft am *Westbahnhof* (für Reisende aus Deutschland und aus der Schweiz). Von dort geht es weiter mit der U-Bahn (U3, U6).

*Deutschland*

**Deutsche Bahn**, Tel. 118 61 (gebührenpflichtig), Tel. 08 00/150 70 90 (sprachgesteuert), www.bahn.de

**Deutsche Bahn AutoZug**, Tel. 018 05/24 12 24, www.autozug.de

**CityNightLine**, Tel. 018 05/21 34 21, www.citynightline.ch. Der ›Donau Kurier‹ dieser Linie fährt tgl. aus dem Rhein-Ruhr-Gebiet via Hessen nach Salzburg, Linz, St. Pölten und Wien.

*Österreich*

**Österreichische Bundesbahn**, Tel. 05 17 17, www.oebb.at

*Schweiz*

**Schweizerische Bundesbahnen**, Tel. 09 00 30 03 00, www.sbb.ch

### Bus

Busse der Deutsche Touring fahren von mehreren deutschen Städten nach Wien. Eurolines bietet Verbindungen von/nach Deutschland und in die Schweiz.

**Deutsche Touring**, Am Römerhof 17, 60486 Frankfurt/Main, Tel. 068/790 35 01, www.touring.de

**Eurolines**, Erdbergstraße 200a, 1030 Wien, Tel. 01/798 29 00, www.eurolines.at

### Flugzeug

**Flughafen Wien**, 19 km südöstlich von Wien. Fahrzeit zur Stadt 16 Min. entweder mit der Schnellbahn CAT (City Airport Train), der S7 (ca. 20 min) oder mit dem Bus ab Wien-West-, Südbahnhof und Schwedenplatz. Taxis fahren von und nach Schwechat mit einem speziellen *Zuschlag*, sind also um einiges teurer als bei Stadtfahrten.

**Info:** Tel. 01/700 70, www.viennaairport.com

## ▮ Bank, Post, Telefon

### Bank

**Öffnungszeiten:** meist Mo–Fr 8–12 und 13–15, Do bis 17.30 Uhr. Zentralen in der Regel durchgehend geöffnet.

### Post

**Öffnungszeiten:** in der Regel Mo–Fr 8–12 und 14–18, Hauptpostämter der Wiener Bezirke außerdem Sa 8–10 Uhr, Hauptpostamt, Fleischmarkt 19, tgl. 24 Std.

Briefmarken und Telefonkarten erhält man auch in den Tabak-Trafiken.

### Telefon

**Internationale Vorwahlen:**
Österreich  00 43
Deutschland  00 49
Schweiz  00 41

Die Benutzung handelsüblicher Mobiltelefone ist in Österreich uneingeschränkt möglich. Man sollte sich vor Reiseantritt über den günstigsten Netzanbieter vor Ort informieren.

Öffentliche Telefone funktionieren mit Münzen oder Telefonwertmarken, die in Postämtern und Trafiken erhältlich sind.

*Elegante Geschäfte findet man beispiels-*
*weise entlang des Grabens*

## ◼ Einkaufen

**Öffnungszeiten:** In der Regel Mo–Fr 9–18.30, Sa 9–17 Uhr, an zwei Wochentagen darf ein Ladenbesitzer in Wien bis 21 Uhr öffnen. Außerhalb dieser Zeiten gibt es beispielsweise in Bahnhöfen und an Tankstellen Läden mit täglichen Verkaufszeiten bis 23 Uhr.

Kärntner Straße, Graben, Kohlmarkt, Tuchlauben, Wollzeile – hier sind Wiens elegante Geschäfte. Preiswerteres findet man im Stadtinneren, vor allem in der Mariahilfer Straße.

### Antiquariate

**Aichinger, Bernhard & Comp.**, 1., Weihburggasse 16, Tel. 01/51 28 85 30

**Heck**, 1., Kärntner Ring 14, Tel. 01/505 51 52

**Inlibris Gilhofer**, 1., Rathausstr. 19, Tel. 01/40 96 19 00

**Löcker**, 1., Annagasse 5, Tel. 01/512 73 44

**Nebehay Christian**, 1., Annagasse 18, Tel. 01/512 18 01

### Antiquitäten

**Adil Besim**, 1., Graben 30, Tel. 01/533 09 10. Antike Teppiche.

**Bednarczyk**, 1., Dorotheergasse 12, Tel. 01/512 44 45. Gemälde, Porzellan, Kunsthandwerk, Möbel.

**D & S Antiquitäten**, 1., Dorotheergasse 13, Tel. 01/512 58 85. Antike Uhren und Möbel.

**Dorotheum**, 1., Dorotheergasse 17, Tel. 01/51 56 00, www.dorotheum. com; Auktionen, Freiverkauf Mo–Fr 10–18, Sa 9–17 Uhr [Nr. 47]

**Entzmann & Sohn**, 1., Seilerstätte 21, Tel. 01/512 18 90. Grafiken und Stiche.

**Galerie bei der Albertina**, 1., Lobkowitz-platz 1, Tel. 01/513 14 16. Österreichische Kunst des 20. Jh.

**Galerie St. Lucas**, 1., Josefsplatz 5, Tel. 01/513 32 03. Gemälde 16.–19. Jh.

**Kunstsalon Kovacek**, 1., Stallburggasse 2, Tel. 01/512 86 36, www.kovacek-zetter.at. Gemälde 19. und erste Hälfte 20. Jh.

**Mautner**, 1., Herrengasse 2–4, Tel. 01/533 12 24. Russische Ikonen.

**Reinhold Hofstätter**, 1., Bräunerstraße 12, Tel. 01/533 50 69, www.kunsthandel-hofstaetter.com. Skulpturen, Gemälde, Möbel, Kunstgewerbe.

**Wiener Kunstauktionen**, 1., Freyung 4, Tel. 01/532 42 00, www.imkinsky.com. Gemälde, Jugendstil, zeitgenössische Kunst.

**Wissenschaftliches Kabinett Dr. Weber-Unger**, 1., Spiegelgasse 23, Tel. 01/512 41 26. Antike Globen, Mikroskope, Fernrohre, Astrolabien, medizinische Instrumente.

### Feinkost

**Julius Meinl am Graben**, 1., Graben 19, Tel. 01/532 33 34, www.meinlamgraben.at. Feinschmeckerparadies auf drei Etagen, mit Restaurant, Café und Weinbar. [Nr. 4 ]

### Kleidung

**Fortuna**, 1., Tuchlauben 12, Tel. 01/533 31 08. Trendige Mode, sportlich und edel.

**Intimissimi**, 1., Rotenturmstraße 14, Tel. 01/512 46 59. Feine italienische Unterwäsche für jeden Geldbeutel.

**Resi Hammerer**, 1., Kärntner Straße 29–31, Tel. 01/51 26 95 20. Immer perfekt angezogen in österreichischer Tracht.

**Tlapa**, 10., Favoritenstraße 73, Tel. 01/60 17 00. Seit jeher: schicke Anzüge für den Mann von Welt.

 **Tostmann**, 1., Schottengasse 3a (Melkerhof), Tel. 01/53 35 33 10. Für Trachtenfreunde: Dirndl kauft man in diesem Traditionsgeschäft.

### Kunst

**Ariadne**, 1., Bäckerstraße 6, Tel. 01/512 94 79. Neue Wilde und junge Talente.

**Chobot**, 1., Domgasse 6, Tel. 01/512 53 32, Fax 01/512 20 38. Penck, Gironcoli, Droese, Fleck.

**Faber**, 1., Brahmsplatz 7, Tel. 01/505 75 18. Fotokunst.

**Heike Curtze**, 1., Seilerstätte 15, Tel. 01/512 93 75. Attersee, Brus, Nitsch, Rainer.

**Hilger**, 1., Dorotheergasse 5, Tel. 01/ 51 25 31 50, www.hilger.at, Objektkünstler.

**Insam**, 1., An der Hülben 3, Tel. 01/512 53 30, Fax 01/512 61 94. Video, Performance, Installationen.

**Julius Hummel**, 1., Bäckerstr. 14, Tel. 01/ 51 21 29 60. Österreichische Junge Wilde ›gegen‹ Klassische Moderne.

**Knoll**, 1., Gumpendorfer Str. 18, Tel. 01/587 50 52, Fax 01/587 59 66. Österreicher und Künstler aus dem Osten.

**Krinzinger**, 1., Seilerstätte 16, Tel. 01/513 30 06, Fax 01/513 30 06 33. Arrivierte Österreicher und Internationale.

**Lobmeyer**, 1., Kärntner Straße 26, Tel. 01/51 20 50 80. Moderne Glaskunst.

**Martin Janda**, 1., Eschenbachgasse 11, Tel. 01/585 73 71. Raumbezogene Arbeiten.

**Nächst St. Stephan**, 1., Grünangergasse 1, Tel. 01/51 21 26 60, Fax 01/513 43 07. Berühmt geworden als Forum der Wiener Nachkriegsavantgarde. Auch heute noch progressiv.

**Ulysses**, 1., Opernring 21, Tel. 01/587 12 26, Fax 01/587 21 99. Arrivierte Internationale: Pichler, Lassnig, Rainer, Merz, Rabinowitch.

*Die Wiener Konditoreien, hier das Demel, sind für ihre süßen Köstlichkeiten berühmt*

## Märkte

Wochenmärkte, Gemüsemärkte und Bauernmärkte werden meist Mo–Fr 6.30–18 und Sa 6–14 Uhr abgehalten.

**Landstraßer Markt**, 3., Invalidenstraße 2 (Markthalle: Gemüse, Fleisch, Blumen)

**Naschmarkt**, 4., erstreckt sich zwischen Linker und Rechter Wienzeile von der Höhe Getreidemarkt bis zur Kettenbrückengasse [Nr. 132]

**Rochusmarkt**, 3., Landstraßer Hauptstraße, Platz vor der Rochuskirche (Lebensmittel)

*Flohmarkt*

**Naschmarkt**, Tandelmarkt Einheimischer wie Ausländer am Südende des Naschmarktes, Sa 6–13 Uhr

*Weihnachtsmärkte*

**Adventzauber und Christkindlmarkt**, 1., Rathausplatz, www.christkindlmarkt.at. Mitte Nov.–24. Dez. tgl. 9–20 Uhr

**Altwiener Christkindlmarkt**, 1., Freyung, www.altwiener-markt.at, 1.–23. Dez., tgl. 10–18 Uhr

**Krippenschau** in der Peterskirche, 1., Petersplatz, Ende Nov.–Mitte Dez. tgl. 9–18 Uhr

**Weihnachtsmarkt am Schloss Schönbrunn**, 13., www.weihnachtsmarkt.co.at, Ende Nov.–Weihnachten, tgl. 10–20.30 Uhr

**Weihnachtsmarkt am Spittelberg**, 7., Spittelberggasse, www.spittelberg.at, Anfang Dez.–Weihnachten, Mo–Fr 14–21, Sa/So 10–21 Uhr

Kleinere Weihnachtsmärkte gibt es auch am *Michaelerplatz* und im *Heiligenkreuzerhof*, Advent-Wochenenden Sa 10–19, So 10–18 Uhr

### Naschereien

**Altmann & Kühne**, 1., Graben 30, Tel. 01/533 09 27. Echte Handarbeit – feine Zuckerl werden hier traumhaft schön verpackt angeboten.

**Café Sacher**, 1., Philharmonikerstraße 4, Tel. 01/512 14 87. Die Erbtante in den USA mit einer Kalorienbombe erfreuen? Kein Problem, denn Sacher verschickt die legendäre Torte in alle Welt.

 **Konditorei Demel**, 1., Kohlmarkt 14, Tel. 01/53 51 71 70. Mit dem berühmten Sacher im Kuchen-(Wett)streit: Wer hat die wirklich originale Sachertorte? Hingehen und probieren! [Nr. 57]

**Schokov**, 7., Siebensterngasse 20, Tel. 068 03 00 08 60. Rund 200 verschiedene Schokoladensorten aus 15 Ländern, dazu Schoko to go und Süßwein.

### Schuhe

**Lajos Bálint**, 1., Singerstr. 30, Tel. 01/512 27 14. Schuheleganz nach Maß in orthopädisch richtiger Form.

**Ludwig Reiter**, 4., Wiedner Hauptstraße 41, Tel. 01/505 82 58. Auf Schritt und Tritt ein Vergnügen.

**Materna**, 1., Mahlerstraße 5, Tel. 01/512 41 65. Schöne Schuhkleider mit Tradition und nach Maß.

## ■ Essen und Trinken

Gulasch und Germknödel, Paprikahuhn und Powidldatschgerl, Tafelspitz und Topfennockerl, nicht zu vergessen Sachertorte und Salzburger Nockerln – alles klar? Die österreichische **Esskultur** ist Teil jener Lebensqualität, die zur Stadt gehört wie das Prater-Riesenrad, der Stephansdom und die unzähligen Kaffeehäuser.

Wie ist die typisch österreichische Küche? Ganz einfach: Man nehme einen großen Topf und werfe Exzellentes aus allen Himmelsrichtungen hinein – Palatschinken aus Ungarn, Cotoletto aus Italien (heute besser bekannt als Wiener Schnitzel), herzhafte Knödel aus Böhmen. Fertig ist die Küche der Köstlichkeiten. Und k. und k. lässt grüßen. Spätestens zum Dessert, wenn als *Nachspeis* der traumhafte Kaiserschmarrn serviert wird. Genießen Sie es!

Viele, wenngleich nicht alle Speiselokale erheben auf der Rechnung pro Person einen Zuschlag für das *Gedeck*.

### Wiener Küche

**Eckel**, 19., Sieveringer Straße 46, Tel. 01/320 32 18. Küche wie das Publikum: gehoben und solide (So/Mo geschl.).

**Griechenbeisl**, 1., Fleischmarkt 11, Tel. 01/533 19 41, www.griechenbeisl.at. Heute sind in dem legendären Wirtshaus die Touristen fast unter sich. Wiener Musik [Nr. 20].

**Gustl Bauer**, 1., Drahtgasse 2 (Am Hof), Tel. 01/533 58 89. Köstliche regionale Küche in traditionellen Ambiente (So/Fei geschl.).

**Marienhof**, 8., Josefstädter Straße 9, Tel. 01/408 89 05. Insider-Treff für Schauspieler und Theaterbesucher.

**Meixner's Gastwirtschaft**, 10., Buchengasse 64, Tel. 01/604 27 10, www.meixners-gastwirtschaft.at. Vorzüglich sind die Spezialitäten der Wiener und österreichischen Regionalküchen sowie die Weinkarte.

**Myers Kaiserwalzer-Bräu**, 6., Esterházygasse 9, Tel. 01/585 77 23, www.kaiserwalzer.at. Feine Hausmannskost für den Gaumen und viel Museales für den k. und k.-Zeit-Fan (So/Mo geschl.).

**Pfudl**, 1., Bäckerstraße 22, Tel. 01/512 67 05, www.gasthauspfudl.com. Traditionelles Beisl, seit einigen Jahren edel renoviert.

**Plachutta**, 1., Wollzeile 38, Tel. 01/512 15 77. Der von der Wiener Wirtshausdynastie betriebene Innenstadt-Ableger. Tafelspitz in allen Varianten.

 **Plachutta Hietzing**, 13., Auhofstraße 1, Tel. 01/877 70 87 0, www.plachutta.at. Gourmets genießen hier die Vielfalt der altösterreichischen Rindfleischküche.

**Schnattl**, 8., Lange Gasse 40, Tel. 01/405 34 00, www.schnattl.com. Schlichtes Ambiente, aber Küche, Weinkarte und Service haben den Schnattl längst zum Gourmet-Treff gemacht (Sa/So/Fei geschl.).

**Weibels Wirtshaus**, 1., Kumpfgasse 2, Tel. 01/512 39 86, www.weibel.at. Gute Küche und eine sehr große Auswahl offener Weine.

**Zu den 3 Buchteln**, 5., Wehrgasse 9, Tel. 01/587 83 65. Die beste böhmische Küche Wiens wird in diesem kleinen, urgemütlichen ›Wohnzimmer‹ serviert (So geschl.).

**Zu den 3 Hacken**, 1., Singerstraße 28, Tel. 01/512 58 95. Sehr beliebtes und uraltes

*Erlesen speist man im Nebenzimmer des ›Schwarzen Kameel‹, vorne gibt es Stehimbisse*

Gasthaus, in dem schon der Musiker Schubert und der Maler Schwind verkehrten (So geschl.).

**Zu ebener Erde und erster Stock**, 7., Burggasse 13, Tel. 01/523 62 54, www.zu-ebener-erde-und-erster-stock.at. Von außen Biedermeier, innen entzückend und winzig, trotz der zwei Stockwerke. Wer sich über den Namen wundert: Das Altwiener Lokal ist nach einer Posse Nestroys benannt (Sa/So geschl.).

**Zum Herkner**, 17., Dornbacher Straße 123, Tel. 01/485 43 86. Das bescheidene Vorstadtgasthaus ist bei der feinen Wiener Gesellschaft ›in‹ (Sa/So geschl.).

**Zum Renner**, 19., Nussdorfer Platz 4, Tel. 01/37 85 85 80, www.zum-renner.at. Ein Dorado für Fleischliebhaber: Hier gibt es die wohl größten, dicksten und köstlichsten Wiener Schnitzel, am besten im verträumten Biergarten zu essen (So geschl.).

**Zum Scherer**, 1., Judenplatz 7, Tel. 01/533 51 64. Hausmannskost in einem gemütlichen Steh- und Sitzbeisl an einem der ältesten Plätze Wiens (So geschl.).

**Zum Schwarzen Adler**, 5., Schönbrunner Straße 40, Tel. 01/544 11 09, www.schwarzeradler.net. Vor allem Stammgäste (auch prominente) schätzen das traditionsreiche Gasthaus mit seinem idyllischen Garten (So/Mo geschl.).

## Gourmet-Tempel

**Do & Co**, 1., Stephansplatz 12 (Haas-Haus), Tel. 01/535 39 69, www.doco.com. Feine internationale Fisch- und Fleischgerichte. Gratis ist der Blick auf den Stephansdom.

**Restaurant Imperial** (im Hotel Imperial), 1., Kärntner Ring 16, Tel. 01/50 11 03 56, www.luxurycollection.com/imperial. Perfektion und gediegene Vornehmheit des Abendrestaurants entsprechen dem Stil des besten Hotels in Wien (Mitte Juli–Mitte Aug. geschl.).

**Korso** (im Hotel Bristol), 1., Mahlerstraße 2, Tel. 01/51 51 65 46, www.restaurantkorso.at. Erlesene kreative Küche von Gerald Angelmahr (Sa mittags geschl.)

**TOP TIPP** **Schwarzes Kameel**, 1., Bognergasse 5, Tel. 01/533 81 25, www.kameel.at. Das eigentliche Delikatessengeschäft ist seit 1618 auch der prominenteste ›In‹-Treff von Wien. Wer nicht stehen will, isst nobel im Jugendstil-Nebenzimmer (So geschl.).

**Selina**, 8., Laudongasse 13, Tel. 01/405 64 04, www.selina.at. Cool und durchgestylt.

**TOP TIPP** **Steirereck im Stadtpark**, 3., Am Heumarkt 2a, Tel. 01/713 31 68, www.steirereck.at. Die Qualität der Küche und ihre Liebe zu saisonalen heimischen Produkten brachte dem Restaurant einen Stern (Sa/So geschl.).

*Bei Wein und Musik laden Heurigenlokale zu geselliger Runde*

## Im Trauben-Taumel

Heuriger ist Wein der letzten Ernte: an Martini (11. November) des nächsten Jahres gilt er dann als ›alter Wein‹. Wo der Föhrenbusch ›ausg'steckt‹ ist, wird selbst gekelterter Heuriger ausgeschenkt. Eine Tafel im Zentrum des jeweiligen Weinorts zeigt, welche **Buschenschenken** gerade geöffnet sind. Der Wein wird in Henkelgläsern serviert, das Essen holt sich der Gast am Buffet. Die meisten Schenken haben Höfe oder Gärten. Empfehlenswert die Konsultation der kostenlosen Broschüre ›Heurige‹ des Wiener Tourismusverbands.

Touristische Weinorte sind Grinzing, Heiligenstadt-Nussdorf, Neustift-Salmannsdorf und Sievering. Natureller geht's zu in Stammersdorf, Strebersdorf, Jedlersdorf, Oberlaa oder Mauer.

**Walter Bauer**, 1., Sonnenfelsgasse 17, Tel. 01/512 98 71. Die Wiener Gourmets lieben die Küche, den persönlichen Service und die Atmosphäre in diesem alten Gewölbe (Sa/So, Mo mittags geschl.).

**Zu den 3 Husaren**, 1., Weihburggasse 4, Tel. 01/51 21 09 20, www.drei-husaren.at. Eines der traditionsreichsten Wiener Nobelrestaurants, beliebt und geschätzt bei Prominenten und Betuchten.

### Vegetarische Küche

**Wiener Kochsalon**, 1., Bauernmarkt 10, Tel. 01/533 15 26, www.wiener-koch salon.at. Besonders die Salate sind zu empfehlen und Unverbesserliche finden auch Fleischhaltiges auf der Karte (So geschl.).

### Heurige

Hier eine Auswahl der beliebten Weinstätten. Sie haben oft nur einige Monate im Jahr geöffnet und meist erst ab 15 oder 16 Uhr; es empfiehlt sich, vor einem Besuch telefonisch anzufragen.

*Grinzing*

**Franz Rauscher**, 19., Langackergasse 5a, Tel. 01/320 54 65. Öffnungszeiten nach tel. Auskunft. Klein und ursprünglich.

**Hengl-Haselbrunner**, 19., Iglaseegasse 10, Tel. 01/320 33 30, www.hengl-hasel brunner.at. Weinseligkeit mit Weinbergführungen.

**Reinprechts ›Weinmuseum‹**, 19., Cobenzlgasse 22, Tel. 01/32 01 47 10, www.weingut-reinprecht.at. Heurigenmusik, süffige Weine, typische Atmosphäre und als Dreingabe Österreichs größte Korkenziehersammlung.

*Heiligenstadt-Nussdorf*

**Hirt**, 19., Eisernenhandgasse, Tel. 01/318 96 41 (Mo/Di geschl.).

**Kierlinger**, 19., Kahlenberger Straße 20, Tel. 01/370 22 64. Öffnungszeiten nach tel. Auskunft.

**Mayer am Pfarrplatz**, 19., Pfarrplatz 2 (im Beethovenhaus), Tel. 01/370 33 61, www.pfarrplatz.at. Anziehungspunkt für große Gruppen. Heurigenmusik und üppige Speisekarte.

**Sirbu**, 19., Kahlenberger Straße 210, Tel. 01/320 59 28. Allein schon der Blick berauscht! Aussicht über Weinberge, die Donau und das östliche Wien (So/Fei geschl.).

**Welser**, 19., Probusgasse 12, Tel. 01/318 97 97, www.werner-welser.at. Wohlige Gemütlichkeit.

*Jedlersdorf*

**Bernreiter Peter**, 21., Amtsstraße 24–26, Tel. 01/292 36 80, www.bernreiter.at. Nur in geraden Monaten – Febr., April etc.

**Christ Rainer**, 21., Amtsstraße 10–14, Tel. 01/292 51 52, www.weingutchrist.at. Ambitionierter Weinbauer mit exquisiten Rebensäften in modern-traditionsbewusstem Ambiente.

**Lentner Karl**, 21., Jedlersdorfer Platz 10, Tel. 01/292 42 51, www.lentner.info. Nur in ungeraden Monaten – Jan., März etc.

*Mauer*

**Stadlmann**, 23., Maurer Lange Gasse 30, Tel. 01/889 28 48. Hier wird an 100 Tagen im Jahr ausgeschenkt.

*Neustift*

**Buschenschank Eischer`s Kronenstüberl**, Neustift am Walde 87, Tel. 01/440 29 38, www.eischer.at.

**Wolff**, 19., Neustift am Walde, Rathstraße 50, Tel. 01/440 23 35, www.wienerheuriger.at. Weingenuss ohne Trubel.

*Neustift-Salmannsdorf*

**Friseurmüller**, 19., Hameaustraße 30, Tel. 01/440 14 14, www.friseurmueller.at

**Huber**, 19., Roterdstr. 5, Tel. 01/485 81 80, www.fuhrgassl-huber.at (So/Mo geschl.)

**Rath**, 19., Hameaustraße 11, Tel. 01/440 29 44

**Zeiler am Hauerweg**, 19., Rathstraße 31, Tel. 01/440 13 18, www.zeileramhauerweg.at (So geschl.)

*Oberlaa*

**Bruckner**, 10., Liesingbachstraße 49, Tel. 067 63 36 84 26

**Frauneder**, 10., Oberlaaer Straße 73, Tel. 01/688 16 80. Saisonbetrieb.

*Sievering*

**Haslinger**, 19., Agnesgasse 3, Tel. 01/440 13 47, www.buschenschankhaslinger.at (Mo geschl.).

**Koller**, 19., Sieveringer Straße 269 a, Tel. 01/440 22 24, www.heuriger-koller.at

*Stammersdorf*

**Klager Franz**, 21., Stammersdorfer Straße 14, Tel. 01/292 41 07, www.weingutklager.at

**Olszewski**, 21., Stammersdorfer Straße 23, Tel. 01/292 55 77. Mediterranes Flair. Im Innenhof dieser Buschenschänke sitzt man unterm Steinmarterl und genießt (Mo/Di geschl.).

### Stehimbiss

**Trzesniewski**, 1., Dorotheergasse 1, Tel. 01/512 32 91. Die besten Brötchen (Brot mit Aufstrich) von Wien zu einem Achtel Wein oder ›Pfiff‹ Bier (So geschl.).

### Brauereien, Bierlokale

**Bierhof**, 1., Naglergasse 13, Tel. 01/533 44 28, www.bierhof.at. Empfehlenswert ist der ruhige Schanigarten vor dem Eingang im Haarhof. Innen auf drei Etagen 16 Biersorten, davon sieben vom Fass.

**Fischer-Bräu**, 19., Billrothstraße 17, Tel. 01/369 59 49. Ab 16 Uhr trinkt man drinnen oder an den Stehtischen im schattigen Kastaniengarten das eigene Bier der ›1. Wiener Gasthofbrauerei‹. Sonntags um 11 Uhr Jazz-Frühschoppen.

**Gösser Bierklinik**, 1., Steindlgasse 4, Tel. 01/533 75 98 12, www.goesser-bierklinik.at. Der Name sollte niemand abhalten, in dem seit 1566 bestehenden Lokal einzukehren (So geschl.).

**Krah Krah**, 1., Rabensteig 8, Tel. 01/533 81 93, www.krah-krah.at. Hier beginnt

*Im Sommer ist ein kühles Bier etwa im Garten des Schweizerhauses einfach ›leiwand‹*

das Bermuda-Dreieck der Nachtschwärmer. Es mischen sich Bier-Fans mit Studenten, Promis und schrägen Vögeln.

 **Schweizerhaus**, 2., Prater 116, Tel. 01/728 01 52 13, www.schweizer haus.at. Wohl das prominenteste, sicher aber eines der beliebtesten Prater-Lokale.

**Wieden Bräu**, 4., Waaggasse 5, Tel. 01/586 03 00, www.wieden-braeu.at. Hier wird das Bier im Gasthaus selbst gebraut. Frischer geht's nicht.

## Weinkeller

 **Esterházykeller**, 1., Haarhof 1, Tel. 01/533 34 82, www.esterhazy keller.at. Uriges Labyrinth, Heurigen-Atmosphäre, Küche: Lecker-Deftiges in Selbstbedienung.

*›Einspänner‹ als Kaffeedarreichungsform*

## Braun, verlängert oder lieber gleich einen Fiaker?

Einfach ›Kaffee‹ zu bestellen, wär' zu simpel. Lieber einen kleinen oder großen *Braunen* (Schwarzer, mit wenig Milch erhellt), eine *Melange* (mit Milch gestreckt), einen *Verlängerten* (mit Wasser gestreckt), einen *Einspänner* (mit Schlagobershaube im Glas serviert) oder *Fiaker* (mit einem Schuss Rum) wählen – um nur die schlichtesten der vielen **Kaffeespezialitäten** zu nennen. Wenn der ›Schani‹ (Hilfskellner) sommers Tische und Stühle ins Freie trägt, spricht man vom ›Schanigarten‹.

**Melker Stiftskeller**, 1., Schottengasse 3, Tel. 01/533 55 30. Bürgerliches Kellerlokal mit warmer Küche (ab 17 Uhr; So geschl.).

**Wein-Comptoir**, 1., Bäckerstraße 6, Tel. 01/512 17 60. Comptoir mit ›Tiefgang‹, exzellenter Küche, freundlichem Service.

**Zwölf-Apostelkeller**, 1., Sonnenfelsgasse 3, Tel. 01/512 67 77, www.zwoelf-apostel keller.at. Eine Sehenswürdigkeit im Hildebrandthaus: historische Spurensuche, weinbeschwingt. Wiener Küche, kaltes und warmes Büfett, Mi–Fr abends Heurigenmusik [s. S. 39].

## Kaffeehäuser und Konditoreien

(s. a. Einkaufen – Naschereien, S. 166)

**Alt Wien**, 1., Bäckerstraße 9, Tel. 512 52 22. Kleine Speisen, hausgemachte Torten.

**Alte Backstube**, 8., Lange Gasse 34, Tel. 01/406 11 01, www.backstube.at [Nr. 143]

**Bräunerhof**, 1., Stallburggasse 2, Tel. 01/512 38 93. Früher Stammcafé Polgars, der Jeritza und Thomas Bernhards. Große Zeitungsauswahl, Sa und So klassische Wiener Musik live 15–18 Uhr.

 **Café Central**, 1., Herrengasse 14, Tel. 01/533 37 64 24, www.ferstel.at. Klaviermusik tgl. 17–22 Uhr [Nr. 74].

**Café Hawelka**, 1., Dorotheergasse 6, Tel. 01/512 82 30, www.hawelka. at. Die ›magische Botanisiertrommel‹ der Kunstszene der 60er- und 70er-Jahre des 20. Jh. von Artmann bis Hrdlicka. Heute: junge Leute, warme Buchteln, unnachahmlich quirlig-gelassene Atmosphäre (Di geschl.).

**Eiles**, 8., Josefstädter Straße 2, Tel. 01/405 34 10. Klassisches, großes, gemütliches Kaffeehaus.

**Frauenhuber**, 1., Himmelpfortgasse 6, Tel. 01/512 83 83, www.cafefrauenhuber. at. Ältestes Kaffeehaus Wiens, in dem schon Mozart zu Gast war. Spezialität: Haustorte mit Äpfeln und Nüssen.

**Gerstner**, 1., Kärntner Straße 15, Tel. 01/51 24 96 30, www.gerstner.at. Traditionsreiche ehem. Hofzuckerbäckerei, Spezialität: Othello-Torte.

 **Griensteidl**, 1., Michaelerplatz 2, Tel. 01/53 52 69 20, www.cafegrien steidl.at. Ein Mythos, der zumindest als Name wieder auferstanden ist. Einst Wiege der Jahrhundertwende-Literatur: Bahr, Schnitzler, Hofmannsthal u. a. verkehrten hier. Internationale Zeitun-

*Kaffee trinken, plauschen, Zeitung lesen – hier im Café Museum*

gen und Gesamtausgabe von Meyers Konversationslexikon dienen der Information und der Klärung von Streitfragen.

**Haas & Haas Teehaus**, 1., Stephansplatz 4, Tel. 01/51 22 66 60, www.haas-haas.at. Innenhofromantik mit Fin-de-siècle-Meublement im Deutschordenshaus.

**Konditorei Demel**, 1., Kohlmarkt 14, Tel. 01/53 51 71 70, www.demel.at. Einstige K. u. k. Hofzuckerbäckerei [Nr. 57].

**Kurkonditorei Oberlaa**, 1., Neuer Markt 16, Tel. 01/51 32 93 60, www.oberlaa-wien.at. Tortentempel: Riesenauswahl in elegant-neuem Etablissement.

**TOP TIPP** **Landtmann**, 1., Dr.-Karl-Lueger-Ring 4, www.cafe-wien.at. Großräumiges, elegantes, bei Touristen beliebtes Ringstraßen-Café-Restaurant. Theaterpublikum, Schauspieler, Presse, Politiker.

**TOP TIPP** **Museum**, 1., Friedrichstraße 6, Tel. 01/586 52 02, www.cafe-museum. at. Einst Stammcafé von Klimt, Schiele, Kokoschka, Musil, 1899 von Adolf Loos Vorbild gebend eingerichtet: Rundtheke an der Ecke der rechtwinklig aufeinander stoßenden Längsräume, Verwendung von Spiegeln, Glas, Messing. Mobilität durch leichte Thonet-Stühle. Heute jüngeres Publikum, große Zeitungsauswahl.

**Sacher**, 1., Philharmonikerstraße 4, Tel. 01/51 45 68 10, www.sacher.com. Weltberühmte Torte [Nr. 93].

**Schwarzenberg**, 1., Kärntner Ring 17, Tel. 01/512 89 98, www.cafe-schwarzen

berg.at. Ringstraßenkaffeehaus mit Tradition und Schanigarten.

**Sperl**, 6., Gumpendorfer Straße 11, Tel. 01/586 41 58, www.cafesperl.at. Ausgezeichnet renoviertes Eck-Kaffeehaus mit charakteristischer Einrichtung, einst Stammcafé von Lehár und Kálmán. Billard. Schanigarten (Juli/Aug. So geschl.).

**Sluka**, 1., Rathausplatz 8, Tel. 01/405 71 72, www.sluka.at. Wohl beste Esterházytorte Wiens. Schanigarten (So geschl.).

**Tirolerhof**, 1., Führichgasse 8, Tel. 01/512 78 33. Traditionelles, gemütliches, preiswertes Kaffeehaus.

**Weimar**, 9., Währinger Straße 68, Tel. 01/317 12 06, www.cafeweimar.at. Renoviertes Kaffeehaus der Jahrhundertwende. Hauseigene Mehlspeisen. Literaturabende.

## Feiertage

Neujahr (1. Januar), Heilig-Drei-König (6. Januar), Ostermontag, Tag der Arbeit (1. Mai), Christi Himmelfahrt, Pfingstmontag, Fronleichnam, Mariä Himmelfahrt (15. August), Nationalfeiertag (26. Oktober), Allerheiligen (1. November), Mariä Empfängnis (8. Dezember), Christ- und Stephanitag (25. und 26. Dezember).

## Festivals und Events

### Januar/Februar

*Neujahrskonzert* (1.1.) der Philharmoniker (Karten werden ein Jahr im Voraus im Internet verlost, www.wiener philharmoniker.at)

Hochsaison der *Bälle*: Kaffeesiederball, Blumenball, Opernball, Philharmonikerball, Bonbonball, Rudolfina-Redoute u. a. (*Ballkalender* ab Nov. über *Wiener Tourismusverband*, www.wien.info, s. S. 161)

### März

Hernalser *Kalvarienbergmarkt* am Kalvarienberg (www.kalvarienberg.at)

### April

*Vienna City Marathon* (www.vienna-marathon.com)

### Mai/Juni

*Fronleichnamsprozession* zum Stephansdom

*Concordia Ball* im Rathaus (www.concor diaball.at)

*Wiener Festwochen:* Neuinszenierungen von Eigen- und Koproduktionen des Schauspiels und der Oper, Gastspiele ausländischer Bühnen, symphonische und Kammerkonzerte einheimischer und internationaler Orchester und Solisten. Ausstellungen, Filmretrospektiven, Bezirksfeste (*Büro:* Lehárgasse 11, 1060 Wien, Tel. 01/589 22 22, www.festwochen.at).

*Donauinselfest* (www.donauinselfest.at)

### Juli/August

*Jazzfest* (Anfang Juli, www.viennajazz. org)

*Prater-Rummel* am Prater (Mitte Aug., www.prater.at)

### September

*Musikfilmfestival* im Rathaus (meist Mitte Sept., www.wien.info)

### Oktober/November

*Viennale*, Filmfestival (Viennale, Siebensterngasse 2, 1070 Wien, Tel. 01/526 59 47, www.viennale.at)

*Wien Modern*, Festival zeitgenössischer Musik (Wiener Konzerthaus, Lothringerstraße 20, 1030 Wien, Tel. 01/24 20 02, www.wienmodern.at)

### Dezember

*Adventskonzerte* im Rathaus (www.wien.gv.at)

*Christmas in Vienna*, Gala (www.christmasinvienna.com)

*Kaiserball* in der Hofburg (www.hofburg. com) und andere Silvesterbälle

## ■ Kultur live

### Kartenvorverkauf

**Kassen der Bundestheater** (Wiener Staatsoper, Volksoper, Burgtheater, Akademietheater), 1., Goethegasse 1, Tel. 01/514 44-29 59 oder -2960, www. bundestheater.at. Restkarten ab 1 Std. vor Veranstaltungsbeginn zu stark reduzierten Preisen an den Kassen der jeweiligen Häuser.

Karten für Konzerte, Musicals und Theateraufführungen vermitteln auch:

**Österreich-Ticket**, Tel. 01/960 96, Fax 01/585 23 23, www.oeticket.com

**Vienna Ticket Office**, Kärntner Straße 51, 1010 Wien, Tel. 01/513 11 11, www.vienna ticketoffice.com

**Wien-Ticket**, Herbert von Karajan Platz, Pavillon an der Staatsoper, 1010 Wien, Tel. 01/588 85, www.wien-ticket.at

### Klassische Konzerte, Musiktheater, Ballett und Musical

**Raimund Theater**, 6., Wallgasse 18–20, Tel. 01/59 97 70, www.musicalvienna.at

**Ronacher**, 1., Seilerstätte 9, Tel. 01/51 41 10, www.musicalvienna.at [Nr. 36]

**Theater an der Wien**, 4., Linke Wienzeile 6, Tel. 01/58 83 02 00, www.musicalvien na.at, www.theater-wien.at [Nr. 134]

**Volksoper**, 9., Währinger Straße 78, Tel. 01/514 44 36 70, www.volksoper.at

**Wiener Kammeroper**, 1., Fleischmarkt 24, Info-Tel. 01/512 01 00, Karten-Tel. 01/512 01 00 77, www.wienerkammeroper.at

**Wiener Philharmoniker**, 1., Musikverein, Bösendorferstr. 12, Tel. 01/505 81 90, www.wienerphilharmoniker.at. Kartenbüro, 1., Kärntnerring 2, Tel. 01/505 65 25, Sept.–Juni Mo–Fr 9–15.30 Uhr, Juli/Aug. 9.30–15.30 Uhr [Nr. 99]

**Wiener Staatsoper**, 1., Opernring 2, Info-Tel. 01/514 44 22 50, Karten-Tel. 01/513 15 13, www.wiener-staatsoper.at [Nr. 94]

### Sprechtheater

**Akademietheater**, 3., Lisztstraße 1, Tel. 01/514 44 47 40, www.burgtheater.at

**Ateliertheater Wien**, 7., Burggasse 71, Tel. 01/524 22 45, kpc.server101.com/ ateliertheater

**Brut,** im Künstlerhaus, 1., Karlsplatz 5, sowie im Konzerthaus, 3., Lothringerstraße 20, Tel. 01/587 05 04, www.brut-wien.at

**Burgtheater**, 1., Dr.-Karl-Lueger-Ring 2, Tel. 01/514 44 47 40, www.burgtheater.at

**Drachengasse 2 Theater**, 1., Fleischmarkt 22, ab 15.30 Uhr, Tel. 01/513 14 44, www.drachengasse.at

**Ensemble Theater am Petersplatz**, 1., Petersplatz 1, Tel. 01/533 20 39, www.ensembletheater.at

**Experiment am Liechtenwerd**, 9., Liechtensteinstraße 132, Tel. 01/319 41 08, www.theater-experiment.at.tt

**International Theatre**, 9., Porzellangasse 8/Müllnergasse 6a, Tel. 01/319 62 72, www.internationaltheatre.at

*Immer dasselbe Theater? Der Besuch einer Marionettenbühne bringt Abwechslung*

**Jugendstiltheater**, 14., Baumgartner Höhe 1, Tel. 06 99/12 37 88 70, www.jugendstiltheater.co.at

**Kammerspiele** (Boulevardbühne des Theaters in der Josefstadt), 1., Rotenturmstraße 20, Tel. 01/42 70 03 00, www.josefstadt.org

**Komödie am Kai**, 1., Franz-Josefs-Kai 29, Tel. 01/533 24 34, www.komoedieamkai.at

**Odeon**, 2., Taborstr. 10, Tel. 01/216 51 27, www.odeon-theater.at

**Schauspielhaus**, 9., Porzellangasse 19, Tel. 01/317 01 01 1, www.schauspielhaus.at

**Schönbrunner Schlosstheater**, 13., Schloss Schönbrunn, Haupteingang, Tel. 01/711 55 [Nr. 162]

**Theater an der Gumpendorfer Straße**, 6., Gumpendorfer Straße 67, Tel. 01/ 586 52 22, www.dastag.at

**Theater Brett**, 6., Münzwardeingasse 2, Tel. 01/587 06 63, www.theaterbrett.at

**Theater in der Josefstadt**, 8., Josefstädter Straße 26, Tel. 01/42 70 03 00, www.josefstadt.org

**Theater ›Die neue Tribüne‹ im Café Landtmann**, 1., Dr.-Karl-Lueger-Ring 4, Tel. 06 64/234 42 56 (mobil), www.tribuenewien.at

**Theater-Center-Forum**, 9., Porzellangasse 50, Tel. 01/310 46 46, www.theatercenterforum.com

**Vienna's English Theatre**, 8., Josefsgasse 12, Tel. 01/40 21 26 00, www.englishtheatre.at

**Volkstheater**, 7., Neustiftgasse 1, Tel. 01/52 11 10, www.volkstheater.at [Nr. 87]

**WUK, Kultur- und Werkstättenhäuser**, 9., Währinger Str. 59, Tel. 01/40 12 10, www.wuk.at

### Kabaretts

**Akzent**, 4., Theresianumgasse 18, Tel. 01/501 65 33 06, www.akzent.at

**Kabarett Niedermair**, 8., Lenaugasse 1a, Tel. 01/408 44 92, www.niedermair.at

**Kulisse**, 17., Rosensteingasse 39, Tel. 01/485 38 70, www.kulisse.at

**Spektakel**, 5., Hamburgerstraße 14, Tel. 01/587 06 53, www.spektakel.at

**Theater Kabarett Simpl**, 1., Wollzeile 36, Tel. 01/512 47 42, www.simpl.at

### Kinder- und Jugendtheater

**Märchenbühne ›Der Apfelbaum‹**, 7., Kirchengasse 41, Tel. 01/523 17 29 20, www.maerchenbuehne.at

**Puppentheater Lilarum**, 3., Göllnergasse 8, Tel. 01/710 26 66, www.lilarum.at

**Schönbrunner Schloss-Marionettentheater**, 13., Schloss Schönbrunn, Hofratstrakt, Tel. 01/817 32 47, www.marionettentheater.at

**Theater der Jugend**, 7., Neubaugasse 38, *Renaissancetheater*, 7., Neubaugasse 36; *Theater im Zentrum*, 1., Liliengasse 3, Info-Tel. 01/521 10, www.tdj.at

## Konzerte

*Konzertsäle*

**Bösendorfer-Saal**, 4., Graf Starhemberg-Gasse 14, Tel. 01/504 66 51 44, www.boesendorfer.com

**Konzerthaus**, 3., Lothringerstraße 20, Karten-Tel. 01/24 20 02, www.konzerthaus.at

**Musikverein**, 1., Bösendorferstr. 12, Tageskasse Tel. 01/505 81 90, www.musikverein.at [Nr. 99]

**Palais Palffy**, 1., Josefsplatz 6, Tel. 01/51 25 68 10, www.palais-palffy.at

*Kirchenkonzerte (oft freier Eintritt)*

**Michaelerkirche**, 1., Michaelerplatz/Refektorium, Habsburgergasse 12, Tel. 01/533 80 00, www.michaelerkirche.at [Nr. 56]

**Servitenkirche**, 9., Servitengasse 9, Tel. 01/31 76 19 50, www.rossau.at [Nr. 152]

**Stephansdom**, 1., Stephansplatz, Tel. 01/51 55 25 30, www.stephanskirche.at [Nr. 1]

**Votivkirche**, 9., Rooseveltplatz 8, Tel. 01/40 61 19 20

*Wiener Sängerknaben*

In der **Hofburgkapelle** (1., Hofburg, Schweizerhof). Messe So 9.15 Uhr (außer Juli bis Mitte September).

Karten wegen starker Nachfrage mindestens 8 Wochen vorher schriftlich:

Hofmusikkapelle, Hofburg-Schweizerhof, 1010 Wien
Fax 01/533 99 27 75
whmk@chello.at

Tageskasse (Schlange!) im Schweizerhof der Hofburg, jeweils am Fr vor der Messe 11–13 und 15–17 Uhr, sowie So ab 8.15 Uhr, Tel. 01/533 99 27

*Jazz und Rock*

**Jazzland**, 1., Franz-Josefs-Kai 29, Tel. 01/533 25 75, www.jazzland.at (So geschl.)

**Miles Smiles**, 8., Lange Gasse 51, Tel. 01/405 95 17, www.miles-smiles.at

**Planet.tt**, 11., Guglgasse 8 (im Gasometer), Tel. 01/33 24 64 10, www.planet.tt

**Porgy & Bess**, 1., Riemergasse 11, Tel. 01/512 88 11, www.porgy.or.at

**Szene Wien**, 11., Haufgasse 26, Tel. 01/749 17 75, www.szenewien.com

## ■ Museen, Sammlungen, Schlösser und Gedenkstätten

Die wichtigsten Museen und Sammlungen sind im Hauptteil mit Kontaktdaten und Öffnungszeiten genannt.

Einige der großen Museen bieten an einem Tag pro Monat, manchmal auch in der Woche, freien Eintritt, das MAK etwa Sa und jeden 1. Di im Monat. Eine aktuelle Zusammenstellung bietet die Stadtinformation [s. S. 162] .

## ■ Nachtleben

### Bars und Klubs

**Barfly's Club**, 6., Esterházygasse 33, Tel. 01/586 08 25, http://barflys.at. Cocktail-Bar mit rund 360 Drinks zur Auswahl!

**Bristol-Bar** (Hotel Bristol), 1., Kärntner Ring 1, Tel. 01/51 51 65 35. Pseudo-Gründerzeitstil. Viele Geschäftsleute.

 **B 72**, 8., Hernalser Gürtel, U-Bahnbögen 72/73, Tel. 01/409 21 28, www.b72.at. Beliebter Szene-Treff, vor allem von jungen Leuten.

**Donau-Bar**, 7., Karl-Schweighofer-Gasse 10, Tel. 01/523 81 05. Auf der Nightlife-Welle mitschwimmen? Im ›Donau‹ bis in den Morgen hinein kein Problem. Musik und Diaprojektionen.

**Eden-Bar**, 1., Liliengasse 2, Tel. 01/512 74 50, www.edenbar.at. Edel und mit ›Gesichtskontrolle‹.

**Loos American Bar**, Kärntner Straße 10, Tel. 01/512 32 83, www.loosbar.at. Symbiose aus Gastronomie und Architektur.

**Moulin Rouge**, 1., Walfischgasse 11, Tel. 01/512 21 30, www.moulinrouge.at. Hier wird die Nacht zum Tag gemacht – Show ab 23 Uhr.

**New York, New York**, 1., Annagasse 8, Tel. 01/513 86 51. Klein, aber oho! Am besten kommt man hierher zur *Happy Hour* und genießt die ruhigere Atmosphäre.

**Nightfly's American Bar**, 1., Dorotheergasse 14, Tel. 01/512 99 79, www.nightflys.at. Kellerbar – für gemütliche Abende genau richtig.

**Onyx Bar**, 1., Stephansplatz 12, 6. Stock, Tel. 01/535 39 69, www.doco.at. Allein schon der Blick auf den nächtlichen Stephansplatz ist bombastisch.

**Reiss**, 1., Marco-d'Aviano-Gasse 1, Tel. 01/512 71 98, www.reissbar.at. Champagner-Treff mit lauschigem Schanigarten.

**rhiz**, 8., Lerchenfelder Gürtel, U-Bahnbögen 37/38, Tel. 01/409 25 05, http://rhiz.org. Täglich wechselndes Musikprogramm.

**Roter Engel**, 1., Rabensteig 5, Tel. 01/ 535 41 05, www.roterengel.at. Bar-Klassiker, von den Architekten Coop Himmelblau designt.

**Sky Bar**, 1., Kärntnerstraße 19, Zugang über Kaufhaus Steffl oder Panoramalift, Tel. 01/513 17 12, www.skybar.at. Gediegenes Ambiente, grandioser Blick über die Stadt und auf den Stephansdom.

### Diskotheken

**Club Habana**, 1., Mahlerstraße 11, Tel. 01/513 20 75, www.clubhabana.at. Lateinamerikanische Rhythmen, Tanzkurse.

**Empire Club**, 1., Rotgasse 9, Tel. 0664/392 99 89, www.empire-club.at. Vor allem bei den Teenies ist diese Großraum-Diskothek schwer angesagt. Hier läuft House, Techno und Soul.

**Kunsthalle Café**, 4., Treitlstraße 2, Tel. 01/587 00 73, www.kunsthallewien.at. Beliebter Szene-Treff.

**Nachtwerk**, 23., Dr.-Gonda-Gasse 9, Tel. 01/616 88 80, www.nachtwerk.at. Für jeden Musikgeschmack etwas.

**Passage**, 1., Babenberger Passage, Burgring/Ecke Babenbergerstrasse, Tel. 01/ 961 88 00, www.sunshine.at. Durchgestylter Tanztempel mit internationalen Live-Acts.

**Take Five**, 1., Annagasse 3a, Tel. 01/ 512 92 77, www.club-take5.at. Schicker Promi-Treff in der Innenstadt.

**Tanzbar Roxy**, 4., Operngasse 24/Ecke Faulmanngasse 4, Tel. 01/961 88 00, www.sunshine.at. Musikalische Überraschungen zwischen House und Hip Hop, leicht nostalgisch.

**U4**, 12., Schönbrunner Straße 222, Tel. 01/817 11 92, www.u-4.at. Der ›Schwarze Schlund‹, wie das U4 von Insidern auch genannt wird, ist der Klassiker unter Wiens Diskotheken.

**Volksgarten**, 1., Burgring 1, Tel. 01/ 532 42 41, www.volksgarten.at. Stilecht zurück in die 50er-Jahre des 20. Jh. Täglich Clubbing ab 22 Uhr.

*Mega-Event auf der Donauinsel*

## Summer in the City

Bars und Diskotheken findet man auch auf der **Donauinsel**, dem 21 km langen Ufer der ›Neuen Donau‹ (U1 Donauinsel). Hier heißt es im Sommer nicht nur Schwimmen, Surfen und Sonnen – auch Freunde des **Nachtlebens** kommen auf ihre Kosten. An der **Copa Cagrana** (hier stand der benachbarte Stadtteil Kagran Pate!) kann man von März bis September in Bars, Saison-Kneipen und Freiluft-Discos Wien von seiner südlichen Seite her kennenlernen. Mallorca lässt grüßen! Ständig werden hier neue Lokale eröffnet, am besten informiert man sich in der Stadtzeitung ›Falter‹.

Weitere Highlights im großstädtischen Sommer haben sich entlang des bzw. im Donaukanal mitten in der Altstadt etabliert: Das **Badeschiff** (1., zwischen Schwedenbrücke und Urania, www.badeschiff.at, U1/U4 Schwedenplatz), ein umgebautes Donaulastschiff, lockt mit Pool und Sonnendeck. In der **Strandbar Herrmann** (1., nahe Urania, www.strandbarherrmann.at, U1/U4 Schwedenplatz, U3 Stubentor) kann man vom Frühstück über die Kaffeepause bis hin zu Sundowner und Absacker herrlich entspannen. Und die **Summerstage** (9., nahe Roßauer Lände, www.summerstage.co.at, U4 Roßauer Lände) verfügt über eine ganze Bandbreite an gastronomischen und sportlichen Angeboten.

*Konzentrierte Momente, wenn der Barkeeper reinen Wein einschenkt*

## Wo Engel und Bengel abtauchen

Wenn Schiffe einfach abtauchen oder sich Flugzeuge auf Nimmerwiedersehen verfliegen, dann ist man gedanklich sogleich im Bermuda-Dreieck gelandet, jenem sagenumwobenen Fleckchen Meer im Atlantischen Ozean, das fliegende und fahrende Objekte – Simsalabim – verschwinden lässt. Weniger mysteriös, aber nicht minder wirkungsvoll (zeigt sich meist erst am Tag danach!) kann man im Barleben des **Wiener Bermuda-Dreiecks** untergehen. Im alten Judenviertel, rund um die Seitenstettengasse, findet man sie, die tolle **Kneipenkultur**, für Schmähtandler und Spaßhungrige, Anbandler und Ausgeflippte, Fesche, Faule und Feurige, Coole und Kahle, Smarte und

*Live-Musik für Herz und Hirn im Jazzland unter der Ruprechtskirche*

Schwule. Für alle Geschmäcker gibt es im 1. Bezirk ›In-Places‹ im Überfluss.

Das war indes nicht immer so: Als Möglichkeit, auch international auf sich aufmerksam zu machen, aber auch aus Mitleid und Solidarität mit der einst bitterdüsteren Barszene, ließen **Wiener Architekten** und **Designer** ihre Kreativität im Dienste von Hochlaune mit Hochprozentigem sprudeln. Hermann Czech etwa oder das Duo Eichinger und Knechtl, nicht zu vergessen die originellen Architekten Coop Himmelb(l)au. Also gemmá, gemmá: Vom **Café Alt Wien** (Bäckerstraße 9) zum **Griensteidl** am Michaelerplatz und zum Klassiker **Hawelka** (Dorotheergasse 6). Gediegenen Charme gibt's auch im **Nightfly's American Bar** (Dorotheergasse 14). Postmodern und mit (lebender) Promiausstattung ist die **Onyx Bar** über dem Stephansplatz (6. Stock). Fest etabliert im Wiener Nachtleben sind das Kultlokal **Reiss** (Marco-d'Aviano-Gasse 1), wo sich schöne Menschen Champagner-Freuden hingeben, oder die **Loos American-Bar** (Kärntner Durchgang 10) sowie der **Rote Engel** (Rabensteig 5). Alles in allem: Wiens Bar-Wunder sind einfach wunderbar! Aber natürlich ist dem Entdeckerdrang des Nachtschwärmers keine Grenze gesetzt und ein Schiffbruch im Wiener Bermudadreieck sollte durchaus auf dem Programm des Wien-Besuchers stehen.

## Kasino

**Casino Wien**, Palais Esterházy, 1., Kärntner Straße 41, Tel. 01/512 48 36, www.casinos.at. Tgl. ab 15 Uhr [s. S. 46]

# ■ Sport

### Eislaufen

**Kunsteisbahn Engelmann**, 17., Syringgasse 6–10, Tel. 01/40 51 42 50, www.engelmann.co.at (Ende Okt. bis Mitte März)

**Wiener Eislaufverein**, 1., Lothringer Straße 22, Tel. 01/71 36 35 30, www.wev.or.at (Ende Okt. bis Anfang März)

### Fußball

**Ernst-Happel-Stadion** (Praterstadion), 2., Maiereistraße 7, Tel. 01/72 80 85 40, www.stadthalle.com

**Franz Horr Stadion**, 11., Matthias Sinde-lar-Tribüne, Fischhofgasse 14, FK Austria Memphis MAGNA, Tel. 01/688 01 50, Fax 01/68 80 15 03 80, www.fk-austria.at

**Gerhard Hanappi-Stadion**, 14., Keißlergasse 6, Tel. 01/72 74 30, Fax 01/727 43 25, www.skrapid.at

### Pferderennen

**Galopprennbahn Freudenau**, 2., Pratergelände, Tel. 01/728 95 31, www.freudenau.at (Frühjahr bis Herbst)

**Trabrennbahn Krieau**, 2., Pratergelände, Tel. 01/728 00 46, www.krieau.at (Sept.–Juni)

### Golf

**Golfclub Wien**, 2., Freudenau 65 a, Tel. 01/72 89 56 40, www.golf.at (für Nichtmitglieder: Mo–Do ganztägig, Fr letzter Abschlag 12 Uhr)

### Hallenbäder

**Amalienbad**, 10., Reumannplatz 23, Tel. 01/607 47 47, www.wien.gv.at/baeder

**Stadthallenbad**, 15., Vogelweidplatz 14, Tel. 01/98 10 00, www.stadthalle.com

**Städtisches Bad Simmering**, 11., Florian-Hedorfer-Str. 5, Tel. 01/767 25 68, www.wien.gv.at/baeder

**Thermalbad Oberlaa**, 10., Kurbadstraße 14, Tel. 01/680 09, www.oberlaa.at

### Freibäder

(geöffnet meist Mai–Mitte Sept., www.wien.gv.at/baeder)

**Angelibad**, 21., An der Oberen Alten Donau, Tel. 01/263 22 69

**Gänsehäufel**, 22., Moissigasse 21, Tel. 01/269 90 16, www.gaensehaeufel.at

**Krapfenwaldbad**, 19., Krapfenwaldgasse 65–73, Tel. 01/320 15 01

**Laaerbergbad**, 10., Ludwig-von-Höhnel-Gasse 2/Favoritenstr. 233, Tel. 01/688 23 35

**Schafbergbad**, 18., Josef-Redl-Gasse 2, Tel. 01/479 15 93

**Stadionbad**, 2., Prater, Tel. 01/720 21 02, www.stadthalle.com

**Strandbad Alte Donau**, 22., Arbeiterstrandbadstraße 91, Tel. 01/263 65 38

### Tennis

**Isfo-Tennis-Center**, 10., Heubergstättenstraße 1, Tel. 01/615 55 35, www.isfo.at

**Sportzentrum Marswiese**, 17., Neuwaldegger Str. 57 a, Tel. 01/489 71 72, www.marswiese.at

**Tennisplätze Arsenal**, 3., Arsenalstraße 3, Tel. 01/799 01 01, www.tennis-arsenal.at

**Tennistreff Achatzi**, 2., Prater Hauptallee, Tel. 01/720 20 70, www.tennistreff-achatzi.at

*Wasserfreuden im Amalienbad*

# ■ Stadtbesichtigung

## Stadtrundfahrten

### Bus

**Alternative Stadtrundfahrt** ›Traum und Wirklichkeit – Jugendstil und Rotes Wien‹, *Infos:* 9., Stattwerkstatt, Kolingasse 6, Tel. 01/317 33 84

**Cityrama Sightseeing Tours**, Tel. 01/53 41 30, www.cityrama.at. Buchungen bei Reisebüros, Touristeninformationen und Hotels.

**Vienna Heurigen Express**, 18., Sternwartestraße 69, Tel. 01/479 28 08, www.heurigenexpress.at. Bahn auf Rädern zwischen Nussdorf (Abfahrt Haltestelle Tram D), Kahlenberg und Grinzing (April–Okt. tgl. 12–18 Uhr, Abfahrt jew. zur vollen Stunde).

**Vienna Sightseeing Tours**, Tel. 01/71 24 68 30, www.viennasightseeing.at. Halbtages- und Tagesausflüge, Hop-on-hop-off Busse. Tickets online, direkt beim Fahrer oder bei Verkäufern vor der Wiener Staatsoper.

### Fahrrad

**Bike and Guide**, 22., Gartensiedlung Mexiko/29, Tel./Fax 01/212 11 35, www.bikeandguide.com (April–Okt.)

**Pedal Power**, 2., Ausstellungsstraße 3, Tel. 01/729 72 34, Fax 01/729 72 35, www.pedalpower.at (Mai–Sept.)

### Fiaker

Standplätze (im Sommer): Stephanskirche, Albertinaplatz und Heldenplatz. Preis vor Antritt der Fahrt vereinbaren!

### Schiff

Mit der *MS Vindobona*, die der Künstler Friedensreich Hundertwasser in seinem typischen Stil gestaltete, auf der Strecke KunstHaus – Schwedenplatz – Nussdorfer Schleuse und retour (viermal tgl.; Frühling bis Ende Okt.).

Weitere Infos, z. B. zu Themenfahrten, erhält man bei: **DDSG – Blue Danube Schifffahrt** GmbH, 1., Friedrichstr. 7, Tel. 01/588 80, Fax 01/58 88 04 40, www.ddsg-blue-danube.at

### Straßenbahn

**Rundfahrt mit der Oldtimer-Tramway** (Baujahr 1929): Mai–Okt. Sa/So/Fei 9.45, 11.45 und 13.45 Uhr. Abfahrt Otto-Wagner-Pavillon, 4, Karlsplatz, Info-Tel. 01/790 91 05, www.wienerlinien.at

## Stadtrundgänge

**Verein Wiener Spaziergänge**, Tel. 01/489 96 74, www.wienguide.at

Anderthalbstündige Spaziergänge ab drei Personen zu 25 reizvollen Themen (Palais – Alte Häuser – Das Kaffeehaus – Kaiserin Elisabeth – Jüdisches Wien usw.) mit staatlich geprüften Fremdenführern. Themen, Daten und Treffpunkte siehe Website oder Prospekt ›Wiener Spaziergänge‹ in Touristeninformationen und Reisebüros.

## Aussichtspunkte

**Belvedere-Garten**, Parterre vor dem Oberen Belvedere, 3., Prinz-Eugen-Str. 27 [Nr. 125]

**Berge im Wienerwald**, Hermannskogel 542 m, Kahlenberg 483 m und Leopoldsberg 423 m

**Donauturm**, 22., Donaupark. Aussichtsterrasse 150 m, Restaurants 160 und 170 m [Nr. 185]

**Gloriette**, 13., Schönbrunner Schlosspark, April–Juni, Sept. tgl. 9–18, Juli/Aug. tgl. 9–19, Okt. 9–17 Uhr [Nr. 167]

**Riesenrad**, 2., Prater, 67 m, Mai–Sept. tgl. 9–23.45, März/April und Okt. tgl. 10–21.45, Nov.–Febr. tgl. 10–19.45 Uhr [Nr. 110]

**Stephansturm**, 1., Türmerstube im Südturm, 72 m, nur zu Fuß (343 Stufen), tgl. 9–17.30 Uhr; Glocke ›Pummerin‹ im Nordturm mit Aufzug erreichbar, April–Okt. tgl. 8.30–17.30, Nov.–März tgl. 8.30–17 Uhr [Nr. 1]

# ■ Statistik

**Bedeutung:** Wien ist die *Hauptstadt* der Republik Österreich und zugleich als *Bundesland* politisches, wirtschaftliches, kulturelles und Verwaltungszentrum des Staates.

**Lage:** 16° 21' 03" östlicher Länge und 48° 14' 06" nördlicher Breite. Der höchste Punkt liegt im Norden auf dem Hermannskogel bei 542 m, der tiefste in der Lobau im Osten bei 151 m.

**Fläche** des Stadtgebiets: 41 500 ha, davon 20 600 ha Grün-, 13 400 ha Bau- und 5600 ha Verkehrsflächen.

**Einwohner** (Stand 2008): 1,67 Mio., ca. 2,3 Mio. im Großraum. 19,8 % Ausländer.

**Verkehr:** Der öffentliche Nahverkehr hat eine Linienlänge von 962 km und befördert jährlich 793 Mio. Personen. Straßenlänge: 2802 km. Kraftfahrzeugbestand: 802 209. Der Flughafen Wien zählt im Jahr rund 18,8 Mio. Fluggäste.

**Fremdenverkehr:** 9,6 Mio. Übernachtungen im Jahr, davon 7,7 Mio. Ausländer. Verfügbare Betten: 44 400.

**Klima:** Durchschn. Lufttemperaturen im Januar (tagsüber) 1 °C, im April 14 °C, im Juli 25 °C, im Oktober 14 °C, Temperaturmittel 2007: 11,7 °C.

**Wirtschaft:** Größtes Wirtschaftszentrum Österreichs, das ca. 30 % des Bruttosozialprodukts erarbeitet, davon 83,7 % im Dienstleistungssektor.

**Kultur:** 15 Universitäten und Akademien mit 130 000 Studierenden, 6000 Studierende an Fachhochschulen, 546 allgemeinbildende Schulen, 132 berufsbildende Schulen. 8 Tageszeitungen und 17 Wochenzeitungen und Wochenzeitschriften.

**Wein:** Weinbau auf einer Fläche von 600 ha, betrieben von rund 400 Weinbauerfamilien. 135 Buschenschenken. Jährliche Weinproduktion: 2,2 Mio. Liter, davon 80,3% Weißwein.

**Stadtverwaltung:** Gemeinderat (zugleich Landtag) mit 100 Abgeordneten, die alle 5 Jahre gewählt werden, und einem Bürgermeister (zugleich Landeshauptmann). Der geschäftsführende Ausschuss des Gemeinderats ist der *Stadtsenat* (die Landesregierung), zusammengesetzt aus Bürgermeister, zwei Vizebürgermeistern, dem Magistratsdirektor und (derzeit) acht amtsführenden Stadträten. Die 23 Bezirke Wiens haben *Bezirksämter* mit Vorstehern und Vertretungen.

**Stadtwappen:** Weißes Kreuz auf rotem Schild.

## ◼ Unterkunft

Vorherige Reservierung empfiehlt sich unbedingt – in Wien ist immer Saison! Der Tourismusverband gibt einmal im Jahr ein umfangreiches Verzeichnis aller Hotels und Pensionen heraus, das dort oder bei den Zweigstellen der Österreich-Werbung angefordert werden kann [s. S. 161]. Gesonderte Prospekte über Jugendherbergen/Camping.

### Luxushotels

**Ambassador**, 1., Neuer Markt 5, Tel. 01/96 16 10, Fax 01/513 29 99, www.ambassa

*An standesgemäßen Unterkünften herrscht in Wien kein Mangel*

dor.at. Seit 140 Jahren eine der ersten Adressen, wo schon Franz Lehár zum 5-Uhr-Tee aufspielte.

**Bristol**, 1., Kärntner Ring 1, Tel. 01/51 51 60, Fax 01/51 51 65 50, www.luxurycollection.com/bristol. In bester Lage gegenüber der Oper. Hier wohnten bereits Caruso und Puccini.

**De France**, 1., Schottenring 3, Tel. 01/31 36 80, Fax 01/319 59 69, www.hoteldefrance.at. Trotz des modernen Ambiente eine Luxusherberge mit Tradition seit 1873.

**Grand Hotel Wien**, 1., Kärntner Ring 9, Tel. 01/51 58 00, Fax 01/515 13 13, www.grandhotelwien.at. Eleganter Hotelneubau, der die Tradition des 1871 eröffneten Grandhotels wieder aufgenommen hat.

**TOP TIPP** **Imperial**, 1., Kärntner Ring 16, Tel. 01/50 11 00, Fax 01/50 11 04 10, www.luxurycollection.com/imperial. Das einstige k. und k. Hofhotel beherbergte und beherbergt Kaiser, Könige und Präsidenten aus aller Welt.

**Le Meridien**, 1., Opernring 13, Tel. 01/58 89 00, Fax 01/588 90 90 90, www.starwoodhotels.com. ›Art & Tech‹ nennt sich das jüngste der innerstädtischen Luxushotels programmatisch.

**Radisson SAS Palais Hotel**, 1., Parkring 16, Tel. 01/51 51 70, Fax 01/512 22 16. www.radissonsas.com. Ein modern geführtes Hotel in einem alten Ringstraßen-Palais.

**Sacher**, 1., Philharmonikerstraße 4, Tel. 01/51 45 60, Fax 01/51 45 68 10, www.sacher.com. Legenden- und klatschgeschichtenumwobenes Hotel, das nicht nur wegen seiner Torte welt-berühmt wurde [vgl. Nr. 93].

### First-Class-Hotels

**Amadeus**, 1., Wildpretmarkt 5, Tel. 01/533 87 38, Fax 01/533 87 38 38, www.hotel-amadeus.at. Kleines, ruhiges Haus im Zentrum.

**Am Schubertring**, 1., Schubertring 11, Tel. 01/71 70 20, Fax 01/713 99 66, www.schubertring.at. Edles historisches Palais an der Ringstraße zwischen Staatsoper und Stadtpark.

**Am Stephansplatz**, 1., Stephansplatz 9, Tel. 01/53 40 50, Fax 01/534 05 711, www.hotelamstephansplatz.at. Der Name ist Programm: Nobelhotel ge-genüber dem Stephansdom.

**Biedermeier**, 3., Landstraßer Hauptstraße 28, Tel. 01/71 67 10, Fax 01/71 67 15 03, www.mercure.com. Der Name sagt es schon: ein Haus für nostalgische Romantiker.

**Capricorno**, 1., Schwedenplatz 3–4, Tel. 01/53 33 10 40, Fax 01/53 37 67 14, www.schick-hotels.com. Schöne Lage am belebten Donaukanal.

**Europa**, 1., Neuer Markt 3, Tel. 01/51 59 40, Fax 01/51 59 48 88, www.austria-trend.at. Nachfolger des berühmten Jahrhundert-wende-Hotels Meißl & Schadn.

**Gartenhotel Glanzing**, 19., Glanzing-gasse 23, Tel. 01/47 04 27 20, Fax 01/470 42 72 14, www.gartenhotel-glanzing. at. Freundliches, mit 14 Zimmern famili-äres Komforthotel in Hanglage in einem Villenvorort mit Blick über Wien.

**Hilton Vienna Danube**, 2., Handelskai 269, Tel. 01/72 77 70, Fax 01/72 77 78 22 00, www.hilton.de/wiendanube. Beliebt ist der Sonntagsbrunch in diesem Hotel am Donau-Ufer.

**K+K Hotel Maria Theresia**, 7., Kirchberggasse 6–8, Tel. 01/521 23, Fax 01/521 23 70, www.kkhotels.com. Schickes Haus inmitten des Künstlerviertels Spittelberg, unweit von Hofburg und Stephansdom entfernt.

**K+K Palais Hotel**, 1., Rudolfsplatz 11, Tel. 01/533 13 53, Fax 01/533 13 53 70, www.kkhotels.com. Ruhiges, gepflegtes Haus, nur wenige Minuten vom Stephansplatz entfernt.

**Kaiserin Elisabeth**, 1., Weihburg-gasse 3, Tel. 01/51 52 60, Fax 01/51 52 67, www.kaiserinelisabeth.at. Hier, nahe der Kärntner Straße, wohnten schon Wag-ner, Liszt, Grieg und Clara Schumann.

**Kaiserpark-Schönbrunn**, 12., Grünberg-straße 11, Tel. 01/81 38 61 00, Fax 01/813 81 83, www.kaiserpark.at. Renoviertes Traditionshotel. Die Kaiserzeit lässt grüßen!

 **Mercure Josefshof**, 8., Josefsgasse 4–6, Tel. 01/404 19, Fax 01/40 41 91 50, www.josefshof.com. Kleines, ruhi-ges, gepflegtes Hotel im ›Theaterbezirk‹.

**Rathauspark**, 1., Rathausstraße 17, Tel. 01/40 41 20, Fax 01/40 41 27 61, www.austria-trend.at. Traditionsreiches Palais-Hotel im einstigen Wohnhaus des Autors Stefan Zweig.

**Regina**, 9., Rooseveltplatz 15, Tel. 01/40 44 60, Fax 01/408 83 92, www.kremslehnerhotels.at. Zentral gelegenes Traditionshotel.

**Römischer Kaiser**, 1., Annagasse 16, Tel. 01/51 27 75 10, Fax 01/512 77 51 13, www.hotel-roemischer-kaiser.at. Stilvolles Barockpalais nahe der Oper.

**Royal**, 1., Singerstraße 3, Tel. 01/51 56 80, Fax 01/513 96 98, www.krems lehnerhotels.at. Vorgänger war der Gasthof ›Zum roten Apfel‹, in dem 1758 die Speisekarte erfunden wurde.

**Zum König von Ungarn**, 1., Schu-lerstraße 10, Tel. 01/51 58 40, Fax 01/51 58 48, www.kvu.at. Wer vorbe-stellt, kann mitten im Zentrum in einem der schönsten Hotels von Wien wohnen.

### Mittelklassehotels

**Am Brillantengrund**, 7., Bandgasse 4, Tel. 01/523 36 62, Fax 01/523 36 62 83, www.hotel-am-brillantengrund. at. Charmantes kleines Stadthotel.

**Am Schottenpoint**, 9., Währinger Str. 22, Tel. 01/310 87 87, Fax 01/31 08 78 74, www.hotel-schottenpoint.at. Zweck-mäßige Zimmer in ruhiger Lage.

**Beim Theresianum**, 4., Favoritenstraße 52, Tel. 01/505 16 06, Fax 01/505 16 09, www.austria-trend.at. 54 Zimmer, großer, ruhiger Garten, nachmittags kostenloses Kuchenbüfett.

**Kärntnerhof**, 1., Grashofgasse 4, Tel. 01/512 19 23, Fax 01/513 22 28 33, www.kaerntnerhof.com. Zentral in einer ruhigen Seitengasse gelegen.

**Viktoria**, 13., Eduard-Klein-Gasse 9, Tel. 01/877 11 50, Fax 01/877 20 42,

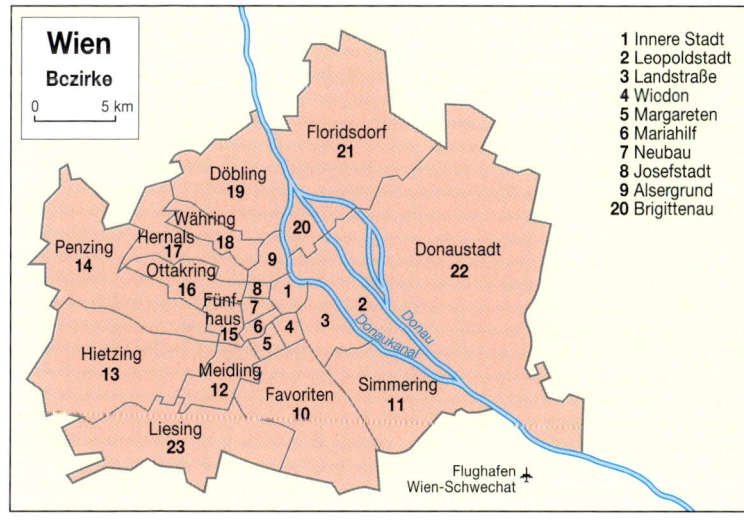

Wien
Bczirke
0    5 km

Floridsdorf 21
Döbling 19
Währing 18
Hernals 17
Penzing 14
Ottakring 16
Fünf-haus 15
Hietzing 13
Meidling 12
Favoriten 10
Liesing 23
Simmering 11
Donaustadt 22

Flughafen
Wien-Schwechat

1 Innere Stadt
2 Leopoldstadt
3 Landstraße
4 Wicdon
5 Margareten
6 Mariahilf
7 Neubau
8 Josefstadt
9 Alsergrund
20 Brigittenau

www.hotelviktoria.at.tt. Freundlicher Familienbetrieb mit 25 Zimmern unweit Schloss Schönbrunn.

**Wandl**, 1., Petersplatz 9, Tel. 01/53 45 50, Fax 01/534 55 77, www.hotel-wandl.com. Einladendes Familienhotel nahe dem Stephansdom.

**Zur Wiener Staatsoper**, 1., Krugerstr. 11, Tel. 01/513 12 75, Fax 01/513 12 74 15, www.zurwienerstaatsoper.at. Gemütliches Haus im Zentrum.

### Gediegene Pensionen

**Arenberg**, 1., Stubenring 2, Tel. 01/512 52 91, Fax 01/513 93 56, www.arenberg.at. Gehobene Hotel-Pension der Best-Western-Gruppe.

**Domizil**, 1., Schulerstraße 14, Tel. 01/51 33 19 90, Fax 01/512 34 84, www.hoteldomizil.at. 40 funktional eingerichtete Zimmer in zentraler Lage.

**Mariahilf**, 6., Mariahilfer Straße 49, Tel. 01/586 17 81, Fax 01/586 17 81 22, www.mariahilf-hotel.at. Freundliche Atmosphäre, ein wenig in die Jahre gekommene Ausstattung.

TOP TIPP ► **Pension Pertschy**, 1., Habsburgergasse 5, Tel. 01/53 44 90, Fax 01/534 49 49, www.pertschy.com. Ruhige Zimmer im 1734 erbauten Barockpalais Cavriani. Mit Möbeln im Stil der Zeit Ludwigs XV. eingerichtet.

**Pension Suzanne**, 1., Walfischgasse 4, Tel. 01/513 25 07, Fax 01/513 25 00, www.pension-suzanne.at. Charmante mit

Möbeln im Alt-Wiener-Stil eingerichtete Zimmer.

### Preiswerte Pensionen

**City**, 1., Bauernmarkt 10, Tel. 01/533 95 21, Fax 01/535 52 16, www.citypension.at. Günstige Unterkunft in Grillparzers Geburtshaus.

**Nossek**, 1., Graben 17, Tel. 01/53 37 04 10, Fax 01/535 36 46, www.pension-nossek.at. 30 gemütliche Zimmer im Zentrum.

### Privatzimmer

Versand von Adressen über *Wien Hotels und Information*, Tel. 01/245 55, Fax 01/24 55 56 66, wienhotel@wien.info

### Saisonhotels

Preiswert und gut kann man im Sommer (Anfang Juli bis Ende Sept.) auch in den zu **Saisonhotels** umgerüsteten *Studentenwohnheimen* übernachten, die im Hotelverzeichnis des *Wiener Tourismusverbandes* aufgeführt sind.

### Jugendherbergen/Hostels

Infos auch über Österreich. Jugendherbergsverband: www.jugendherberge.at

**Jugendgästehaus Brigittenau**, 20., Friedrich-Engels-Platz 24, Tel. 01/332 82 94, Fax 01/330 83 79

**Hostel Hütteldorf-Hacking**, 13., Schlossberggasse 8, Tel. 01/877 15 01, Fax 01/87 70 26 32, www.hostel.at

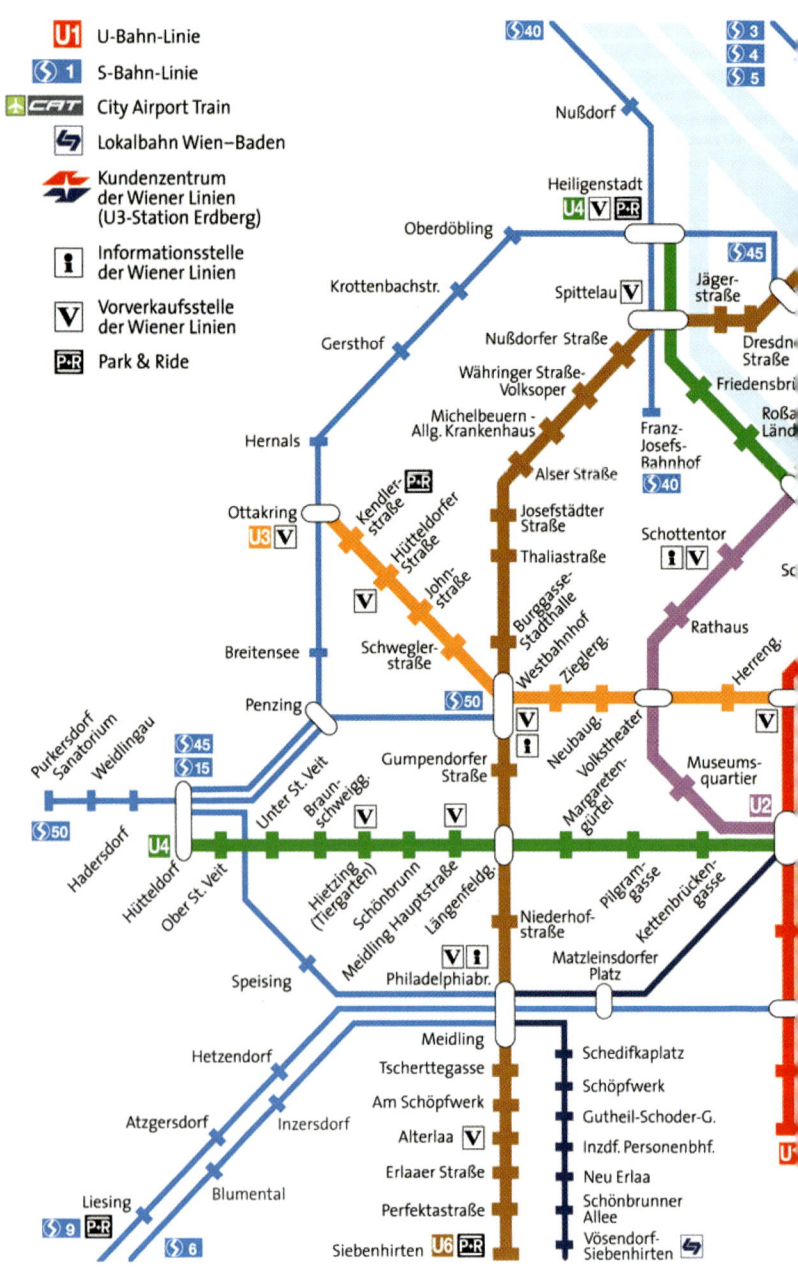

U1 U-Bahn-Linie

S 1 S-Bahn-Linie

CAT City Airport Train

Lokalbahn Wien–Baden

Kundenzentrum
der Wiener Linien
(U3-Station Erdberg)

i Informationsstelle
der Wiener Linien

V Vorverkaufsstelle
der Wiener Linien

P+R Park & Ride

# Verkehrslinien Wien

**Jugendherberge Myrthengasse**,
7., Myrthengasse 7, Tel. 01/523 63 16,
Fax 01/523 58 49

## Campingplätze

Eine detaillierte Beschreibung geprüfter Campingplätze bietet der jährlich aktualisierte **ADAC Camping Caravaning Führer**, Band Südeuropa (auch als CD-ROM erhältlich, www.adac.de/camping).

**Campingplatz Wien-West**, 14.,
Hüttelbergstraße 80, Tel. 01/914 23 14,
www.wiencamping.at (Febr. geschl.)

**Aktiv Camping Neue Donau**, 22.,
Am Kleehäufel, Tel./Fax 01/202 40 10,
www.wiencamping.at (Mitte Sept. bis Ende April geschl.)

## ■ Verkehrsmittel

### Öffentliche Verkehrsmittel

*Verkehrsnetz*

Die **Wiener Linien** (Wiener Stadtwerke/Verkehrsbetriebe) bieten ein umfassendes Verkehrsnetz mit U- und S-Bahnen, Straßenbahnen und Bussen. Ähnlich flächendeckend ist das Netz der Wiener *Autobusse*. Wien verfügt über fünf *U-Bahn-Linien* (U 1, U 2, U 3, U 4 sowie U 6). Die derzeit in Bau befindliche Erweiterung der U 2 bis nach Aspern soll 2010 abgeschlossen sein.

Die öffentlichen Verkehrsmittel verkehren ca. 5–24 Uhr. In der Zeit von 0.30–4 Uhr kann man mit Nachtautobussen (halbstündlich) fahren.

Seit 2008 wird das Wiener Verkehrsnetz, vor allem das **Trambahnen-Netz** kontinuierlich umgestaltet, Linien werden umbenannt, Streckenführungen verändert. Für eine Besichtigungstour besonders interessant ist die neue **Tram Linie 1**, die alle Sehenswürdigkeiten am Ring, z. B. Burgtheater, Rathaus, Parlament, Kunst- und Naturhistorisches Museum, Hofburg, und Staatsoper mit Hundertwasserhaus und Prater verbindet.

*Fahrkarten*

In der Regel berechtigen alle Fahrkarten zum Fahren auf dem gesamten Streckennetz des Stadtgebiets.

Bereits außerhalb des Bahnsteigbereichs benötigt man eine Karte, die vor der Fahrt entwertet werden muss. **Einzelfahrscheine** für Busse und Straßenbah-

nen kann man auch zu erhöhtem Preis in den Wagen im Münzautomaten lösen.

Es lohnt sich, auf die Angebote der Wiener Linien zurückzugreifen: So gibt es die Netzkarten **24 Stunden Wien, 48 Stunden Wien** oder **72 Stunden Wien**. Interessant, weil günstig, ist auch die **Wiener Einkaufskarte**, eine nur Mo–Sa jeweils 8–20 Uhr gültige Tagesnetzkarte. Für Besucher, die länger in der österreichischen Hauptstadt bleiben wollen, empfiehlt sich die **8-Tage-Karte**. Mit der **Wien-Karte/Vienna Card** [s. S. 162] kann man neben anderen Ermäßigungen 72 Stunden lang mit U-Bahn, Bus und Tram fahren. **Fahrscheine** für die Wiener Linien erhält man bei Tabak-Trafiken, Vorverkaufsstellen der Verkehrsbetriebe, im Internet (s. u.) und an Automaten.

Weitere Infos: **Wiener Linien Auskunft**, Tel. 01/790 91 00, www.wienerlinien.at

### Fahrradverleih

**Radverleih Hochschaubahn**, 2.,
Prater bei der Hochschaubahn,
Tel. 01/729 58 88

**Radsport Nussdorf**, 19., Donaupromenade bei der DDSG-Anlegestelle,
Tel. 01/370 45 98

### Mietwagen

Die **ADAC-Autovermietung** bietet ADAC-Mitgliedern Mietwagen zu günstigen Konditionen an. Buchungen (mind. 3 Tage vor Abreise) in jeder *ADAC-Geschäftsstelle* oder unter Tel. 018 05 / 31 81 81 (0,14 €/Min.).

**ARAC**, 1., Schubertring 9, Tel. 01/714 67 17,
Fax 01/712 12 79, www.europcar.at

**AVIS**, 10., Laabergstraße 43,
Tel. 01/587 62 41, Fax 01/587 49 00,
www.avis.at

**Buchbinder**, 3., Schlachthausgasse 38,
Tel. 01/71 75 00, Fax 01/717 50 22,
www.buchbinder.co.at

**Denzel Drive**, Flughafen Wien,
Tel. 01/700 73 33 16, Fax 01/700 73 37 16,
www.buchbinder.co.at

### Taxi

In Wien ist es unüblich, ein Taxi durch Winken heranzuholen. Besser ist es, zu einem *Taxistand* zu gehen. Man kann einen Wagen auch *per Funk* bestellen: Tel. 01/601 60, 01/814 00 oder 01/401 00. Wenn die Fahrt über die Stadtgrenzen hinausgeht, wird der Preis frei vereinbart.

# Register

## Impressum

Redaktionsleitung: Dr. Dagmar Walden
Aktualisierung: Cornelia Hübler, München
Karten: Kartographie Huber, München
Herstellung: Martina Baur
Druck, Bindung: Stürtz GmbH, Würzburg
Printed in Germany

Ansprechpartner für den Anzeigenverkauf:
Kommunalverlag GmbH & Co KG,
MediaCenterMünchen, Tel. 089/92 80 96-44

ISBN 978-3-89905-526-9
ISBN 978-3-89905-251-0 Reiseführer Plus

Neu bearbeitete Auflage 2009
© ADAC Verlag GmbH, München

## Bildnachweis

**Umschlag-Vorderseite:** Wahrzeichen Wiens ist
der Stephansdom, liebevoll ›Steffl‹ genannt.
Foto: Ernst Wrba, Wiesbaden
**Umschlag-Vorderseite Reiseführer Plus:**
Die goldbehelmte Statue der Pallas Athene erhebt
sich vor dem Parlament, dahinter prangt der
Rathausturm. Foto: Bildagentur Huber, Garmisch-
Partenkirchen (O. Fantuz)

### Titelseite
**Oben:** Moderner Eingang der alterwürdigen
Albertina (von S. 51)
**Mitte:** Fiakerfahrt durch die Wiener Innenstadt
(von S. 160)
**Unten:** Kühne Eleganz des Haas-Hauses am
Stephansplatz (Foto: Freyer, Freiburg)

Agentur Anzenberger, Wien: 6 (Herbert
Lehmann), 7 (2), 8 unten (Toni Anzenberger), 9
Mitte (Manfred Horvath), 9 rechts (Anzenberger), 10
Mitte (Josef Polleross), 15 unten links, 16/17, 19, 24,
27, 29 (Anzenberger), 31 (Horvath), 32, 33 (2), 35
oben, 37, 39 oben (Anzenberger), 39 unten (Horvath), 43, 44, 49 (2), 50, 51, 52, 53, 55, 56 (Anzenberger), 57 (Horvath), 58, 59, 64 (Anzenberger), 65 (Horvath), 66, 71, 73, 75, 77 (Anzenberger), 78 (Wolfgang
Kraus), 80/81 (Horvath), 81 unten, 83 (2), 85, 86, 88,
89, 90, 91, 92 unten, 95, 98, 101, 102, 109, 112/113, 114,
117, 121 (Anzenberger), 122 (Nikolaus Similache), 124
oben (Polleross), 126, 130, 131, 133, 134, 135 (2), 136
(Anzenberger), 137 (Michael Appelt), 139 (Georg
Lemberg), 140, 141 (Anzenberger), 143 (Polleross),
145, 147 (Anzenberger), 148/149 (Oliver Bolch), 149,
151, 153, 157, 158, 159 (2), 160 oben rechts und unten
links (Anzenberger), 160 oben links (Appelt), 160 unten rechts (D. Pechel), 165, 167, 173 (Anzenberger),
176 oben (Reiner Riedler), 177 (Horvath) – AKG,
Berlin: 12, 13, 14 (2), 15 oben – Ralf Freyer, Freiburg: 8
links oben, 10 oben, 11, 22, 34, 60/61, 61 unten, 70, 79,
87, 93, 103, 107, 108, 110/111, 112/113, 115, 119, 154, 160
Mitte, 164, 169, 170, 171 – Look, München: 105 (Rainer
Martini) – Huber Bildagentur, Garmisch-Partenkir-
chen: 8/9, 124/125, 154 – Thomas Kliem, Kalkar: 10
unten, 15 unten rechts, 25, 47, 80 unten, 92 oben,
120, 179 – LOOK, München: 96 (Sabine Lubenow ),
142 (Tina und Horst Herzig) – Mauritius, Mitten-
wald: 35 unten (Rene Truffy), 46 (Hiroshi Higuchi) –
Mozarthaus Vienna, Wien: 40 – Naturhistorisches
Museum, Wien: 84 – Österreichisches Museum für
Volkskunde, Wien: 129 – Palais Auersperg, Wien:
127 – Photo Press, Stockdorf/München: 168, 175, 176
unten (Rainer Hackenberg) – Ullstein Bild, Berlin:
21 (Purschke) – Verein der Freunde und Gönner
der Wiener Karlskirche, Wien: 94

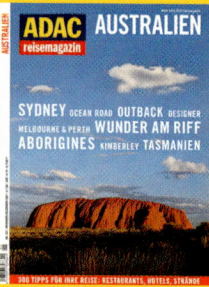

## ◼ 1 Tag in Wien

Natürlich gleich das Herz erobern: Nach dem Innenblick in den **Stephansdom** und dem Fernblick von seinem Nordturm (Lift) ins **Altstadtgewinkel** eintauchen und sich im großen Bogen über Franziskanerplatz, Heiligen-

kreuzerhof, Hohen Markt zum **Graben** treiben lassen. Shopping am Graben und Kohlmarkt. Essen in einem *Beisl* der Altstadt oder Imbiss in der vornehmen *Konditorei Demel*. Danach in einem gemächlichen Gang den **Hofburgkomplex** erkunden, auch ohne Besichtigung der Kaiserappartements ein Erlebnis an Architektur und Atmosphäre. Dann sollte man mit der Straßenbahn vom Ring aus zum **Schloss Belvedere** fahren, sich im *Park* ausruhen, wohl auch die Prunkräume im *unteren Schloss* oder in die bedeutenden Kunstsammmlungen einen Blick werfen. Abends dann **Oper** oder **Burgtheater**, danach im ›Griechenbeisl‹ oder ›Hietzinger Bräu‹ Wiener kulinarische Künste genießen. Und mit einem Stoßseufzer ins Bett: Himmel, 1 Tag Wien müsste verboten sein!

## ◼ 1 Wochenende in Wien

**Freitag:** Ein **Kaiserlich-Altwiener Tag** könnte mit einer *Fiakerfahrt* zur Einstimmung beginnen, an die sich ein Spaziergang durch den **Hofburgkomplex** mit Besichtigung der *Schatzkammer* und/oder der Morgenarbeit in der **Hofreitschule** anschließen sollte. Imbiss in einem der berühmten Kaffeehäuser *Griensteidl* oder *Central*. Am Nachmittag **Stephansdom** und **Altstadt**. Länger verweilen werden dabei die einen beim Shopping, die anderen bei **Mozarthaus Vienna**. Unterbrechung nur für die legendäre *Othello-Torte* beim Zuckerbäcker *Gerstner*. Der Weinabend gehört Wiens ›Unterwelt‹ im *Zwölf-Apostelkeller* oder im *Wein-Comptoir*.

würdiges Großbarock. Wer da auf noch mehr Barockattitüde Lust bekommt: **Schloss Belvedere** ist nicht weit. Abends Theater, Konzert, Kabarett oder Eintauchen ins Nachtleben im *Bermuda-Dreieck*.

**Sonntag:** Heute ein **Schloss- und Heurigen-Tag**. Denn das strahlende **Schloss Schönbrunn** gehört ganz einfach zu diesem Wien-Besuch, sei dieser noch so kurz, sei jenes noch so überlaufen. Die Vielfalt der Anlage von den *Schauräumen* bis zum *Palmenhaus* bringt jedem etwas.

Am Nachmittag könnte der Abschied Nehmende dann auf der **Wiener Höhenstraße** (auch mit Bus) zum **Kahlenberg** oder **Leopoldsberg** fahren, um wundervolle Rundblicke zu genießen und in einem der *Heurigendörfer*

**Samstag:** Diesen Tag nennen wir **Gründerzeit-Tag**, weil ein zusammenhängender Gang über die **Ringstraße** auf dem Programm steht, der zur Sohlenschonung nur vom *Rathaus* bis zur *Oper* empfohlen sei. Aber ein Blick im **Kunsthistorischen Museum** mindestens auf die *Bruegels* (oder im Naturhistorischen auf die Dinos) oder zum neuen **MuseumsQuartier Wien** ist so unumgänglich wie die Sachertorte im *Café Sacher*. Der Nachmittag bringt zwischen **Secession**, **Naschmarkt** und **Karlsplatz** edelsten Jugendstil, wienerischsten Markttrubel und

– Salmannsdorf, Neustift am Wald oder Grinzing – dem Wochenende einen garantiert heiteren Abschluss zu verschaffen.

# Kompetent auf Schritt und Tritt!

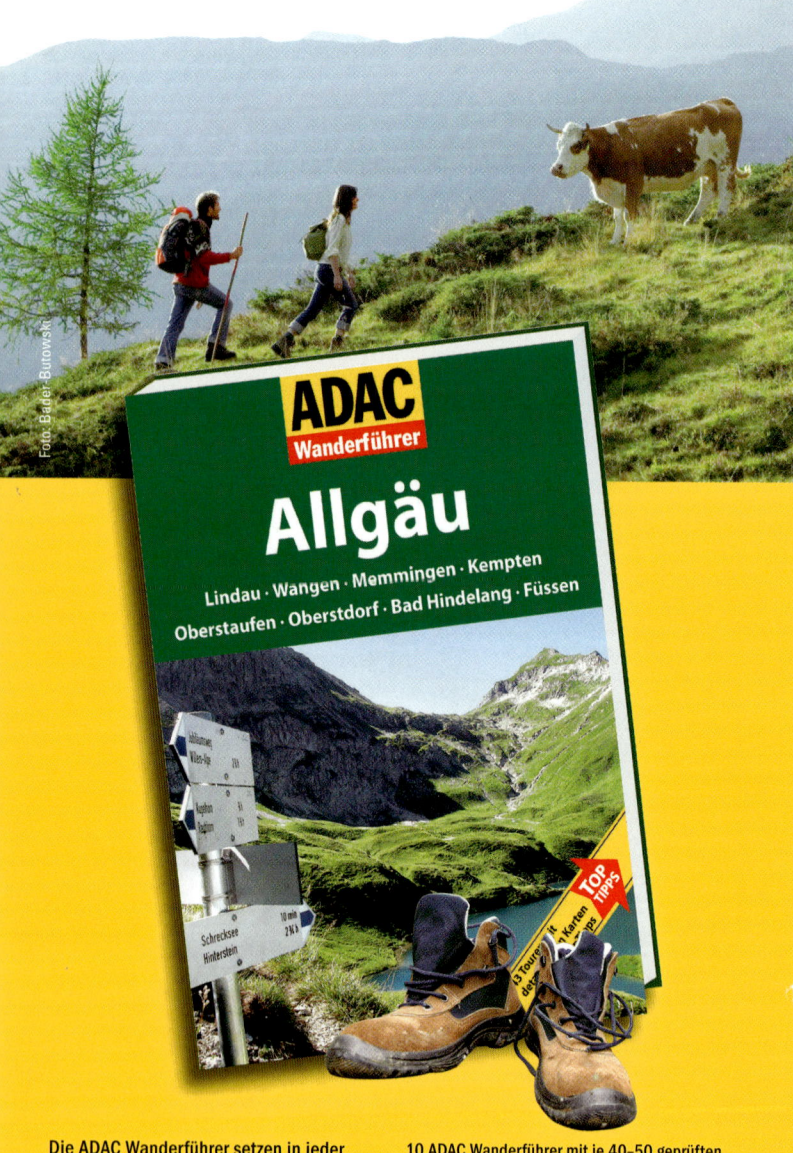